心の健康教育

子どもを守り、学校を立て直す

山 崎 勝 之 編著

星 和 書 店

Seiwa Shoten Publishers

*2-5 Kamitakaido 1-Chome
Suginamiku Tokyo 168-0074, Japan*

執筆者

山崎　勝之	鳴門教育大学学校教育学部教授	第1章～第6章，第9章
今川恵美子	大阪府池田市立北豊島小学校教諭	第7章，第8章，資料
岡　　裕子	香川県高松市立鶴尾小学校教諭	第7章，第8章，資料

執筆協力者

山下　文代　徳島県徳島市立八万小学校教諭

畑下眞修代　和歌山県田辺市立田辺第一小学校教諭

竹田　　隆　和歌山県和歌山市立四箇郷小学校教諭

堤　　広幸　徳島県板野郡北島町立北島南小学校教諭

今村　研詞　熊本県上益城郡立嘉島東小学校教諭

竹内　理恵　鳴門教育大学学校教育学部附属小学校養護教諭

谷口　文子　大阪府富田林市立富田林第三中学校教諭

小宮　秀子　大阪府池田市立北豊島小学校教諭

新居　裕子　大阪府池田市立北豊島小学校教諭

挿絵　今川理映子　大阪府豊能町立東能勢小学校教諭

はじめに

　近年，学校教育はまれにみる危機に瀕している。今や，いじめや不登校の問題どころか，小学校においてさえクラスの運営が成り立たなくなる学級崩壊も目立ち始めてきた。中学校においては，刃物で教師や生徒が刺され死亡するという，無法地帯のような日常が生まれ始めている。この状態は，子どもたちが，性格や行動といった心の特性に大きな問題をもっていることを示している。そして，こうした心の問題から，大きなストレスが生まれ，ひいては心や身体の病気にまで至ることも少なくない。

　学校においては，このような心の問題をもった児童や生徒には，スクールカウンセラーなどの心理学の専門家がその治療や相談にあたってきた。そして，学校の教師も，その試みと歩調を合わせるかのように，不適応に陥った子どもへの対処に精力を注いでいる。しかし，その試みは高い専門的知識と技能が必要で，しかも一人の子どもに一人の治療者が長時間，長期にわたって接して初めて効果が上がるものである。これは，どうみても学校教師の任務を越えた仕事である。このような現実を前に，真摯で善良な教師ほど，疲弊し，燃え尽きるかのように無気力状態に陥っていく。

　このような現状をみていると，治療へ後手後手にまわっている学校教育の姿が浮き彫りにされ，学校が本来の教育という仕事を忘れているような印象を受ける。学校はこのような心の問題から不健康状態に至る子どもたちをつくらないように，予防的な教育を集団を対象に実施するところではなかったのか。そうすることこそが学校教師の最も重要な仕事であり，その仕事の価値は治療的試みと同等，いやそれ以上のものが学校教育においてはある。

　近年の行動医学は，人の性格や行動の歪みが心身のストレスや病気をもたらすことを明らかにしている。しかし，この性格や行動を健全なものとし，心身の病から子どもを守る予防的教育がどれほど行われているのだろうか。見受けるところ，普段の学校教育は，教科教育が中心で，学力を高めることにやっきになっているように思われる。子どもたちを守る予防的な教育が行われたとしても，そこには背景となる理論や確固とした技法もなく，少数の教師が単発的に行っているばかりである。児童や生徒の幸福は，教科の学力を達成することによって果たせるものではなく，生涯にわたる心身の健康への基盤が約束されることによって果たせるものであろう。家庭や地域でそのことが達成される見込みが薄くなった今，学校こそがその達成に中心的な役割を果た

すときが来ているのである。

　本書はこうした問題意識の上にたって，学校において心身の健康を達成するために，性格と行動という心の特性を教育する観点から考案された教育プログラムについて紹介している。この性格や行動を健全化して健康を守るための，「フィークス」と呼ばれるプログラムは，わが国においてはこれまでにはなかった斬新なプログラムで，教育界に新たな視点と方法を提供し，科学的基盤の上に立って子どもたちの健康を守る教育を提供している。また，このプログラムは，心理学の基礎データをもとにして構築されたもので，これまで実践的な教育に基礎研究が利用されなかった欠点を解消している。すなわち，教育において，基礎研究から応用実践までの道すじをつけ，これからの研究と教育の関係のあり方を示唆してやまない。

　折しも教育界は，その改革でゆれており，心の教育にもつながる「生きる力」を育成するための教育課程が新たに導入されようとしている。総合的な学習はその最たるものであるが，フィークスは，その新課程にも適合する内容をもち，広く現場で普及し，健全な心身が宿る子どもたちの育成に大きな役割を果たすことが期待される。

平成12年2月4日
渦潮に冬の陽凍てつく鳴門にて
編者　山崎　勝之

目　次

はじめに …………………………………………………………………………… iii

第1部　心の健康教育への新提案

第1章　心の健康教育とフィークス・プログラム …………………………… 3
1．心の健康教育に対する新しい試み ………………………………………… 4
(1) 心の健康とその教育 …………………………………………………… 4
(2) これまでの心の健康教育とその問題点 ……………………………… 6
(3) 新しい試み——フィークス・プログラム—— ……………………… 6
2．わが国の学校における現在の健康教育 …………………………………… 8
(1) 保健領域におけるKYB（Know Your Body）プログラム ………… 9
(2) カウンセリング領域におけるグループ・エンカウンター ………… 10
(3) 道徳領域 ………………………………………………………………… 12
3．フィークスにおけるプログラム群 ………………………………………… 14

第2章　攻撃性の発達と顕在化 ………………………………………………… 17
1．性格・行動と心身の健康 …………………………………………………… 18
2．攻撃性の特徴と健康との関連 ……………………………………………… 19
(1) 攻撃性発現の生理 ……………………………………………………… 19
(2) 攻撃性の種類 …………………………………………………………… 20
(3) 攻撃性と健康 …………………………………………………………… 22
3．攻撃性の発達 ………………………………………………………………… 23
(1) 遺伝か環境か …………………………………………………………… 23
(2) 親の養育態度からの影響 ……………………………………………… 24
4．攻撃性の顕在化をもたらす要因——攻撃行動に至る情報処理過程—— ……… 26

第3章　心の健康教育における理論と技法 ………………………29
1．教育プログラムと理論 ………………………30
2．基礎理論 ………………………31
(1) 条件づけ理論と認知理論 ………………………31
(2) 社会的学習（認知）理論 ………………………33
(3) 保健領域におけるヘルス・ビリーフ・モデルとプリシード/プロシード・モデル…35
3．治療理論と技法 ………………………37
(1) 行動療法，応用行動分析 ………………………37
(2) 認知療法，認知行動療法 ………………………39
(3) カウンセリング ………………………40
(4) その他 ………………………41

第4章　プログラム効果の科学的評価方法 ………………………45
1．科学的評価の必要性と基本的方法 ………………………46
(1) 学校における教育効果の評価についての誤り ………………………46
(2) フィークスにおける科学的効果評価 ………………………46
(3) 効果の評価における統計的分析 ………………………48
2．評価の方法 ………………………49
(1) 質問紙法 ………………………49
(2) 仲間評定法とその他の方法 ………………………54
3．評価方法の選択におけるフィークスの姿勢 ………………………56

第2部　攻撃性適正化への総合的教育プログラム──教育目標と実践への手法──

第5章　心の健康教育における実践方法の多様性 ………………………61
1．心の健康教育における実践方法 ………………………62
2．グループ・ワーク ………………………62
(1) ロール・プレイング ………………………62
(2) ブレイン・ストーミング ………………………63
(3) 言語を主要伝達手段とする方法 ………………………63
(4) ゲームとエクササイズ ………………………65
(5) 強化操作（集団強化） ………………………66
(6) 掲示用印刷プロンプト ………………………67

3．個人ワーク ·· 68
　　　(1) ワークシート ·· 68
　　　(2) 省察・コメント指導 ·· 69
　　　(3) リラクセーション ·· 71
　　　(4) 強化操作（個人強化） ·· 72

第6章　攻撃性適正化プログラムにおける目標の立て方と方法の構成 …… 75
　1．プログラムの目標と方法の構成 ·· 76
　　　(1) プログラムの目標構成 ·· 76
　　　(2) 具体的方法（フレーム・モジュール構成）と適用技法・理論 ·················· 78
　2．プログラムの時間的構成 ·· 80
　3．プログラム効果の評価方法 ·· 82
　　　(1) 効果評価の基本的考え ·· 82
　　　(2) 実際の評価尺度とその実施 ·· 83

第7章　教育方法の実際──フレーム・モジュールの詳細── ·············· 87
　1．環境の設定とグループ構成 ·· 88
　2．フレーム・モジュールの詳細 ·· 89
　　　(1) フレーム3（リレーション・説明ワーク） ··································· 89
　　　(2) フレーム1（グループ・ワーク） ·· 94
　　　(3) フレーム2（省察ワーク） ·· 104
　　　(4) フレーム4（情報ワーク） ·· 110

第3部　学校における教育実践と心の健康教育の発展

第8章　フィークス・プログラムの実践とその教育効果 ······················· 117
　1．プログラム効果の評価に関する研究 ·· 118
　2．教育研究1──グループ・ワークフレームの実践── ···························· 118
　　　(1) 研究がめざすもの ·· 118
　　　(2) 参加した児童と実施時期 ·· 118
　　　(3) 教育効果の評価に用いた尺度 ·· 119
　　　(4) 結果とその解釈 ·· 119
　3．教育研究2──攻撃性適正化6週プログラムの実践── ·························· 122

(1) 研究がめざすもの ……………………………………………………122
　　(2) 参加した児童と実施時期 ………………………………………………123
　　(3) 教育効果の評価に用いた尺度 …………………………………………123
　　(4) 結果とその解釈 …………………………………………………………123
　4．教育研究3——攻撃性適正化12週プログラムの実践—— …………129
　　(1) 研究がめざすもの ………………………………………………………129
　　(2) 参加した児童と実施時期 ………………………………………………129
　　(3) 教育効果の評価に用いた尺度 …………………………………………129
　　(4) 結果とその解釈 …………………………………………………………129

第9章　学校教育における心の健康教育の展望——今後の発展と課題—— …135
　1．実践への助言 …………………………………………………………………136
　　(1) プログラムと細案の柔軟な作成 ………………………………………136
　　(2) 既存の教科・授業との連携 ……………………………………………136
　　(3) 治療的試みとの連携 ……………………………………………………137
　2．学校におけるフィークスの積極的位置づけ ……………………………138
　　(1) フィークスの全体像 ……………………………………………………138
　　(2) 生きる力と心の教育 ……………………………………………………139
　　(3) 総合的学習への位置づけ ………………………………………………141
　3．今後の問題と発展 ……………………………………………………………143
　　(1) フィークスの今後の展開 ………………………………………………143
　　(2) 研究上の問題と発展 ……………………………………………………145
　　(3) 教育上の問題と発展 ……………………………………………………148

　おわりに …………………………………………………………………………151
　引用文献 …………………………………………………………………………153
　巻末資料1 ………………………………………………………………………161
　巻末資料2 ………………………………………………………………………171
　巻末資料3 ………………………………………………………………………195
　索　　引 …………………………………………………………………………198

第1部
心の健康教育への新提案

第1部においては，心の健康教育とそこで展開されるフィークスとよばれる新しい教育プログラムについて紹介する。その紹介は，このプログラムの特徴からはじまり，プログラム構築の土台となる実証的基礎科学データやプログラムの背景にある基礎・治療理論におよぶ。そして最後に，科学的な教育評価方法の本来のあり方とその方法にふれ，子どもたちと学校を救う教育についての新提案がここになされる。

第1章　心の健康教育とフィークス・プログラム

この章で学ぶこと

　さて，始まりの章である。
　ここでは，この本でいう「心の健康教育」の定義から始めることになる。そして，その教育のもとで展開されるフィークスとよばれる教育プログラムの性質についても最初に詳しく述べる必要がある。
　これは，これまでの教育にはない斬新な試みで，現行の教育との違いに注意しながら，その特徴をじっくりと理解していただきたい。ここが，後の章の土台である。

1．心の健康教育に対する新しい試み

（1）心の健康とその教育

　今，学校はどうだろう。ひと頃，いじめや不登校などの心理学上の問題で混乱していたが，その混乱もおさまったことだろう。しかし，現状はそうではないらしい。図1-1には，平成4年度から10年度にわたる不登校児童の比率が小学校と中学校別に示されているが，その比率は増すばかりである。さらに最近では，小学校においてさえ，クラスの運営が成り立たなくなる学級崩壊も目立ち始めてきた。また，中学校にいたっては，刃物で教師や生徒が刺され死亡するという，大人の犯罪世界の縮図のような日常が生まれ始めている。子どもが不登校になれば，自分たちにとっては大切な生活の場である学校に対して不適応な状態にあるのであり，人に刃物を向けることは，その子どもが，そうした行動に出なければならないほど大きなストレスにさいなまれていることが疑われる。

　これらの原因の多くは，いわゆる心の問題であり，この現状から，近年，心の（健康）教育の必要性が叫ばれるようになってきた。心の健康とは，社会場面に適応的な状態にあることであり，また過剰で持続性の高いストレス状態にないことをも意味している。このような心の健康を

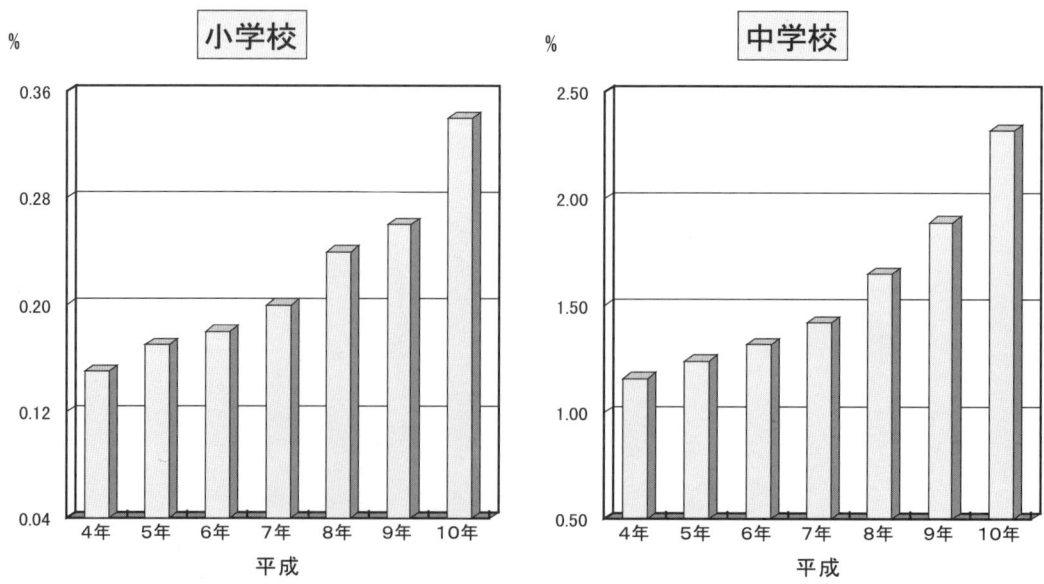

図1-1　小学校と中学校における不登校児童生徒比率の推移
（数値は不登校者数の全児童生徒数に対する比率；文部省「生徒指導上の諸問題の現状について（速報）」〈1998年8月13日〉より）

維持する要因は数多くあるが，個人の特性に限っていえば，性格や行動がもっとも影響力の大きな要因として考えられる。そして，これらの要因こそが心の健康教育の主要な教育目標となり，教育プログラム構築の一大指針となる。

　性格や行動（認知・感情を含む）の諸々の特徴が，心と身体の健康に大きな影響を及ぼすことは古くから繰り返し指摘されてきたことである。このことから，心の健康教育は，心の健康に影響する性格や行動の特徴への教育だけではなく，身体の健康に影響する性格・行動特徴への教育であることも同時に意味している。また，ここでの心身の健康への影響とは，問題となる性格・行動特徴によって時間を置かずに直接もたらされる不健康だけではなく，間接的に時間をかけてもたらされる不健康をも意味している。たとえば，図1－2に示すように，攻撃性という性格特徴は，直接的には，心身への対人的なストレスとして抑うつ感情や血圧の昂進などの問題をもたらすが，間接的で長期的な影響として，うつ病や心臓病などの疾患をもたらす可能性も高い[4,5,21]。

　この心の健康教育は保健教育との区別が曖昧なところがあるが，教育対象としての行動の中でも喫煙や歯磨きのような具体的な健康行動は，心の健康教育というよりも保健教育に属する対象であるという区別は必要である。しかし，心理学的要素の強い健康行動，たとえば夜型生活習慣の改善などは心の健康教育の対象となり，また同時に保健教育の対象となることもできる。この他，心の健康教育は，学校カリキュラム上では道徳や特別活動とも接点をもつが，後に紹介するように，その内容においては共通点は少ない。

　こうして，心の健康教育とは，心（性格や行動）を変容させ，心身の健康を維持し，向上させることを目指す教育といえ，正確には心による健康教育と表現した方がよい内容をもっている。図1－2を教育の観点から言い直せば，心の健康教育として実施される攻撃性の適正化プログラムは，攻撃性が高くなり，その表現自体が対人ストレスや血圧を高めることなどの問題をもつという，直接的な心身の不健康を予防するだけではなく，攻撃性が持続することによってもたらされる抑うつや心臓病などの心身の不健康（疾患）を防ぐことも同時に目指している。そしてさら

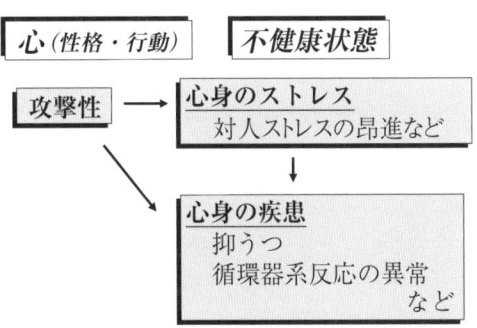

図1－2　心と健康との関連：攻撃性格を例にとって

に，攻撃性が原因の一部になっているいじめや不登校などの問題の解決にも役立つことが期待されることになる。

メモリー♪♪

心の健康教育とは
心（性格や行動）を変容させ，心身の健康を守り，
心身の病気を防ぐ教育である。

（2）これまでの心の健康教育とその問題点

　学校現場で生まれている心理学的な問題については，確固とした学問的背景をもった対処は，問題が起きてからの治療に終始しているのが現状である。実際に現れた問題への治療や矯正は欠くことのできない試みであるが，同時に教育の場では，これらの問題が生じないように，普段の教育における予防や配慮が必要であり，この試みこそが教育という場にもっともふさわしい内容をもつ。しかし，この試みを，心理学的に周到な手続きをもって科学的に実施している研究や実践例は少ない。

　心の健康教育は，学校現場においては保健や道徳がその一端を担うが，保健においては身体の健康が強調され，心の健康が重視されてこなかった。そして，その教育にしても背景となる理論や洗練された方法論がなく，心構え的，説教的，しつけ主義的と形容される教育に終始していた[12]。道徳にいたっては，他の教科の遅れの穴埋めに利用され十分な実施時間が確保されていないという，理論や方法の是非以前の問題があるが，ほとんどの授業が，対象となる道徳特性について書かれた物語をもとに話し合い，感想などを抽出しながら，一時的な感動を与えることによる教育効果をねらった方法をとることが多い。この場合も，その感動が子どもの行動を持続的に変容させない現状を前に，方法論ならびに理論上の壁にあたっている，という印象を受ける。

（3）新しい試み——フィークス・プログラム——

　この本では，心の健康教育にまつわるこのような現状を踏まえ，この領域におけるこれまでの問題点を総合的に解決し，心理学を中心とした理論と方法を駆使した心の集団健康教育のプログラムの内容について紹介する。このフィークス（PHEECS: Psychological Health Education in Elementary-school Classes by Schoolteachers）と呼ばれるプログラムは，現段階では，主として小学校を対象に構成され，次の諸点においてその特徴をもつ。なお，この特徴の説明時にあらわ

れる専門的な用語や概念については，後に順次説明される。

　①問題となる性格や行動の発達・顕在化過程についての実証的基礎研究を重視する。

　子どもの心的特性への教育や介入をはかる場合，このプログラムにおいては，その特性の発達過程や特徴についての実証的基礎研究からの資料を重視する。発達過程などの資料は，その形成についての情報であるから，そこから心的特性への教育・介入プログラムを構築するために有益な要素を引き出して利用する。つまり，教師の主観や思いつきでプログラムを作成しないということである。

　②特定の方法や理論にとらわれず，心理学を中心に多領域の方法と理論を広く取り入れ，種々のパターンに応じてプログラムを考案する。

　子どもの性格や行動は多様で，それらを形成したり，維持したりする要因も個人差が大きい。このような特徴をもつ性格・行動への教育や介入は，1つの方法や理論にとらわれて実施することでは不十分である。パッケージ療法という言葉があるが，このプログラムは，教育対象や状況に応じて種々の方法や理論を柔軟に適用することに一大特色がある。現在候補にあがり，また実際に利用されている理論は，心理学における基礎・治療理論（条件づけ，社会的認知理論，認知・行動療法，カウンセリングなど多領域に及ぶ）を中心にして，保健学領域の諸モデル（ヘルス・ビリーフ・モデル〔Health Belief Model〕，プリシード／プロシード・モデル〔Precede／Proceed Model〕など）をも取り入れている。実践方法も，対象や状況によって，ロール・プレイング（role playing），ブレイン・ストーミング（brain storming），ゲーム，日記指導などを広く取り入れることになる。

　③客観的，科学的評価基準を取り入れる。

　プログラム効果については，統制グループを設定し，プログラムの実施前後（実施後から一定期間を経たフォローアップ評価も含める）の変化を教育グループと統制グループで比較する方法をもって評価する。統制グループは，心の健康教育を受けないグループで，この教育を受けない場合の一般的なグループ状態を推測するために設定される。また，評価に際しては，信頼性と妥当性のある尺度や方法を用いることが必須となる。こうして，教師の主観的な印象で効果を見定める姿勢はできるだけ排除することになる。

　④学校における教育的，予防的，集団的実施という3つの実施特徴を同時に満たす。

　フィークスは，個別に行われる治療的試みではなく，学校クラス集団に対して教育的，予防的，集団的に実施するという方法の特徴を欠くことはできない。この特徴が，学校がもつ本来の教育姿勢や過程に適合し，現場においてフィークスを実践する意義と可能性を高めている。

　⑤教育対象は，健常範囲にある性格的ならびに行動的歪みや問題である。

　予防的に実施することがこのプログラムの特徴である以上，実際に不適応状態にある子どもを直接対象にするのではなく，健常範囲にある心的特性の歪みや問題を対象にすることになる。つ

まり，病的状態にある者の治療や対処は別の試みであたるべきであり，この治療的試みは既に数多く実施されている。

⑥予防対象は，心身へのストレスと心身の疾患である。

このプログラムの予防対象は，精神的不適応だけではなく，特定の身体的疾患でもある。心の健康教育の「心」とは教育対象としての心的特性（性格や行動）を指すが，この教育の目指すものは心身両方の健康を含んでいる。

⑦発達途上の子どもを対象にする。

現在のところ，フィークスは，発達途上の子どもたちを対象にし，成人を対象にしては構成されていない。それは，子どもたちの教育可能性の高さと学校クラスの利用が，プログラムの大きな支えになるからである。

⑧学校教員がわずかなトレーニングを経て実施することができる。

特別で，長期にわたるトレーニングを必要とするプログラムであれば，プログラム実施者として期待される学校の教師が実施することはむずかしい。ある程度のマニュアルをもって，簡単に実施できる特徴がこの種のプログラムには必要である。

これらの条件のうち，最初に記載された条件ほどフィークスの特徴として重要になるが，これら8つの条件がすべてそろうことでフィークスが成立すると考えることができる。ただし，プログラム開発途中では，これらの条件の一部が欠落することはやむをえない。プログラムの開発の初期段階では，簡便さを犠牲にしてもプログラム成果をあげることを重視し，その後徐々にプログラムのスリム化をはかることになる。

ポイント！

- 現在の学校教育の混乱は，子どもたちの性格や行動の歪みが大きな原因である。
- 性格や行動を健全なものに教育する「心の健康教育」は，心身の健康をもたらし，子どもたちの学校生活への適応を高める。
- フィークスのもつ予防と集団適用の教育特徴は，今学校がもっとも必要としている教育である。

2．わが国の学校における現在の健康教育

健康教育の領域は広く，わが国において集団を対象にして予防的，教育的に実施されている例に限ってもさまざまな試みが見かけられる。しかし，心理学的に周到な手続きをもって科学的に実施されている例が少ないのは，先に述べたとおりである。

ここでは，小学校で実践を行っている試みの中で，教育目標に心的要素を含み，教育方法に心理学的方法が部分なりとも含まれ，しかもある程度の組織的活動をもって実施されている先行のプログラムを紹介する。そして，これらのプログラムとフィークスを比較することによって，フィークスの特徴を際立たせ，さらには，心の健康教育はこれらのプログラムでは十分に効果をあげることができないことを指摘してみたい。なお，ここでの説明は，あくまでもフィークスの特徴を明らかにするためのもので，他の教育的試みを広く紹介するものではない。ここで紹介する教育は組織的に行われているだけに，その解説書も多く，その詳細はそれらの資料を参照されたい。

（1）保健領域におけるKYB（Know Your Body）プログラム

　KYBは米国ニューヨーク市にある米国健康財団において開発され[20]，学齢期の子どもたちを対象にして，最終的には高血圧，高コレステロール，肥満などの生活習慣病の危険因子を低減することを目標にしている。プログラムは，グリーンとクロイター（Green, L.W. & Kreuter, M.W.）[6]のプリシード／プロシード（Precede／Proceed: Predisposing, Reinforcing, and Enabling Causes in Educational Diagnosis and Evaluation／Policy, Regulatory, and Organizational Constructs in Educational and Environmental Development）モデルを1つの基盤とし，基本的には，図1－3に示すように，目的とする健康行動を学習する際に，行動を始める動機づけに関わる先行要因（predisposing factor），行動を持続したり，繰り返すのに関わる強化要因（reinforcing factor），そして動機を行動に結びつけるのに有効な実現要因（enabling factor）の諸要因を考慮し，多面的なアプローチを実施しようとする[11]。そしてこれらの要因を操作するものとして，セルフ・エスティーム（self-esteem：自尊心），自己主張コミュニケーション，意志決定，目標設定，ストレス・

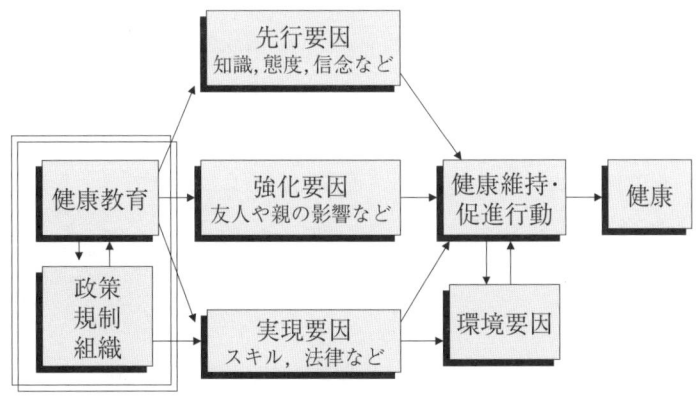

図1－3　KYBにおける健康行動を生み出す諸要因
（文献6より改変）

マネジメントの各ライフスキルを設定し、その形成によって目的となる健康行動を促そうとする。そして、このプログラムでは、これらのスキルの形成過程が段階を追って規定されている。わが国では、JKYB（Japan Know Your Body）と称して1988年にこの組織が結成され、ここ10年の短期間に喫煙防止やエイズ教育などを対象にプログラムの構築と実践が行われ、同時にその普及活動も積極的に行われている。

このKYBには、ライフスキルとして心的特性が多分に考慮されていることからここに取りあげたが、フィークスからみると次のような問題が指摘される。それは、このプログラムの中核をなすセルフ・エスティームの形成に対する教育が不十分ということである。セルフ・エスティームはその大半は乳児期や幼児期初期に形成され、いわば性格の根幹をなす特性で、形成された後には容易に変容させることはできない性格と言える。KYBでは、最終目標（たとえば喫煙防止）の達成のほうが、セルフ・エスティームなどの中間教育目標の達成よりもはるかに容易になっていて、心的特性の形成が軽んじられている点は本末転倒であろう。この点については、フィークスは、おおもとの性格の変容を目標としても、それには直接アプローチせず、その性格に影響を及ぼす具体的な行動や認知的側面を教育し、そこから性格の変容を行うという階層的な目標の構成を目指す。もっとも、KYBの各プログラムの目標は、具体的な健康行動であり、フィークスとはおのずと教育目標が異なり、直接的な比較がむずかしい点は指摘される。

（2）カウンセリング領域におけるグループ・エンカウンター

近年のカウンセリング界では、治療場面で個人を対象にして実施されるこれまでのカウンセリング方法に対して、多人数を相手にして問題行動の発生を予防したり、能力や行動を開発・促進するサイコエデュケーション（psychoeducation）あるいは開発的カウンセリング（developmental counseling）と呼ばれるカウンセリングが盛んに行われるようになってきた。わが国においても、この種のカウンセリングとして、米国で起こったエンカウンター（・グループ）（encounter group）が盛んに行われている。このエンカウンターは、構成的なものと非構成的なものに分けられるが、小学校などの学校場面で実施されているのは、主として前者の構成的グループ・エンカウンターである。國分[15,16]によると、エンカウンターは、ホンネの交流がもてるようになるための集団体験であり、その目的は、ホンネの自分を発見し、それに従って生きることができるようになることである。構成的グループ・エンカウンターは、主としてロジャーズ（Rogers, C.R.）の理論に基づく非構成法とは異なり、エクササイズ（exercise）と呼ばれるゲーム様の集団活動を中心に実施される。このエクササイズの前後には、図1－4に示すように、インストラクション（instruction）として、子どもがエクササイズへの動機づけを高めるように、エクササイズの目的や方法などを簡潔に説明し、シェアリング（sharing）では、エクササイズで気づいたことや感じたこと、そして、それに対する他の人の話で感じたことや気づいたことを話し合って、自己開示と

フィードバックが行われる。このような進行の計画性や集団ゲームの取り入れが，小学校でもその実施を可能にしているのである。

　このエンカウンターについても，フィークスからみるといくつかの問題点が指摘され，またフィークスとの相違点も少なくない。まず，エンカウンターの目的は抽象的すぎるが，その目的に至るまでの下位段階が構成されておらず，方法の構築から目的までに距離があり，方法論の細部を意味をもって構築できない。第2に，カウンセリング領域全般に言えることであるが，実証的研究を基礎にしていないことが指摘され，目的の設定にしても，方法の設定に

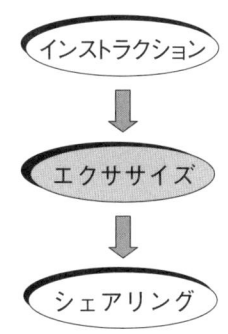

図1-4　構成的グループ・エンカウンターの実施過程

しても，常識的，恣意的，主観的な判断で行われているところが目立つ。第3に，方法論的にカウンセリングにかたよりすぎる。國分[14]は，特定のカウンセリング理論や手法にとらわれず，種々のカウンセリングを利用する立場をとるとするが，フィークスからみれば，さらに柔軟にカウンセリング内外の領域における理論や手法を広く利用したい。國分によるカウンセリングの広い定義からすると，エンカウンターにはほとんど参照されていないカウンセリングの理論や技法があるし，カウンセリング領域にはなくても教育上必要な理論や方法が他の領域にある可能性を探求すべきであろう。とくに，エンカウンターでは，個人の行動やその発展に十分に目が行き届いていないし，個人の認知的側面のとらえかたも不十分である。そもそもフィークスとは立場が違うのであろうが，もう少しきめ細かい個人強化もほしいところである。第4に，効果評価の客観性と科学性が乏しいことで，エンカウンターでは効果評価の試みは少なくないが，評価に利用された測度自体に信頼性や妥当性の問題が残る。そして最後に，批判というよりフィークスとの違いの指摘であるが，グループ・エンカウンターとフィークスでは視野に入れる目標にずれがあり，エンカウンターはフィークスのように心身の健康を第一にしているとは考えられず，フィークスとはおのずと目標が異なる。

　このような問題点や相違点がフィークスから指摘されるものの，カウンセリングが学校クラス集団に予防的に適用される例は多く，現在ではこの種の教育ではもっとも大きな勢力になっている。また，グループ・エンカウンターほどの広まりはないが，他にも，伊東博らによる，エンカウンター様の試みに加えて身体的側面からの教育要素を強く取り入れたニュー・カウンセリングの動向にも注目したい[7,8,9]。

（3）道徳領域

　学校教育における正規の授業科目の中では，フィークスとの接点がもっとも多いのは道徳であ

ろう。道徳ではこれまでに，米国を中心に授業の方法論や目的について種々の立場から多様な見解が提出されたが，現在もなお広く行われている教育方法は，他律的な方法に終始する，いわゆる伝統的な道徳教育である。この方法は，規範となるモデルを示し，そのモデルの行為を考えるまでもなく受け入れられようにしつけ，この行為に反すると罪悪感や良心が働くようにするという特徴をもつ[18]。道徳教育の最大の問題は，他教科の補充時間にあてられることなど，学校においてその時間が十分に確保されていないことであるが，方法論的にも道徳心が他律的な教育方法で獲得されるとは考えられない。

米国では，この伝統的な道徳教育に対抗するかたちで，新しい道徳教育が提起されてきた。その最初は，価値の明確化（value clarification）理論と呼ばれるもので，子どもの生活体験を重視しながら，経験から生まれる主観的価値を他人とのかかわりの中で自己吟味，熟考し，より高い価値に向かって自分でそれを明確化することを手助けするという見解をもつ[18]。この理論と方法は，詳細な手引き書とともに広まり，そのハンドブックは米国中の教師の必携書になるほどであったらしい[17]。このあとピアジェ（Piaget, J.）の構成主義の流れの中で，道徳領域でピアジェの見解を発展させたコールバーグ（Kohlberg, L.）[13]が，ジレンマ（dilemma）討論法を中心に，道徳判断の思考過程に注目して，道徳性を高める方法論とその過程を明らかにした。ジレンマ討論では，提示される物語の中に是非の判断に迷う2つの態度があり，しかもその2つは拮抗するので（1つをとれば，もう1つは成り立たなくなる），子どもはどうすべきかジレンマに陥る。そして，その判断についての討論の中で道徳性を高めようとするのである。わが国においては，荒木[1-3]がこの方法を現場に適用させて成果をあげているが，このジレンマ法を批判し，ジレンマ法のように2つの価値の枠組みの中に留めるのではなく，道徳判断結果の自由性を高め，さらなるオープン・エンド化をはかる方法なども提起されている[10]。しかし，最近のより総合的な教育姿勢の影響を受けてか，道徳へのアプローチも総合的に実施することが考えられ，知・情・意の統一体として道徳をとらえ，学校授業だけでなく，家庭や地域社会を含めた広い立場から道徳を形成する試みがリコーナ（Lichona, T.）[17]によって実施され始めている。

フィークスからみると，この道徳教育にも不十分な点が指摘される。第1に，道徳の定義や目標が曖昧で，しかもその定義が拡大しすぎて，教育目標が明確ではない。この度の教育課程審議会の答申（平成10年7月29日）をみても，道徳の内容として，「……真に一人一人の道徳的自覚を促し，自立をはぐくむ中で，人間としてよりよく生きていく道徳的実践力を育成する視点に立って，社会生活上のルールや基本的なモラルなどの倫理観，我が国の文化や伝統を尊重し継承・発展させる態度や国際協調の精神の育成など，学校における道徳教育は更に充実されることが必要であると考える。」と，その内容は幅広い。つまり，道徳本来のモラルや倫理観に加えて，文化や伝統の尊重や国際協調の精神の育成にまで目標が広がっている。文化や伝統，そして国際協調の精神は重要な教育課題であるが，これを道徳に含めると道徳の内容が曖昧になってしまう。定

義が曖昧で拡大すると，一見包括的で良いようにみえるが，実際の教育プログラムを構成するときにはプログラム自体が目標から離れて一人歩きをしてしまう。また，学校教育法施行規則において，私立の小学校においては宗教をもって道徳に代えることができるとあるが，宗教の内容はそれぞれ多様で，この道徳の目的と合致するという保証がどこにあってこのような規則を作っているのか疑問である。宗教は別に独立した教育課程として柔軟に認めたほうがよいであろう。

　第2に，わが国では，コールバーグのジレンマ法による方法論に勢いがあることなど，道徳を知的面や認知面からとらえる試みが強すぎる。道徳的な判断ができることと，それに共感的感情がともなうこと，そして実際に援助的な行動に移せることは別である。たとえば，道徳行動と接点が多い向社会的行動（他人を助けることなど社会的に望ましい行動）が生まれる過程をみても（**図1-5**），注意・認知から実際の行動に至るまで多様なプロセスがあることがわかる。この点については，荒木[1]によると，ジレンマ法もある程度認知・判断以外の側面を伸ばすことができるようだが，他の側面を伸ばすさらに直接的なアプローチが期待される。認知・判断以外の面では，共感的感情をともなわせることがもっとも重要であるが，これは乳幼児期を中心として形成され，性格の根幹をなす1つの特性であることが示唆され，後の発達段階における教育では，発達過程の実証的基礎データを重視し，十分で多面的なアプローチをする必要がある。多面的なアプローチという点では，先に紹介したリコーナの試みは興味深く，ジレンマ法をその一部とするほどの方法の多様さや学校を越えた教育場面の広さをもった教育として学ぶ点が多い。学習された道徳性や共感力が，学校場面だけではなく，すべての生活場面で発揮されるためには，多様な方法を駆使して最初から多くの生活場面を想定した教育が必要になるだろう。

　そして最後の問題点として，道徳性は，心の健康教育の達成目標を阻害する可能性があることが挙げられる。確かに道徳的側面の一部は心身の健康を促すが，その習得方法によっては阻害することも考えられ，とくに他律的な教育方法をとる場合にこのことが起こる可能性が高い。

　こうして，現在比較的勢いのある教育実践方法について，フィークスの観点からその問題やフィークスとの相違点を述べたが，誤解があってはならないことがある。それは，エンカウンターにしても，KYBやジレンマ討論法にしても，それが実施された当初はそれまでにはなかったまったく新しい教育方法で，今日もなお子どもたちの教育に多大な貢献をしているということである。これらの試みをまったく行っていない学校がほとんどである現状を考えれば，批判するよりは，その長所を強調しなければならなかったのかもしれな

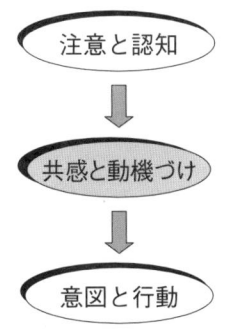

図1-5　向社会的行動にいたるプロセス

い。ただ，ここでは，これらの方法とフィークスは異なり，フィークスが目指す目標を達成するためには，フィークスのほうが優れていることを指摘したばかりである。目標が違えば，フィークスよりも，エンカンターやKYBのほうが優れているということもある。

なお，補足であるが，包括的で組織的な活動に至っていないということでここでは取りあげなかったが，この領域では他にも種々の教育方法が散見される。たとえば，竹中[19]のリラクセーション訓練を主たる要素としたストレス・マネジメントの教育方法は斬新で，この方法などは，健康に寄与する側面は部分的であっても，ストレスに対する予防教育の1つとして注目されよう。

ポイント！

・フィークスは，わが国におけるこれまでの教育界にはない斬新な教育である。
・構成的グループ・エンカウンターともKYBとも異なる独自の方法である。
・学校における道徳教育とも一線を画する。

3．フィークスにおけるプログラム群

心の健康教育とその教育の中核をなすフィークスについて詳しく説明してきた。その説明から，フィークスは特定のプログラムを指すのではなく，教育方法の特徴を規定したプログラムの総称であり，そこから，フィークスのもとには多様で多数のプログラムが準備されていることが想像される。事実，フィークスでは，作成途上のものも含め，複数のプログラムが用意され，また，フィークスの理念のもとに学校現場の実践者が独自のフィークス・プログラムを作成している。

ここで，フィークスの中でも中心的な位置づけにあるプログラムを紹介すると，図1－6のようになる。フィークスでもっとも大切なプログラムは，性格に直接かかわるもので，とくに健康の影響度が大きい自律的な性格の育成が注目される。自律的な性格が健康において果たす役割を含めて，この詳しい内容は，最後の第9章においてふれるが，このもとには，発達過程において自律性がそこなわれる2つの方向である攻撃性と依存・消極性について，その改善プログラムが用意されている。

他にも，健康を阻害する行動に働きかけるプログラムがいくつか用意されている。生活習慣の乱れを改善するプログラムがその1つで，睡眠，運動，食生活習慣などは，その乱れや悪化が健康を阻害することは常識的に知られている。また，攻撃性や依存・消極性といった性格は，生活習慣を悪化させる道すじをとって健康に悪影響を及ぼすことも少なくない。現在のところフィー

クスでは，睡眠習慣改善プログラムが充実しており，夜型睡眠習慣を全般的に朝型睡眠習慣に修正する教育方法がある。また，健康阻害因となる性格や行動は，さまざまな心身のストレスを経由して病気をもたらすことが多いが，フィークスではこのストレスを予防することを教育目標の1つにしていることは先に説明した。そして，このストレスが比較的軽いうちに，このストレスそのものを低減させることで，その増大や病気を防ぐというプログラムも考案されている。これがストレス低減プログラムであるが，ここでは，対人的なストレスの低減プログラムが現在のところもっとも充実している。

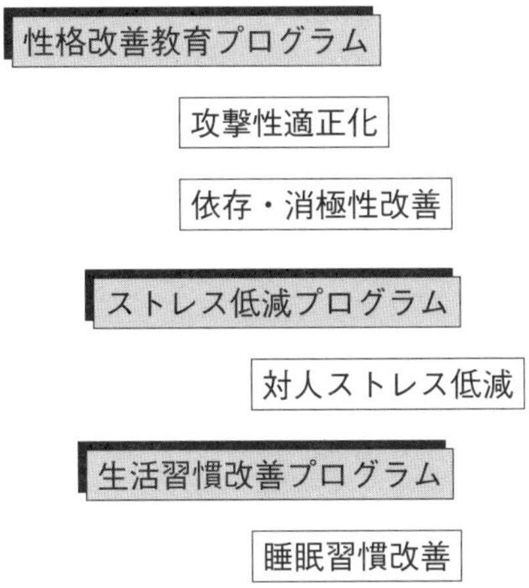

| 性格改善教育プログラム |
| 攻撃性適正化 |
| 依存・消極性改善 |
| ストレス低減プログラム |
| 対人ストレス低減 |
| 生活習慣改善プログラム |
| 睡眠習慣改善 |

図1-6　フィークスにおけるプログラム群

　こうして，具体的なプログラム名をあげると，フィークスの広がりが理解しやすい。この本では，これらのプログラム群のうち，もっとも完成度が高く，また，学校現場からのニーズも高い攻撃性適正化プログラムを取りあげながら，心の健康教育とフィークスについて紹介することになる。

ポイント！

- ・フィークスは，そこで展開される教育特徴を規定した，プログラムの総称である。
- ・フィークスのもとでは，多くの教育プログラムが用意されている。
- ・学校現場の実践者も，フィークスの新しいプログラムをどんどん作成している。

この章のまとめ

　この本で提唱する「心の健康教育」，そしてその中で展開されるフィークスの基本的な特徴が理解していただけたと思う。フィークスが，これまでの教育では達成できない目標と斬新な方法をもつことに注目していただきたい。まったく新しい教育だけに，とっつきにくいという感じを受けられる向きがあるかもしれない。しかし，まずは心を白紙にして，子どもたちの心身の健康を守ることを第一に考えながら，この教育が心身の健康という一大目標を達成する可能性に満ちていることへの理解をすすめていただきたい。

第2章　攻撃性の発達と顕在化

この章で学ぶこと

　前章のフィークスの定義を受けて，この章では，フィークスの拠り所となる実証的な基礎データをみてみたい。

　フィークスでは，できるかぎり，主観や経験だけで教育を行うことを避けることが大切になる。この点から，心理学を中心とした科学の世界で，関連する性格や行動についてどのような事実がわかっているのか，じっくりみてみる必要がある。

1．性格・行動と心身の健康

性格が心身の健康に影響を及ぼすことは古くから知られているが，それを体系的に実証しようという機運が高まったのは1930年代になってからである[31]。しかし，アレキサンダー（Alexander, F.）[1]やダンバー（Dunbar, F.H.）[24]に代表されるようなその頃の研究も，結論に一貫性がなく，解釈にも矛盾が目立ち，当時の心理学者の注目をひかなかった。両者の関係を周到な手続きをもって科学的に調べる研究は，1950年代に始まったタイプA性格・行動特性の研究が最初であったと言える[32]。タイプAとは，攻撃・敵意，時間切迫・焦燥，達成努力・精力的活動の諸特徴がいずれも高まった性格・行動型で，この性格を強くもつタイプA者は，「時間に追われながら何かを達成しようとして精力的に活動し，その結果，他人との競争の中で攻撃性や敵意が高まった行動を示す」という特徴をもつ。この性格は，狭心症や心筋梗塞の発病率を高める危険因子であるばかりでなく，抑うつなどの精神疾患とのかかわりも大きい。

タイプAの研究は短期間のうちに膨大な数の研究を生みだし，この研究に刺激され，性格と健康の関係についての研究はその隆盛を極めることになった。そこでは，攻撃性格，セルフ・エスティーム，自律性など多様な性格が取りあげられ，健康への影響が研究された。表2－1には，この領域で取り扱われてきた主要な性格が示されている。ここでは，1つ1つ取りあげて説明はしないが，この種の性格の多様性とこの研究の隆盛の一端をみてほしい。また，この研究は性格にとどまらず，行動や認知面と健康との関係についての研究領域も発展させ，原因帰属，主張性，セルフ・エフィカシー（self-efficacy）など，性格というよりは行動，認知的要素の強い変数も扱うことになった。

フィークスでは，これらの実証的研究資料を，性格や行動の発達研究を含めて参照しながらプログラムを構成することが一大特徴になっていることは，冒頭に述べたとおりである。ここでは，本書においてはフィークスでもっとも完成度が高い攻撃性適正化プログラムを紹介することから，数ある健康関連性格のうち，攻撃性格の発達や攻撃行動の顕在化，さらには攻撃性と健康の関連について詳しく紹介する。なお，タイプA性格については，すでに，その発達過程を中心としたレビューが山崎[71]により発表されているので参照されたい。

表2－1　健康との関連が調べられている主な性格

健康阻害性格	健康促進性格
タイプA	タイプB
神経症的傾向	ハーディネス
執着気質	コヒーレンス
特性不安	セルフ・エスティーム
タイプC	楽観性
アレキシサイミア	自律的タイプ

ポイント！

- 性格や行動は，心身の健康を阻害する大きな要因である。
- 心理学を中心とした科学は，健康を阻害する性格や行動の研究に莫大な時間と金をつぎ込んできた。
- その結果，フィークスが参照できる貴重な基礎データが蓄えられている。

2．攻撃性の特徴と健康との関連

（1）攻撃性発現の生理

　攻撃性は動物として生存するためには欠くことのできない特性であり，われわれ人間にもこの特性が確固として備わっている。攻撃性は，他の感情と同じく，古い脳と言われる大脳辺縁系，とくにその中の扁桃体が外部からの刺激を受けて解発されることが知られている。しかし，人間と他の動物の違いは，この解発機構に大脳新皮質が大きな影響を及ぼしていることであろう。大脳新皮質は人間でもっとも発達した新しい脳部位で，理性的で知的な活動はここで行われる。図2－1にあるように，攻撃性誘発刺激に直接的な影響を受けて攻撃性を示すのが他の動物であるとすると，人間はこの攻撃性を抑制したり，修飾したりして，多様な攻撃性を示すことになる。そして，その抑制や修飾にかかわるのが大脳新皮質である。実際には，これらの脳機能は複数の神経化学物質の伝達によって働き，たとえばセロトニンが低下すると攻撃性反応が昂進することなどはその証拠の1つであり[40]，他にもノルアドレナリン，ドーパミン，アセチルコリンなどの

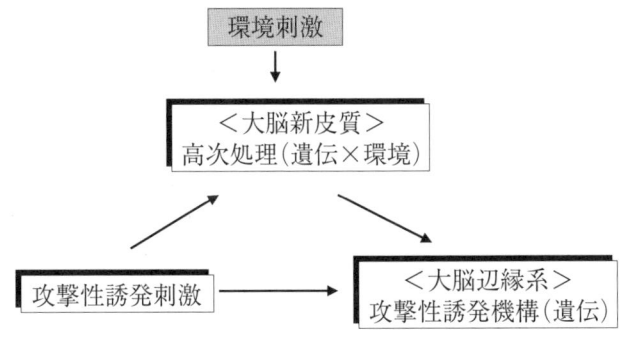

図2－1　攻撃性発現の機構

物質が攻撃性の解発に複雑に関与している[36]。

　攻撃性に本能的な自動性を想定するフロイト（Freud, S.)[30]の見解は別にして，攻撃性についての他の見解はすべて，攻撃性を誘発する外的刺激の存在を想定し，攻撃性がもつ機能的側面を強調する。攻撃性の発現についての行動学や心理学の見解は大渕[53]の著書に詳しく紹介されているが，ローレンツ（Lorenz, K.)[43]はその比較行動学上の研究により攻撃性に種の維持と進化へ貢献する機能を見いだし，心理学領域でも情動発散説[7,22]や社会的機能説[5,67]は攻撃性の機能を想定した見解になっている。人間ではこうした攻撃性の特徴が複雑になるが，それは，人間が他の動物と異なり大脳新皮質の発達が著しく，この発達が攻撃性の発現特徴や機能を複雑にしているからである。そして，攻撃性誘発刺激に対する高次な処理過程を担う大脳新皮質の機能は，遺伝もさることながら生後に環境要因からの影響を大きく受けて形成される。

（2）攻撃性の種類

　最近の攻撃性研究の1つの特徴は，攻撃性を細分化して研究することにある。これまでの攻撃性の研究では，攻撃性を細分化してとらえることはほとんどなかったが，健康領域の研究の影響で，内容的な細分化と表現的な細分化が行われれるようになってきた。感情としての怒り（anger），態度としての敵意（hostility），行動としての攻撃（aggression）という区別は誰もが認める分類であるが，実際の研究レベルではさらに複雑な分類が行われている。内容的な細分化についてはその詳細が確定されているわけではなく，質問紙ごとに複数の概念が規定されている。たとえば，健康領域の研究でよく利用されたバス-ダーキィ敵意インベントリー（Buss-Durkee hostility inventory)[8]をみると，身体的攻撃（assault），間接攻撃（indirect），短気（irritability），ネガティビズム（negativism），恨み（resentment），猜疑心（suspicion），言語的攻撃（verbal aggressiveness），罪悪感（guilt）などの細分化がみられる。表2-2には，各細分化にあてがわれている質問項目例があげられている。他方，攻撃性の表現では，言葉や態度で怒りを表現する怒り表出（anger-out），怒りを感じても外に出さないように抑える怒り抑制（anger-in），怒り感情自

表2-2　バス-ダーキィ敵意インベントリーを構成する質問項目例

構成尺度	項目例
身体的攻撃	なぐられたら，なぐりかえす
言語的攻撃	自分の権利は遠慮しないで主張する
間接的攻撃	嫌いな人について悪い噂を広めることがある
短気	かっとなりやすいが，すぐにおさまる
ネガティビズム	よほどうまく頼んでこなければ，人の頼みをきいてやらない
恨み	私は何度もチャンスを逃したように思う
猜疑心	陰で私のことをあれこれいう人がいる
罪悪感	悪いことをすると，良心の呵責に苦しめられる

体を鎮めることによって怒りの表出を抑制する怒り制御（anger-control）の3分類が広く取り入れられている[65]。

これらの細分化をもとに攻撃性を多面的にとらえて研究が進められ，健康との関連について多くの知見が出されてきたが，現在においては，研究結果が一貫せず，混沌とした状況にある事実も否定できない。それは，このような細分化が，概念の十分な明確化と細分化の必要性の確認を怠って実施されてきたことが原因の1つになっている。アントノフスキィ（Antonovski, A.）[3]が指摘しているように，構成概念を細分化するには，細分化への十分な証拠が蓄積されるまで繰り返し実験を重ねることが必要なのである。そこで，攻撃性の概念を今一度見直し，意味ある単位に分類したのが図2-2である。攻撃誘発刺激を受けた場合，その刺激に対する一次的な反応は，大きく，攻撃反応，直接的問題解決反応（主張反応など），無気力・逃避反応に分けられる。このうち攻撃反応は，最近の発達研究では[12,16]，大きく，反応的攻撃（reactive aggression）と道具的攻撃（proactive aggresion）に分けられ，さらに山崎ら[73]は，反応的攻撃を表出性攻撃と不表出性攻撃に分類している。反応的攻撃は攻撃誘発刺激に直接駆られて生まれる攻撃であるが，そのうち表出性攻撃は，怒り感情を時間をおかずに言語的あるいは身体的に表出することで，不表出性攻撃は，一般に敵意と言われ，怒り感情を持ちながらそれを表現しない特徴をもつ。怒り感情は，ひとたび生まれると何らかのかたちで発散されることが必要になるが，不表出性反応の場合，時間をかけて合理的に処理されたり，社会的に容認されないかたちで非合理的に処理される結果をとり，また場合によっては，かなり長期にわたって未処理の状態が続き健康面などに悪影響を及ぼすこともある。昨今話題になっている「キレる」という現象も，不表出性反応が非合理的に処理された結果の一例である。他方，道具的攻撃は，明確な攻撃誘発刺激がない場合にほとんど怒り感情なしに出現することも多く，目標達成のために攻撃反応を道具として利用することから生ま

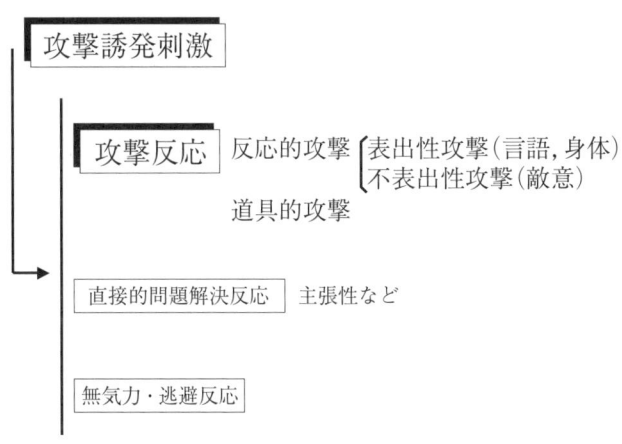

図2-2　攻撃誘発刺激に対する個人レベルでの反応性の分類

れる。

(3) 攻撃性と健康

　フィークス・プログラムの場合，その目的は心身の疾患の予防とその疾患原因としてのストレスの回避や軽減であり，攻撃性などの性格を教育対象とした場合も，当然のことながら，攻撃性と健康の関係に対して実証的なデータがあることがプログラム構築の前提となる。

　攻撃性と健康との関連についての研究は数多く，性格と健康の研究領域ではもっとも研究が充実している領域である。攻撃性が種々のストレスをもたらすことは繰り返し報告されているが[69]，心身の疾患との関連についても数多くの知見をもたらしている。たとえば，ベアフット（Barefoot, J.C.）ら[6]の研究では，クック・メドリィ（Cook-Medley）の敵意尺度[10]で，医学部男子学生の25年間を追跡調査した結果，冠状動脈性心臓疾患や悪性腫瘍による死亡者は敵意が高いほど多くなることを明らかにしている（図2－3）。一方，精神面では，抑うつと敵意との正の関連が報告されている[72]。また，敵意を中心とした攻撃性は，飲酒，運動，肥満度と正の関係にあることも明らかにされ[37]，とくに，先に述べた攻撃性発現における神経伝達物質の役割を考えれば，食事のかたよりが攻撃性の発現率を高めることは容易に予想される。事実，糖分の過剰摂取，カルシウム，ビタミン，グルタミン酸，鉄分などの不足と攻撃性の正の関係が指摘されている[54,66]。また，学校での「いじめ」問題なども子どもたちのもつ攻撃性がかかわっていることは言うまでもない[52]。

　こうして攻撃性の適正化は，対人ストレスや心身の健康，さらには学校場面でのいじめの問題などにも大きくかかわり，フィークス・プログラムの中でも，攻撃性の適正化を目標にしたものは，広い教育・健康効果をもたらすことが期待される。

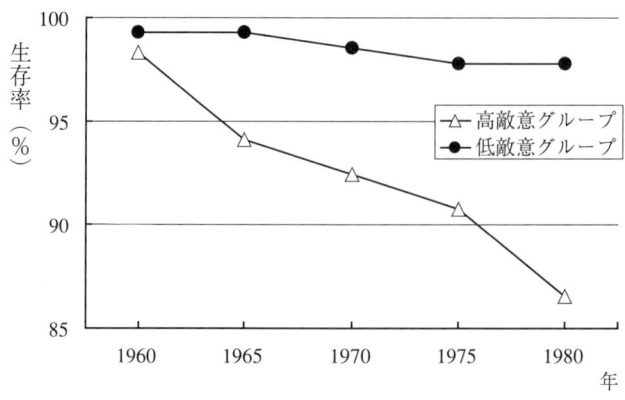

図2－3　敵意と生存率との関係（文献6より改変）

ポイント！

・攻撃性を生みだす生理的なメカニズムは，かなりわかっている。
・攻撃性には，いくつかの種類がある。
・攻撃性は，心と身体の健康をむしばむ。

3．攻撃性の発達

（1）遺伝か環境か

　さて，実際に教育プログラムを組む場合，フィークスでは，プログラムの具体的な目標を設定するために，ふたたび実証的な研究データを参照することになる。その参照の方向としては，基本的には，攻撃性の発達にともなう形成過程と子どもが攻撃行動を示すときの情報処理過程の2つが考えられる。

　そこで，まず，発達過程についてのこれまでの実証的研究を概観してみたい。図2－4に示すように，攻撃性を形成する原因としてはさまざまな要因が考えられる。しかし，形成因としての影響力の強さを考えると，遺伝と親の養育態度が注目される。攻撃性の解発機構が生得的に備わっている以上，遺伝要因がある程度強いことは疑う余地がない。攻撃性の要素を含んだタイプA性

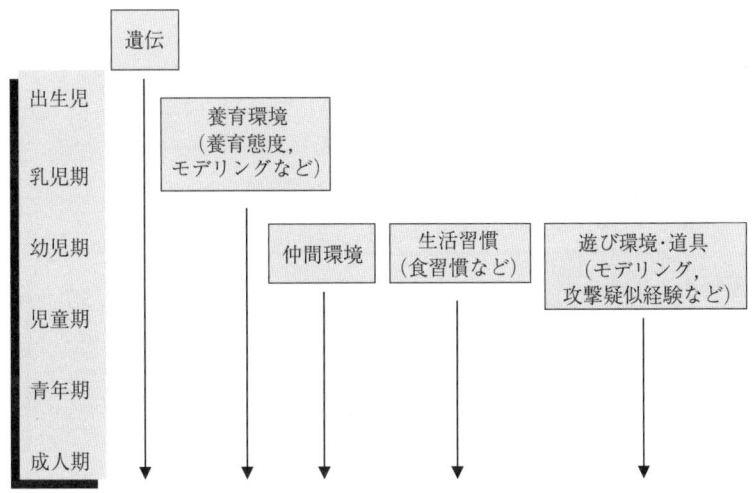

図2－4　攻撃性の形成要因の多様性

格では，遺伝要因の規定力が5割を越えるものではないことが示されているが[56]，タイプAよりも生物的要素の強い攻撃性の場合は，それよりも遺伝要因が強いことが考えられる。3世代にわたって攻撃行動に一貫性がみられたという研究も[25,38]，遺伝要因の強さを示唆している。

　そこで双生児研究の1つであるスミス（Smith, T.W.）ら[64]の研究をみると，そこでは，クック・メドリィの敵意尺度と，比較対照としてアイゼンク性格インベントリー（EPI: Eysenck Personality Inventory）により外-内向性ならびに神経症的傾向を測定し，成人で一卵性双生児と二卵性双生児を対象として遺伝要因の強さを推測している。その結果，神経症的傾向の遺伝要因が低く，外-内向性はそれよりも遺伝要因がまさるが，さらに敵意では，外-内向性よりも若干遺伝性が高くなっている。この研究では，ファルコーナー（Falconer）法により遺伝性が推測され，その係数が.6前後であるが，この研究では遺伝性が過大評価されている可能性が示唆されていることなどを考慮すると，遺伝要因は50％ほどと考えてよさそうである。これは生後の環境要因による攻撃性の形成力が遺伝要因と対等にあることを示唆し，環境要因が半分でもあれば教育効果が大きく反映されるものと期待される。

（2）親の養育態度からの影響

　性格特性について遺伝要因を直接操作することは現段階ではできないので，環境要因に焦点を当てることになる。環境要因では，親の養育態度，モデリング（親や他人の言動をモデルとしてまねる），欲求不満をもたらす親以外の環境要因の存在など多様であるが，やはり親の養育態度が重要で，またその研究量も豊富である。これまでの研究をみると，親からの受容の欠如（極端には拒絶）[51]，厳しい罰や干渉[2]，一貫しない親のしつけ方法[44,55]，親からのモデリング[50,70]は繰り返し報告されている親の養育変数であるが，他にも親の不仲[29,68]，父親がいない[35]，親の監督の欠如[28]などの要因が指摘されている。そして，このような親の養育態度によって攻撃性のほとんどが形成されるが，その形成も6歳前に行われることが示唆されている[26]。

メモリー♪♪

攻撃性を生み出す親の4大養育態度
・親からの受容の欠如
・厳しい罰や干渉
・一貫しない親のしつけ方法
・親からのモデリング

このような親の養育態度の他には、仲間環境が重要で、幼児期以降に仲間との接触が高まるにつれて、親からほどではないとしても、仲間からの態度やモデリングが親と同様の影響を与えることになる。また、遊びの環境や道具も影響力をもち、攻撃的なシーンをみせるテレビやマンガなどからのモデリングを中心とした影響[23,27]の他、攻撃的な行動を受けては発するコンピュータゲームの経験は、攻撃行動の疑似体験やモデリングから攻撃性を高めることが報告されている[4,39]。そして、先に指摘したように、食生活を中心とした生活習慣も直接的に攻撃性を左右する要因となる。

このように、攻撃性についての研究は多数実施されてきたが、この領域の研究には不備な点も指摘される。それは、攻撃性の種類を弁別した研究がほとんど実施されてこなかったことである。攻撃性の種類を細分化して研究する姿勢は健康領域で強調されていることではあるが、最近になって発達領域でも攻撃性を細分化して研究が行われるようになってきた。反応的攻撃と道具的攻撃の大別を考えると、これまでの発達研究は、とくに言及はないが、反応的攻撃についての研究が中心であったと考えられる。そして、最近の研究に至ってようやく、この反応的攻撃と道具的攻撃を区別して研究が実施され始めた。それによって、反応的攻撃は、親からの拒絶や虐待[15]、発達段階初期の仲間による拒絶[9]などによって形成されるが、道具的攻撃は、攻撃的な役割モデルとの接触からもたらされることが示唆されている[18]。攻撃性の種類を弁別した研究は始まったばかりであるが、現行の反応的攻撃と道具的攻撃の区別だけではなく、反応的攻撃を表出性と不表出性に分けて研究を進めることが今後期待される。

こうした攻撃性の発達過程をみると、攻撃的な子どもは、攻撃的にならざるをえなかった、あるいは攻撃的になって当然という家庭環境にあったといえる。この結果、攻撃的な子どもはセルフ・エスティーム（自尊心）が低く、不安におののいて、卑近な言葉でいえば、傷ついている状況にある。このような子どもたちの教育にあたっては、基本姿勢は受容であることは明らかであり、乳幼児期に母なる存在によって包み込むように愛情を受けることができなかった子どもたちに、遅ればせながら、この体験をさせることが重要であることがわかる。

ポイント！

・攻撃性の形成には、遺伝半分、環境半分のかかわりがある。
・環境では、親の養育態度が最大の要因になる。
・攻撃的な子どもたちには、「受容」の姿勢で接することが大切である。

4．攻撃性の顕在化をもたらす要因 ——攻撃行動に至る情報処理過程——

攻撃性の形成要因を中心に述べてきたが，次に，ある時点で子どもたちに攻撃行動をとらせる要因を考えてみたい。どんなに強く攻撃的な性格をもっていても，その子どもがいつも攻撃的になるわけではない。同じ刺激を受けても，攻撃的になるときとならないときがあるし，また，攻撃性の表現方法もそのときどきで変わる。実際上，このような攻撃行動の変動をもたらす要因にはさまざまなものが考えられる。たとえば，攻撃行動の表現道具（たとえばナイフ）がそばにあると，攻撃行動をより殺傷的なものに向かわせるし，個人を取り囲む集団からの圧力が攻撃行動を規定することもある。また，忍耐心など攻撃性以外の個人の性格特性は攻撃性を抑制する方向で影響する。このように，ある時点や状況における子どもの攻撃行動を規定する要因はかなりの数に上ることがわかるが，心理学的な研究が進んでいるのは，攻撃性を誘発する可能性をもった情報の処理過程についての研究である。

ドッジ（Dodge, K.A.）[14]は，社会的情報処理モデル（social information processing model）に基づいて，攻撃行動にいたる情報の処理過程を5段階にわけて考えている。図2-5には，この5段階とその後に加えられた1段階をあわせて，情報処理の6つの段階が示されている。まず，第1段階が情報のエンコーディング（encoding）で，情報を探し，選び，注意し，記憶することがここで行われる。たとえば，相手の意図についての情報を集めるために表情に注意を向けることなどが起こる。第2段階は解釈の段階で，たとえば，相手の行為の意図を推測することになる。第3段階は反応の探索段階で，問題解決のために攻撃反応や向社会的反応（他者の利益になることを意図した行為）を探索する類である。そして，第4段階は反応の決定，第5段階は実行の段階となる。さらに続いて，第6段階として，評価段階が想定されることも多く[59]，選択し，実行された反応の結果が自分や他人に及ぼす影響について考えながら，反応結果を評価する段階である。

これまでの研究で，攻撃的な子どもは，これらの情報処理のほとんどの段階において問題をもつことが指摘されている[57]。まず第1段階では，攻撃的な子どもは非攻撃的な子どもよりも収集する情報が限定されることが指摘される[20]。これには，時間的に近くにある手がかりにとらわれがちであったり[21]，情緒喚起力の

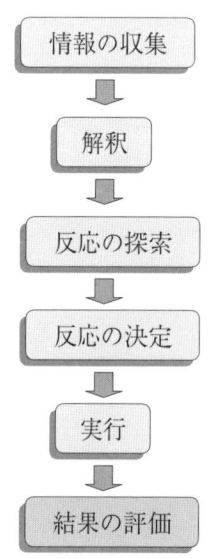

図2-5 攻撃行動にいたる情報処理過程

強い手がかりに注意が集中したりする[34,46]特徴が含まれる。第2段階では，攻撃的な子どもが他人の行動を敵意あるものとしてとらえがちで[13,17,19,20,49]，第3段階では，攻撃的な子どもが問題事態で思いつく反応の数が少ないことや[62,63]，主張的な反応を取りあげにくいこと[60]などが指摘されている。

さらに第4段階の反応の決定では，攻撃的な子どもは，攻撃が問題を解決するのに良い方法であることを学習していることから[59]，攻撃反応をとることが多くなるし，その分主張的な行動が選択されることも少ない[14]。また，相手の被害に対する共感や自責の念を示すことが少ないことからも[58,63]攻撃的な行動を選択してしまう可能性が高まる。なお，主張的な行動（主張性）とは，他人からの要求を断ったり，自分から他人へ要求を出すなど，望むときあるいは必要なときはいつでも，自分の意思を表明できる行動を指し，また同時に，それらの行動においては，相手の状況や要求にも配慮しつつ，攻撃的になることなく，また必要以上に相手を困惑させることもない行動特徴でもある。次の実行にいたる第5段階では，攻撃的な子どもは，たとえこれ以前の段階で非攻撃的な反応が選択されたとしても，その実行スキル（技能）が欠如していて[14]，その行動自体が遂行できないことがある[57]。そして最終段階では結果の評価が行われるが，攻撃的な子どもはこの評価を正確に行うための自己評価力が乏しく，自己知覚にも欠けていることが報告されている[33]。

メモリー♪♪

攻撃性にいたる情報処理過程の特徴
・冷静にまんべんなく，まわりの情報に注意できない。
・他人の意図を悪意にとる。
・攻撃的にならずに問題に対処できる行動のレパートリーが少ない。
・攻撃的にならずに問題に対処できる行動を実行する技能が乏しい。

なお，クリック（Crick, N.R.）とドッジ[11]は，この5段階モデルを修正し，目標を明確化する段階を加え，さらにこれらの段階が循環的に機能するモデルを提起しているが，その内容は上のモデルと大差はない。

こうした攻撃的な子どもの情報処理特徴が明らかになれば，その特徴を修正する方向で教育や治療をほどこすことができる。たとえば，攻撃的な子どもでも慎重に考えさせれば主張的な解決方法をとれるようになることが示唆されているし[42,61]，実際にこれらの情報処理過程の欠点を総合的に視野に入れた教育プログラムも開発され，実践されている[57]。こうして，情報処理過程が修正され，実際に攻撃行動が少なくなると，攻撃性格そのものが徐々に変化していくことも期待

また最近の反応的攻撃と道具的攻撃を弁別した研究では，攻撃性の種類ごとに情報処理過程の特徴が明らかにされつつある。たとえば，反応的攻撃性を示す子どもは，手がかり注意や意図帰属に問題があり，道具的攻撃性を示す子どもは，遂行結果に関連した処理に問題があって，道具的な社会目標を対人的な目標に優先して選択することが報告されている[12,15]。このような相違点から，攻撃性が高い子どもが一律に同じプログラムを受けるのではなく，攻撃性の種類ごとにプログラム内容を変えることも考える必要がある。

こうして，ある時点や状況での攻撃性の規定因が複雑であることがわかるが，実際の社会場面や集団の中ではさらにその規定因が多様化し，社会心理学領域におけるミルグラム（Milgram, S.）[45]やラターネ（Latane, B.）とロディン（Rodin, J.）[41]の古典的研究にもあるように，個人の特性からは予測できないような攻撃行動が表出される。いじめ問題も，個人の攻撃性がその原因の根源にあるとしても，学校という閉ざされた集団社会の中で多層に入り組む構成員によって生み出される現象であるといえる。森田ら[48]のいじめに対する4層構造論（被害者，加害者，観衆，傍観者）は，そのことを的確にとらえていて，加害者が観衆や傍観者の態度に影響され，いじめ行動を強めたり，維持したりする様子がうかがえる。

ポイント！

- 社会的情報を処理する過程は6段階ある。
- 攻撃的な子どもはそれぞれの過程に歪みがある。
- この歪みを修正すれば，攻撃行動を阻止することができる。

この章のまとめ

攻撃性について，心理学を中心とした研究領域で実証的基礎データを参照した。

ここには，プログラムの目標を直接構成するような貴重な資料がいたるところに見いだされる。

フィークスでは，このような基礎データをもとに詳細な教育目標が構成されることになる。ここから導かれる具体的な目標については，第6章で説明される。

第3章　心の健康教育における理論と技法

この章で学ぶこと

　ここでは，フィークスを支える理論について説明する。

　理論の勉強は，現場ではもっとも敬遠される。それは，理論が，難解で勉強に骨が折れるという印象を与えてしまっているからであろう。

　しかし，フィークスの多様な理論は，さしあたっては，それぞれその基礎的なところだけ理解すればよいだろう。できるだけ平易な説明を心がけたこの章を，散歩するような気軽さで読み進めてほしい。

1. 教育プログラムと理論

　学校で行われている教育プログラムの多くは，その背景となる理論や具体的方法を支える技法の基盤がない。理論はプログラムの正当性を証明する道筋を与え，プログラムの実践が一人歩きをしないための枠組みを提供する。そして，確固とした技法は，プログラムの方法にその実施根拠を与え，理論から実践への橋渡しをする。フィークスは，現場における教育の理論と技法の不備を強く指摘することで生まれたという経緯もあり，この欠点を補えることにフィークスの成立意義の一部があるとも言える。

　フィークスは多彩な理論と技法によって成り立つことは第1章で述べた。特定の理論や技法に固執しないことがフィークスの定義の1つでもあった。つまり，子どもの心身の健康に寄与する理論と技法は広く，それらを柔軟に取り入れるという姿勢がフィークスの一大特徴になっている。これはややもすると，理論基盤が不安定でまとまりがなく，モザイク的との批判を受けることになる。しかし，心の健康教育の教育対象が多様で，学校現場にはプログラム実施上の制約も多く，また子どもたちの行動はささいな要因で日々変化する。このことから，最適の理論と技法要素を自在に駆使することがこの種の教育プログラムには必要であり，1つの理論や技法をもってフィークスの目標を達成することはできない。

　健康に関連する数多くの理論や技法が，互いに他を否定しきることなく併存している事実は，その教育対象特性の複雑さに原因の1つがあるが，完璧な理論や技法などなく，それぞれに長所と短所を合わせもっているということでもあろう。このことからも，教育対象者や心的特性，さらには教育現場の状況に合わせて，適材適所の考えで既存の理論や技法を利用することの必要性が強調される。しかし，できる限りまとまりのなさという欠点を感じさせないように，新しい要素も加味しながら既存の理論や技法を整然と取り入れ，この総合的な試みそのものが新理論であり，新技法であるというとらえ方をしたい。

　こうして，フィークスは数多くの理論や技法を取り入れることになるが，それぞれの理論や技法は本来かなり複雑で多岐に及ぶ内容をもつ。しかし，実際にフィークスへそれらを適用するときは，そのエッセンスであったり，その一部であったりする。このことから，難解な理論を時間をかけて理解する必要はなく，フィークスとの関連で必要な部分だけを理解すればよい。これは，学校現場で多忙な教師がプログラムの実施者となるには，欠くことができない姿勢であろう。

　そこで以下には，フィークスが取り入れる理論や技法について，フィークスで利用するという観点に限定して，基礎理論と治療理論・技法にわけてその内容を紹介したい。

ポイント！

・教育には，科学的な理論と技法が必要である。
・フィークスは，多様な理論と技法からなる。
・それぞれの理論はむずかしいが，フィークスで利用するという観点からみれば，その習得は困難なものではない。

2．基礎理論

(1) 条件づけ理論と認知理論

　子どもたちの健康に悪影響を与える性格や行動は，学習によって獲得される部分が多い。そこでフィークスでは，心理学において提起されたこれまでの学習理論を重視することになる。学習理論といえば，条件づけの理論がまず挙げられ[8,21]，その中でも道具的（オペラント）条件づけ[18,19]がとくに重要になるが，これは，子どもの性格や行動を変容させる試みにおいては常に参照する姿勢が必要な理論と言える。条件づけは，後に紹介する行動療法や応用行動分析など治療領域の諸理論や技法に大きな影響を与えているが，ここでは，条件づけにおいて重要な概念である強化（reinforcement）と随伴性（contingency）について理解してほしい。

　オペラント条件づけにおける強化とは，ある行動が生じる頻度を高めたり，低めたりする要因のことで，たとえば，ハトがキーをつつくとエサが出てくるという場面を考えると（図3-1），ハトはエサをもらうためにキーつつきの反応を学習して，キーつつきの頻度が次第に増えていく。このように，エサなどをある反応にともなって与えることを強化といい，強化の際与えられるエサのことを強化子（reinforcer）という。また，これとは反対に，キーをつつくと電撃が与えられるようにすると，ハトはキーをつつかなくなるが，その後電撃を与えなくなるとふたたびキーつつきを始める。この場合のように，ハトが嫌う刺激を与えないことによってある反応が起こるようにすることも強化であり，このときの電撃も強化子となる。この強化にはさまざまな方法があり，後に応用行動分析を紹介するときや第5章の具体的実践方法においてもその詳細が紹介されるが，基本的な方法や用語はここで確認しておきたい。

　たとえば，話を単純にしたうえで，学校である児童が授業中に手をあげて自分の意見を発表することを強化する場面を考えよう。教室では，わかっていながらなかなか自分の意見を発表できない児童がいるものである。その児童がめずらしく自分の意見を発表したときに，先生や他の児

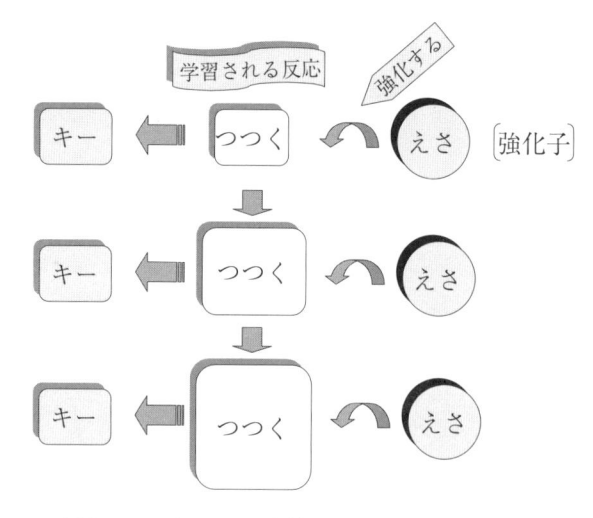

図3-1 オペラント条件づけにおける強化と強化子

童がその意見の良いところを指摘して，児童の発表行為をみとめ，ほめる（強化）。こうしたことが重なり，この児童は次第に授業中に意見を発表するようになってくると，ここにオペラント条件づけが形成されたことになる。さらに，この児童は授業中だけでなく，遊びの時間や家庭の中でもどんどん意見を言えるようになった。これは，強化が行われた教室の授業以外の場面でもその反応が広がったことになり，専門の用語でこれを般化（generalization）という。しかし，そのうちに，授業中に意見を発表しても先生や他の子どもがそれほどみとめたり，ほめたりしなくなると，次第に児童の発言回数が減り，もとの状態にもどったとする。これは，学習された反応が消えることで，消去（extinction）という。また，授業中ではほめられるが，家庭では意見を言ってもほめられないことがわかり，家庭では意見が言えないとしよう。この場合は，教室では意見が言え，家庭にかぎっては意見が言えないという区別が起こり，このように，事態によって学習された反応が出たり，出なかったりするようになると，弁別（discrimination）が成立したという。

　反応や行動と強化の与え方の関連性は随伴性と呼ばれるが，この随伴性にもさまざまなパターンがある。たとえば，反応が起こってすぐに強化する直後強化，遅れて強化する遅延強化，反応が起こるといつも強化する連続強化，強化したりしなかったりする部分強化という言葉は，随伴性のパターンとして覚えてほしい。強化したりしなかったりする方法の詳細はとくに強化スケジュールという概念でとらえられ，このスケジュールが行動の学習や維持に重要な役割を果たす。

　条件づけ理論では，刺激—反応理論と呼ばれるほど，外から内への刺激と，内から外への反応の連鎖が強調され，生体内の心理的プロセスの必要性はほとんど指摘されなかった。これに対して，生体側の変数の1つとして認知機能を強調したのが認知理論といえる[9,12,22]。同じ食べ物をみても，空腹のときはおいしそうに見えるし，満腹のときはさほどでもないということがあるが，同じ刺激でも，人の状態によって，そのとらえかた（認知）が異なる。認知理論では，行動

> **メモリー♪♪**
>
> **強化と随伴性に関する重要語**
> ・般化　　・弁別
> ・消去　　・連続強化
> ・直後強化　・部分強化
> ・遅延強化　・強化スケジュール

は，結果への主観的価値（たとえば，今度の試験には合格することは，これからの人生にとって重要だと価値づける）と特定の行動がその結果をもたらすだろうという主観的確率（期待）の関数であると考えられ，価値―期待理論（value-expectancy theory）とも呼ばれる。ここでは，強化や行動の結果は，期待に影響を及ぼすことで人の行動を変化させることになる。

　教室での子どもたちの行動を刺激―反応連鎖でとらえるだけでは多くの情報を見逃すことになり，また，この要因だけで子どもたちの行動を教育することでは不十分であろう。子どもたちは機械ではなく，みずから考え，感じ，動いている存在なのである。刺激―反応理論の客観性と操作の容易性を取り入れながらも，認知理論の主張のように，子どもたちの中で実際に機能している認知変数を扱うことが，健康に寄与する性格や行動の教育には欠くことのできない要素となろう。

（2）社会的学習（認知）理論

　認知理論の認知的変数を強調して包括的に理論に組み込んだのが，社会的学習（認知）理論である[2,3]。バンデューラ（Bandura, A.）の提唱した理論ではいくつかの重要な見解がみてとれるが，まず，行動，環境，個人の3つの要因は，相互に影響を与え，互いの決定因になるという相互決定主義があげられる。この中では個人要因が重要で，まわりの環境をどのようにとらえ，行動の結果をどう予期するかという認知的要因が強調される。次には，モデリング（modeling）とセルフ・コントロール（self-control）の概念があげられる。われわれは自分の行動を何らかの基準にしたがって自己報酬あるいは自罰をもって統制する能力をもっていて（セルフ・コントロール），その際の基準や行動様式はモデルを観察することによって形成されることが多い（モデリング）。

　そして今ひとつは，自己効力感（セルフ・エフィカシー；self-efficacy）の概念がある。行動は期待と誘因（欲求や要求を満たしてくれそうな事物）によって決定されるが，期待は，自分の行動に対する期待（outcome expectation），結果に影響を及ぼす行動の遂行能力に対する期待（ef-

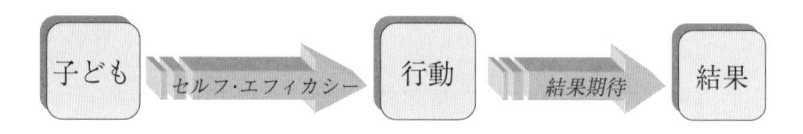

```
子ども ⇒ セルフ・エフィカシー ⇒ 行動 ⇒ 結果期待 ⇒ 結果
```

図3−2　セルフ・エフィカシーと行動との関係

ficacy expectation），環境手がかりに対する期待（expectancies about environmental cues）の3つに分けられる。このうち，行動の遂行能力に対する期待，すなわち，セルフ・エフィカシーが注目され，問題となる事態で求められる行動に対する効力感の高まりが，その行動をもたらすことになる（図3−2）。このセルフ・エフィカシーは，行動の実際の遂行だけではなく，代理経験，言語的説得，生理的反応の体験によって獲得される。代理経験とは，他人がうまくやっているところを見ることによって，自分もできるという気持ちになり，実際にそうできるようになること，言語的説得は，たとえば，ある行動をする力があると勇気づけられると，実際にその行動ができるようになること，そして，生理的反応の体験は，落胆した気分や疲労感などは行動の遂行にマイナスになり，この種の負の感情を減少させると遂行力を高めることになることを意味している。

　こうして社会的認知理論においては，教育対象となる行動の遂行を高めるには，そのセルフ・エフィカシーを高めること，そしてセルフ・エフィカシーは，実際に行動を遂行させるだけではなく，代理経験など多面的なアプローチによって高まること，さらにその高まりは，自己コントロールによって自分で維持し，発展できることを示している。

　セルフ・エフィカシーの概念は，セルフ・エスティームの概念と共通点をもつが，図3−3に示すように，エフィカシーが認知寄りの概念であるのに対してエスティームは性格寄りの概念であると考えられる。セルフ・エスティームは本書でもこれまでに何度か登場したが，ここでその概念を明確にしておきたい。セルフ・エスティームが高い人について説明すると，まず自己の価値について自尊感情が高い人で，自分の存在や生き方に不安や疑問が少ない状態にある。この結果，他者の存在についても同様に，不信や敵対心をもつことがなく，その存在を尊重することができる。また，自己の能力については，自分は自分のまわりに起こることを自分の望む方向に向ける力があると感じる度合いの高い人を指す。結局，自己信頼心ならびに他者信頼心の高い人ともいえる。

　図の構成を説明すると，セルフ・エスティームは性格の根幹をなす1つの特性であり，全般的にセルフ・エスティームが高いということもあるが，領域ごとに高低があることも事実である。たとえば，学業面ではエスティームが高いが，対人面では低いといったことが起こるのである。ポープら[16]のエスティーム尺度をみると，全般的得点の他に，学業，身体，家族，社会の各領域で下位得点が算出されるようになっていることからもこのことがわかる。このエスティームが行動

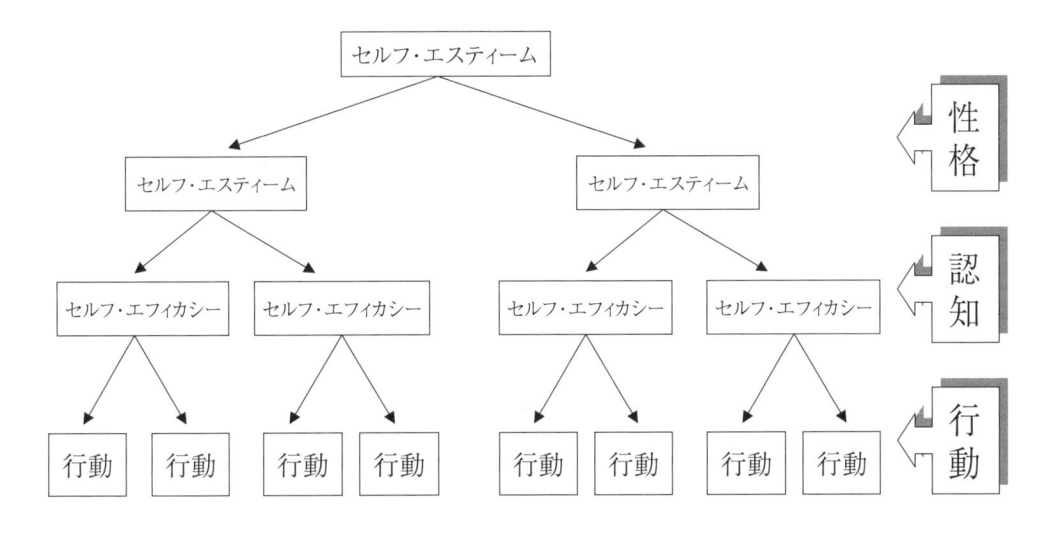

図3－3　セルフ・エスティーム，セルフ・エフィカシー，そして行動の三者の関係

にかかわるときには，それを仲介するものとしてセルフ・エフィカシーという認知特性が加わり，このエフィカシーの高まりが個々の行動を導くことになる。

　エスティームとエフィカシーは互いに影響を及ぼすが，発達的あるいは教育的には，エフィカシーを高めることによってエスティームを高める方向を考えることになる。すなわち，より行動側に近いエフィカシーの教育のほうが容易で，エフィカシーの高まりがエスティームの高まりをもたらすことを期待するのである。このことは，セルフ・エフィカシーがセルフ・エスティームよりも前に生まれ，エスティームが生まれる前兆になることが示唆されていることからもわかる[20]。また，セルフ・エフィカシーを高めるためには，そのエフィカシーとつながる行動的な要素を直接教育することも重要である。こう考えると，セルフ・エスティームのようなおおもとの性格は，それを直接教育対象にするよりも，認知面としてのセルフ・エフィカシーやそのエフィカシーを高める行動を教育するほうが高い教育効果が得られることが期待される。

（3）保健領域におけるヘルス・ビリーフ・モデルとプリシード／プロシード・モデル

　フィークスでは，心理学領域の他に保健学領域の理論やモデルを積極的に採用することになる。これはフィークスの達成目標が心身の健康であるためで，保健学領域では参照すべきモデルが少なくない。保健学領域のモデルは健康促進（維持）行動を左右する要因を整理したものが多いが，それらの要因の中には，フィークスにおいて望ましい性格や行動を獲得させる場合に考慮すべきものが少なくない。

　最初に注目するモデルが，ヘルス・ビリーフ・モデル（Health Belief Model: HBM）である[4,17]。このモデル（**図3－4**）では，健康に関連する行動は3つの要因が同時にそろって生まれることを

[b] 属性変数(年齢,性,人種,民族など)
社会心理学的変数(人格,社会階層,友人および準拠集団からの圧力など)
構造的変数(病気に関する知識,以前の病気の経験など)

[e] 自覚する予防行動の利益
ひく
自覚する予防行動への障害

[a] 自覚する特定の病気にかかる可能性
自覚する特定の病気の重大さ

[c] 自覚する特定の病気の恐ろしさ

[f] 勧められた予防的健康行動をとる可能性

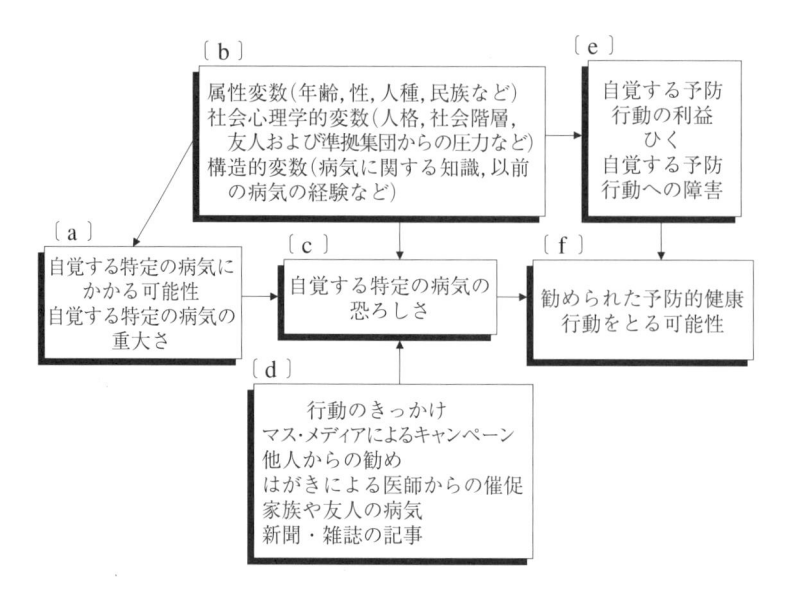

[d] 行動のきっかけ
マス・メディアによるキャンペーン
他人からの勧め
はがきによる医師からの催促
家族や友人の病気
新聞・雑誌の記事

図3-4　ヘルス・ビリーフ・モデル（文献5より改変）

示している。すなわち，健康問題に関する十分な動機づけ（図中a），重大な健康問題をもったり，病気にかかるかもしれないという恐れ(c)，さらにはある健康促進行動が大きな犠牲を払うことなく実行できるという考えである(e)。そして，これらの要因を修飾するように，行動のきっかけとなる要因(d)や背景から健康行動の遂行を規定する要因(b)などが複雑にかかわっている。このモデルは最近に至るまでさまざまな修正案が出されているが[5]，3つの基本的要因や他人からの勧めなどの行動のきっかけ，また所属集団からの圧力など，フィークスにおいて利用すべき要因が数多く確認される。表3-1は，ガン検診という健康行動をとるかどうかを迷う場面を利用して，HBMにおける諸要因が具体的にどのようにかかるのかを紹介している。この場面例をみると，本人を取り巻く周囲からの影響がいかに重要であるかが理解できよう。

次にプリシード／プロシード・モデル（PRECEDE/PROCEED Model: Predisposing, Reinforcing, and Enabling Causes in Educational Diagnosis and Evaluation/Policy, Regulatory, and Organizational Contracts in Educational and Environmental Development Model）[7]であるが，第1章においてもKYBの準拠モデルとして簡単に紹介した。第1章においては，このモデルが，健康行動をもたらす要因を先行要因，実現要因そして強化要因に分けてとらえることを説明したが，内容は異なるものの，多面的な要因を想定する点ではHBMに匹敵するものがある。しかしこのモデルの特記すべき点は，プログラムの構築のための診断過程とプログラムの評価過程を強調したことにある。診断は，社会という広い立場から政策というプログラムの実行にかかわる現実的側面まで多岐にわたり，評価もプログラム実施後の評価のみならず，経過中の評価や全体の評価に加えて構成要素ごとの評価も実施されるようになっている。これをフィークスと比較すると，フィークスではプログラム評価において遜色はないが，診断過程においては参照すべきものが多

表3−1　健康行動を選択するかどうかの場面例

登場人物	会話
※	山田くんは，最近健康に自信がありません。とくに胃腸の調子は今ひとつです。今，検診を受けてレントゲンをとるかどうか迷っています。
みんな	山田くん，おはよう。おはよう。
山田くん	なあ，ちょっと相談なんだけど。 胃ガンには，早期発見が大切っていうよね。 一度レントゲンをとらなくてはと思ってるんだけれど，ちょっと迷ってるの。
笠井さん	まだ1回もとったことないの。(b)
山田くん	うん。もうガン年齢だし，ガンはきょうび誰がかかってもおかしくないしね。 発見が遅れると，命にかかわるというのもいやだね。(a)(c)
玉木くん	最近は，みんな定期的に年1回ぐらいはレントゲンをとっているよ。(b)
笠井さん	このあいだ，市の広報でも，無料で簡単にできますって載ってたよ。(d)
山田くん	でもね。めんどうだし，それに誤診されてもね。胃カメラを飲むこともあるんでしょ。 放射線受けるほうがよっぽど恐いのと違うかな。(e)
笠井さん	それもそうだね。放射線も恐いな。
玉木くん	でも，発見が遅れたら家族の者も悲劇だよ。家族のかた，検診をすすめない？(d)
山田くん	まあね。う〜ん，悩むなあ。
玉木くん	よく考えてね。それじゃ。

a〜eについては図3−4参照

い。現段階のフィークス・プログラムでは，この診断過程に匹敵する明確な過程はないが，実際に学校教育にフィークスが広く取り入れられるには，現場の諸々の制約に適合させたり，政策的な判断が必要になるときがくる。この意味で，プリシード／プロシード・モデルの診断方法には留意し続ける必要があろう。

ポイント！

・フィークスの背景理論は，心理学と保健学にまたがる。
・心理学では，条件づけと社会的認知理論が重要。
・保健学では，ヘルス・ビリーフ・モデルとプリシード／プロシード・モデルが重要。

3．治療理論と技法

（1）行動療法，応用行動分析

さて，上には基礎理論としていくつかの理論やモデルを紹介したが，ここでは，もう少し治療や教育の応用場面に近い理論や技法を紹介したい。その紹介にあたっては，応用を意識して具体的な方法につながっている知見が多いので，フィークスとの関連を強く出した説明が行われる。

そこでまず，行動療法と応用行動分析が登場する。先に紹介した条件づけの理論を適用して，不適応行動を矯正したり，適応行動を形成する方法を総称して行動療法と言い，その中でも，現実の生活場面でオペラント条件づけの原理を適用し，行動変容をはかる方法が応用行動分析（applied behavior analysis）である。

　フィークスでは，教育対象が具体的な行動に限定されることが多いこともあって，この行動技法が頻繁に適用される。応用行動分析には多様な行動変容手法が用意されているが，その中で，フィークスで現在使用されている，あるいは使用される可能性が高い手法としては，まずシェイピング（shaping）やチェイニング（chaining）などの強化対象行動の細分化のための手法がある。強化対象となる行動のオペラント水準（問題にしている行動が普段起こる頻度や程度）がゼロであると強化はできないので，とりあえず，強化対象の行動を何らかのかたちで強化できる状態にする必要がある。シェイピングは，行動を程度や量でとらえ，オペラント水準がゼロではなく，強化できる程度の生起頻度や量にまで強化対象のレベルを下げ，徐々にその量を増やし，最終的に目的の量をもつ行動の形成をはかることである。たとえば，子どもに1時間机にすわらせて勉強させることを目標としたとき，最初から1時間すわるのを待って強化する構えでは，1時間もすわることができない子どもはいつまでたっても強化されないことになる。そこで，最初は10分すわれば強化し，次に20分，30分……というように強化の対象時間を伸ばしていき，最終的に1時間すわれるようにしていくのである。そしてチェイニングは，強化対象の行動をその構成要素に分け，それをつなげていくように順番に強化を実施することである。たとえば，子どもに'さくら'という言葉を発声させることを目標としたとき，最初は'さ'の音が出たときに強化し，次に'さく'の音，そして最終的に'さくら'の音を強化する手続きがチェイニングである。つまり，チェイン（鎖）のように要素を結び合わせながら，強化を進める手法である。

　次は，トークン・エコノミー法（token economy）とレスポンス・コスト法（response cost）である。トークンとは最終的にある強化子と交換できる得点やカードのことであり，その扱いがきわめて容易なことが特徴である。扱いが容易ということは，強化の強さやタイミングを変化させたり，そのときどきでは与えにくい強化子でもそれを仲立ちするものとして自由に与えることができるということである。そして，現実場面で望ましい行動が生起するのにともない，このトークンが自在に与えられ，容易に複雑な強化方法を実践できる方法を総称してトークン・エコノミー法という。これに対してレスポンス・コスト法は，望ましくない行動が生起するとトークンが回収される方法であり，両者は組み合わせて使用されることが多い。フィークスでは，実際に物的強化子を扱うことは少ないが，実際に何らかの物的強化子を使用する場合は，この方法を巧みに利用することになる。この本で紹介される攻撃性適正化プログラムでは，今のところこの方法を用いてはいないが，フィークスにおける生活習慣改善プログラムなどはこの方法を中心にして構成されている。

そして，最後にプロンプト（prompt）の概念を導入する。プロンプトとは，何らかの弁別刺激（事態の違いを知らせる刺激）のもとである行動を起こしやすくする働きかけを総称する用語である。ここでは，言語的なプロンプトもあれば，実際に手をとるという身体的なプロンプトもある。プロンプトを広く考えれば，フィークスにはいたるところにプロンプトが設定されることになるが，目下のところ実際にプロンプトとして意識して用いるのは，プログラムの流れにそって教室内に貼られる言語的掲示物になる。この場合，教室においてクラス仲間がいることが弁別刺激になり，その場で望ましい行動のヒントを与えるという役割がこのプロンプトにはある。このあたりの方法はかなり細かいものになるので，その具体的内容は，第5章にゆずりたい。

（2）認知療法，認知行動療法

まわりの環境にある諸刺激をどう注意し，どう認知するかによって，われわれの行動は決定される。犬をみて，かまれると思えば近寄らないし，かわいいと思えば頬ずりする。この認知のあり方の歪みが問題行動を生み出すと考え，その認知のあり方を変えることによって行動変容を実現しようとする治療方法が認知療法である。そして，認知行動療法は，それに行動療法的な要素を取り入れたもので，逆に言えば，行動療法に認知要因を加味した療法と言える。これらの療法で扱う認知内容は，数多く，多様である。個人のもっている不合理な信念や問題事態への対処の可能性が低いという一般的な考え，さらには，ある考えがどんな場合も自動的に起こってしまうような自動的思考特徴まで幅広い。

フィークスは，認知を部分的に変えることによって行動変容を行う特徴を強くもつが，それは，先に述べたように，子どもの攻撃性の発現などに，認知過程の歪み，とくに意図を悪意に帰属する認知が大きくかかわっているからである。原因帰属は行動のあり方を決定する重要な認知様式で，抑うつ反応が失敗原因を，内的で（たとえば，力がないなど，自分のなかにある要因に原因を帰する），安定していて（能力がないなど，変化しにくい要因に原因を帰する），全体的な（どんなときでもそうだなど，問題となる原因がさまざまな失敗をもたらしていると考える）帰属を行う傾向に基づいていることなどが指摘されている[1]。そこで攻撃性の適正化のために帰属様式を変容させる再帰属（帰因）法的な手法が必要になり，子ども個人とプログラム実施者との交換ノートなどを通じて，子どもに，攻撃行動を喚起するような欲求不満事態に際して冷静に多方面からの情報収集を促し，悪意意図帰属へのかたよりを修正させる手続きをとる。

また，攻撃性適正化のフィークス・プログラムでは，攻撃性と拮抗する性格特性としてセルフ・エスティームの向上をかかげるが，その実際の教育にあたっては，具体的教育目標として，ソーシャル・スキルの向上というスキル学習の他に，関連するスキルの実行に対してクラス仲間からの強化を行うことにより友人関係のセルフ・エフィカシーを高めるという，認知操作を行うことにもなる。さらには，目標となるスキルの遂行度を自分で確認することによってスキルの維持と

向上をはかるセルフ・モニタリング（self-monitoring）を実施したり，自分でスキルを高めることを促すセルフ・コントロールを行う方法要素も含めた認知・行動療法手法がフィークスでは展開されることにもなる。セルフ・モニタリングはここで初めて登場したが，認知・行動療法ではよく使用される方法で，日常でも，家計簿をつける（モニタリング）だけで家計のやりくりが楽になるということはよく経験される。さらにここには，達成された行動を確認することからくる満足感など，自分で自分の行動を強化する自己強化（self-reinforcement）の機能が作用していることも見逃してはならない。

（3）カウンセリング

カウンセリング（counseling）は，國分[10]によれば，「言語的および非言語的コミュニケーションを通して行動の変容を試みる人間関係である」（p.3）と定義される。この定義によると，行動療法も含めてほとんどの治療方法はカウンセリングということになる。人間関係を必要とする程度をもう少し限定してカウンセリングの定義をすべきだと考えられるが，この定義を採用して國分らが構成的グループ・エンカウンターで参照しているカウンセリング理論は，精神分析理論，自己理論，行動理論，実存主義的理論，論理療法，ゲシュタルト療法，交流分析となっている[11]。この点については，フィークスでは，行動理論（条件づけなど）は取り入れるが，その他ではロジャーズ（Rogers, C.R.）の自己理論を参照することが多い。

フィークスでカウンセリングを利用する目的は，プログラムで設定される小グループ内のリレーション（relation）を高めること，教師と子どものリレーションを高めること，そして教師からの指導（とくに交換ノートなどでの教師からのコメント）が子どもに受け入れられるようにすることである。リレーションとは関係のことで，國分の用語をそのまま使用しているが，構えのない感情交流であり，その根底には信頼感がある[10]。カウンセリングでは，リレーションをつくり，問題の核心をつかみ，そして適切な処置をすることと進むが[10]，リレーションの形成方法にはフィークスで適用するところが少なくない。教師から子どもへの態度で言えば，プログラム施行者として，交換ノートなどにおけるコメント指導者として，教師から子どもへの接し方のベースとするわけである。この目的を達成するために自己理論ならびに来談者中心療法が参照されるが，とりわけ，初期の洞察療法で使用されていた技法である受容，支持，繰り返し（子どもの話のポイントをそのまま言葉で繰り返す），明確化（子どもがはっきり気づいていない感情などを明らかにしてやる），リード（「もう少し話してもらえませんか」などと，説明をもとめる）のいずれもが重要になるが，その中でも受容と支持がとくに大切になる。これは，ロジャーズが後に提起した共感的理解や無条件の肯定的な配慮にもつながる方法でもある。

受容とは，「なるほど」，「そうですか」と，子どもの言動を否定することなく受け入れることであり，支持とは，「それはつらかったね」，「よくがまんしていたものだ」と，同調することである。

子どもの発達過程をみると（第2章参照），攻撃的な子どもは，傷つき，セルフ・エスティームが低下している状態にあることがわかっているから，受容し，セルフ・エスティームを高める必要があることは明らかで，教師のとる基本的態度としてこの姿勢はとくに強調される。これは，乳児期や幼児期初期に親がとるべき養育態度としてとくに重要なものであるが，親や教師は，攻撃的になってしまった子どもには，遅ればせながらこの態度をベースとして接して，セルフ・エスティームを高め，攻撃性を適正化へと推進することが必要である。

　そもそもロジャーズの自己理論におけるパーソナリティ形成論では，子どもには基本的な実現傾向があると考える。実現傾向とは，生体を維持し，強化する傾向で，歩き始めた子どもが，転んでも転んでも歩こうと努力する行動のたぐいである。この実現傾向と現実との交互作用の中で，実現傾向にそった肯定的な価値経験とそわない否定的な価値経験を受けながら，子どもの自己概念が形成されていく。そして，この出来上がった自己概念と実際の経験とのずれが大きいと不適応状態になり，自己概念を変容させて実際の経験とのずれを解消させることが治療過程であると考える。この過程は，治療者から指示的に進められるものではなく，治療者からの非指示的で受容的な態度を基盤にクライエント（患者）自身が達成するものである。この，子どもの自己実現傾向の存在や自己回復力の存在，それを促すカウンセラーの役割などにフィークスが参照すべき姿勢と技法がある。

　また，國分らが実施している構成的グループ・エンカウンターは，小学校への適用可能性の高さからいって利用度の高い方法である。しかし，今のところフィークスでは，プログラムの最初に，グループのリレーションや教師と子どものリレーションを高めてプログラムの遂行効果をあげるために，子どもの興味をひくエクササイズをグループ対抗のかたちでクラス内で実施しているにすぎない。ただ，エクササイズ中には後のプログラムで教育対象とする諸要素が含まれ，エクササイズ直後にそれらの要素に注意を喚起するための話し合い（振り返り）があり，この点からも，フィークスは構成的グループ・エンカウンターの一部を利用していると言えるかもしれない。

（4）その他

　その他，フィークスで使用する，あるいは使用する可能性がある技法でふれる必要があるものとしては，まずリラクセーション（relaxation）がある。リラクセーション法には，古典的には，漸進的筋弛緩法と自律訓練法があるが，目下のフィークスではこれらのリラクセーション技法を本格的に導入する試みは少ない。これは，本格的なリラクセーションが，喧噪な学校環境になじまないことと，子どもが自発的に実行する可能性が低いためである。

　しかしフィークスでは，リラクセーションは小規模なかたちで，一日の省察セッションなどを始めるときには利用される。それは，弛緩し，冷静な気持ちで省察に入るためでもあるが，攻撃

行動などが，覚醒レベルが上がっている（興奮している）ことにその発生原因の一部があるという，情報処理過程についての研究知見（第2章参照）によるものでもある。ここで利用される方法は，自律訓練法の一部の要素の変形として呼吸，瞑想，イメージ，そして音楽などを利用して5分ほどの短時間で導入的に用いることになる。リラクセーションについては，技法の具体性から，後の第5章で具体的実践方法を説明する際に再度詳しくふれてみたい。

そして今ひとつ参照する必要があるのが，ソーシャル・スキル・トレーニング（Social Skills Training: SST）である。しかし，SSTの実際のトレーニング方法の要素にこの手法独自のものはほとんどなく，SSTの意義は訓練対象となる行動としてソーシャル・スキルを明確に定義したことにある。その定義では，**表3-2**に示すように，このスキルが社会的強化を最大にするもので，学習によって獲得される明瞭な行動からなり，その欠如や過多が特定化できるなどの諸々の特徴が明らかにされている[13]。フィークスにおいても，教育方法を直接的に導く教育（操作）目標は具体的な操作対象となるソーシャル・スキルのレベルに落としてプログラムを実施することが多い。しかし，SSTにおいてはソーシャル・スキルの内容も，きわめて具体性の高いものからいくぶん大きなまとまりになったものまで多様であり[14]，このスキルの設定レベルがプログラムの効果の良否を大きく左右することになる。この点については，フィークスで教育対象とするスキルの設定では，教室場面で集団を対象に教育としてプログラムを実施するということで，個別の指導を強く必要とする細かいスキルを設定せず，また，おおまかになりすぎて具体的な方法が導けないことなどがないように，適度なまとまりをもったスキルを設定している。

プログラムの施行においては，SSTのトレーニングは，教示，モデリング，討論，コーチング，フィードバック，社会的強化，ホームワークなどからなり[14]，ペレグリニィ（Pellegrini, D.S.）とアーベイン（Urbain, E.S.）[15]は，随伴性操作，モデリング，コーチング，認知的問題解決をSSTにおける主要な4要素としている。言ってみれば，SSTは，既存の方法の寄せ集めといえるが，観点を変えれば，この既存の方法の寄せ集め方にSSTの特徴があるとも言え，この点においてはフィークスと共通点がある。しかし，フィークスとSSTの違いは明らかで，次の諸点において，フィークスはSSTとは異なる。まず，SSTは（認知）・行動療法や応用行動分析側の技法を多用している。第2に，SSTは独立技法というより，多技法の組み合わせで成立しているが，その背景となる

表3-2　ソーシャル・スキルの定義（文献13より）

1．学習によって獲得される。
2．明瞭で特定できる言語的ないしは非言語的な行動から成り立つ。
3．効果的で適切な働きかけと応答を必要としている。
4．社会的強化（自分の社会的環境から与えられる肯定的反応）を最大にする。
5．対人関係の中で展開されるものであり，効果的かつ適切な応答性(相互性とタイミング)を必要としている。
6．スキルが使用されるかどうかは，その場面の特徴にかかっている。つまり，年齢，性，相手の地位といった要因がスキルの使用に影響する。
7．実行にみられる欠如や過多は，特定することができ，介入の目標にすることができる。

理論はあまり強調されない。第3に，治療的色彩が濃く，教育・予防的，集団的適用の色彩が薄いが，この点から，学校クラス集団への適用方法が未熟である。そして最後に，SSTは健康を中心目標としてはかかげていない，という諸点である。こうして，フィークスとSSTの相違が指摘されるが，ソーシャル・スキルという教育目標の設定，既存の手法を柔軟に取り入れるという姿勢はフィークスとしても参考にするところが少なくない。

ポイント！

- フィークスが参照する教育・治療の理論や技法は，心理学の領域にある。
- 認知行動療法，カウンセリング，ソーシャル・スキル・トレーニングが重要。
- とくに，ソーシャル・スキル・トレーニングの目標行動の設定の仕方や既存の手法の柔軟な取り入れ姿勢は重要である。

この章のまとめ

　フィークスの基盤となる理論や技法について，フィークスとの関連に限定して説明した。
　それぞれの理論はそれ自体膨大な内容をもつが，その勉強は各自の余力にしたがって進めればよい。ここでは，フィークスのプログラムの考案者や実践者が，一人よがりの道に進まないために最低限の情報を提供したので，なにかにつけ参照することが大切である。

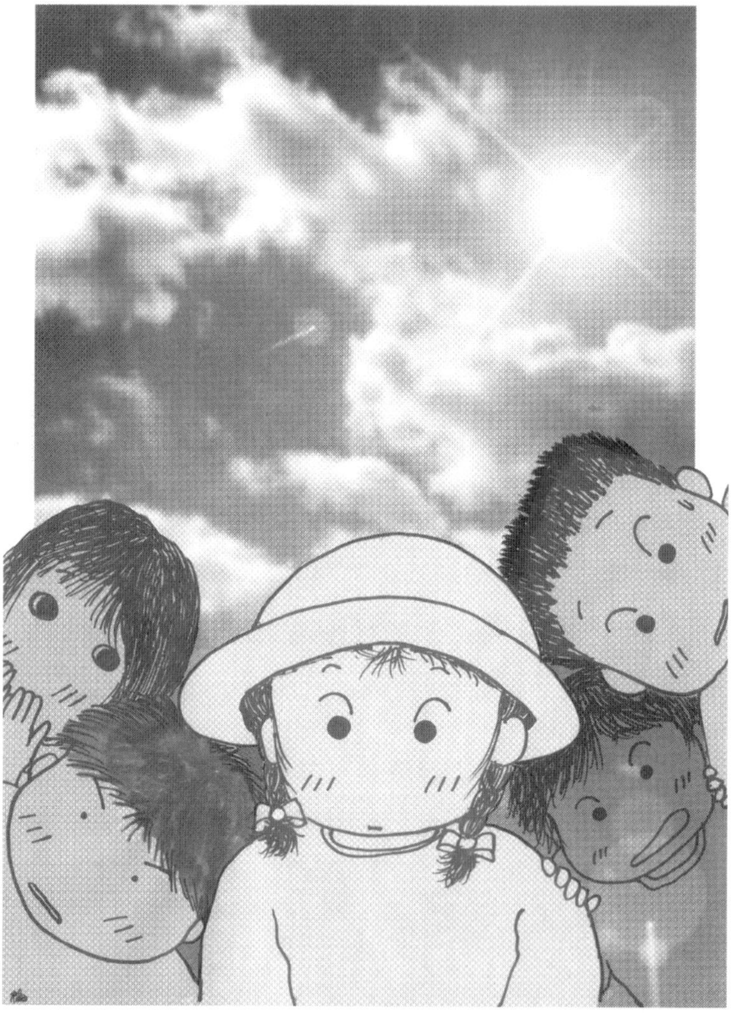

第4章　プログラム効果の科学的評価方法

この章で学ぶこと

　教育効果を科学的に評価することは，フィークスに限らず，教育方法の良し悪しの判断には欠かすことはできない。しかし，学校現場では，この科学的評価はまったく実施されていないのが現状である。

　そこで，この章では，教育効果を科学的に行うための条件設定の方法から，性格や行動の特徴を測る具体的な測定方法まで詳しく説明する。

1．科学的評価の必要性と基本的方法

（1）学校における教育効果の評価についての誤り

　わが国の学校教育においては，これまでに繰り返し教育改革が行われ，その度に新しい教育内容や方法が提起されてきた。また，教育改革とまでは言わないまでも，日常の学校においても，前向きな教師ほど次々と新しい教育方法に取り組んでいる。しかし，その新しい教育が子どもたちのためになっているかどうかの判断においては，まったく科学性を欠いていると言わざるを得ない。とくに，算数や国語の教科のように点数で結果が表れない場合の判断は，少数の子どもや親の感想によるものであったり，作文を書かせて良い方向に向いているとの印象を得たうえのことであったり，まったくの主観や恣意といった判断基準がまかり通っている。また，詳しいことは後で述べるが，点数化される教科の場合にも，科学的判断とはほど遠い効果評価が行われていることも事実である。

　科学的な判断とは，誰が行ってもその結論に至り，その結論の内容や導き方に客観性があって誤りがないということである。対面状況で子どもから意見をもとめたり，クラス全員に作文を書かせたりすることに意味がないというわけではない。ただ，それは教育の良し悪しを判断するための科学的な根拠にはなり得ず，今後の教育方法を導く根拠としては，単なる一資料ぐらいの重みづけを与える程度でしかないのである。

（2）フィークスにおける科学的効果評価

　フィークスにおいては，教育効果の評価を科学的に実施することが，その教育が成立する1つの条件になっており，客観的で信頼性と妥当性の高い評価が必要になる。具体的な評価尺度については後に述べるとして，まず評価の基本的な構成と時間的経過を示すと，図4－1のようにな

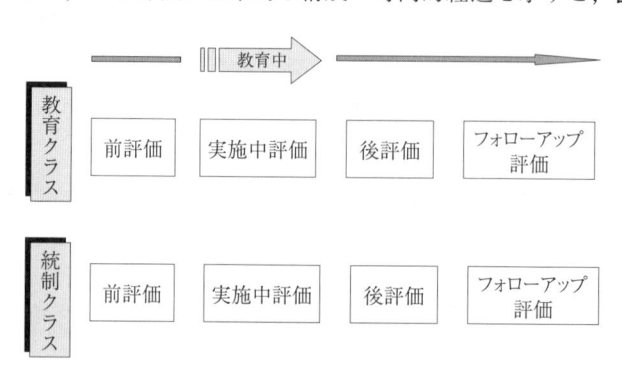

図4－1　評価の構成と時間的経過

る。図での教育クラスは，教育プログラムを実施するクラスであるが，それと同時に統制クラスを設定することが科学的な評価においては必要になる。統制クラスとは，教育クラスと同じような特徴（学年や人数など）をもったクラスで，教育プログラムを受けないクラスのことである。評価の実施時期は，教育プログラムの実施前後は当然であるが，余力があれば，教育中，さらには実施後に一定期間を経て評価を行い，効果の持続性にも言及したい。そして，教育クラスにおける評価の客観性を高めるためには，統制クラスにおいても同じ時期に評価を実施する必要がある。

　新しい教育方法の効果を探る研究段階では，統制クラスの設定は避けることはできないし，その方法の効果が確認された後の教育においても，このクラスを設定することが望まれる。これは，クラスが時期的な影響を受け，たとえば，定期テスト，運動会，卒業式などの学校行事から影響を受け，子どもたちの行動が変化しやすいからである。すなわち，プログラムを実施した結果，攻撃性に変化があったとしても，それがプログラムの効果なのか，プログラム以外の要因の効果なのかが，同時に設定される統制クラスとの比較がなければ明らかにされないからである。たとえば，図4－2に示したような，攻撃性得点の変化がプログラム実施前後であったとしよう。ここで，もし統制クラスがなければ，図示されたように，教育クラスの攻撃性には変化がなかったことから，教育効果はなかったという結論が出てしまう。しかし，統制クラスをみると，どうもこの時期は本来攻撃性が上がる時期のようで，それにもかかわらず教育クラスの攻撃性は上がらずそのまま抑えられているということになり，教育効果があったいう結論に変わってしまう。このようにみると，たとえ教育クラスの攻撃性がプログラム実施後に上昇したり，変化が認められなかったとしても，それだけで教育効果がなかったと結論できないことがわかる。このようなことは，算数や国語の成績のように得点化される教科における教育効果の評価においてもあてはまることである。

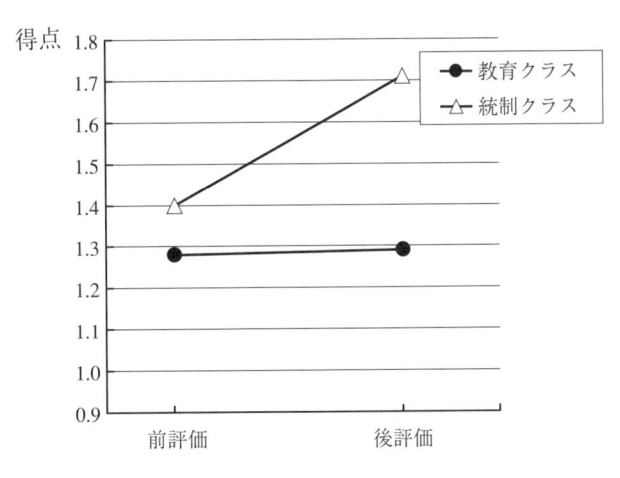

図4－2　プログラム効果についての一結果（モデル）

ここで，話をさらに厳密にすると，教育クラスも統制クラスもそれぞれ1クラスだけでは十分ではなく，複数クラス設定することが望ましい。それは，1クラスだけであると，クラス担任の個性がクラス間で大きく異なったり，クラス内に1，2名の個性の強い子どもがいて，その担任や子どもたちに強く影響された特別なクラスを対象にしてしまい，教育クラスと統制クラスが異質なものになってしまう可能性があるからである。たとえば，ある教育クラスの担任の個性が功を奏してクラスの攻撃性が自然と減少しつつある時期にプログラムを実施しても，統制クラスとの比較のうえでも，その効果がプログラムによる効果なのか，担任の効果なのかは結論が出せなくなる。そこで，教育，統制の両クラスをほぼ同質なものにするためには，両クラスとも複数のクラス構成にすることによってクラス特有の要因を相殺し，全体として等質性を保つことを考える必要がある。対象とするクラスの数が多ければ多いほど，この目的を達成できるのであるが，教育現場においては多数のクラスを対象にすることはむずかしく，まして実際の教育実践においては複数クラスの設定など考えにくい。このあたりが，この種の研究や教育において効果を評価する際のぬぐいがたい欠点となる。

また，統制クラスが統制としての特徴を保つためには，教育クラスで行っている教育の効果がおよばないことが重要であるが，両クラスが距離的に接近している場合はこのようなことがよく起こる。また，教育クラスにおいて教育目標が天井効果をもたないこと，すなわち，このような教育をする必要がないほどにすでに目標が達成されていれば，教育効果が認められなくても当然という結果に終わる。もっとも，実際のクラスにおいては構成員となるすべての子どもが天井効果をもたらすほどよい状態にあることはまれであろう。

（3）効果の評価における統計的分析

効果評価の分析にあたっては，統計的な処理を施すことになる。少数のクラスを取りあげ，その見かけ上の変化で効果の有無を決定することはできず，この効果が確固としたものかどうか，統計的に決定することになる。つまり，教育効果がこのクラス特有のものではなく，数多くのクラスで広く教育効果があることを統計的分析で決定するのである。たとえ教育クラスと統制クラスの差異がある特性において10点あったとしても，それは偶然の差異で，別の機会に同じことを行えばその差異はなくなることもあることもあり，この差異が本当の差異といえるかどうかを統計分析で確認するのである。統計分析の詳細についてはここでふれる余裕はないが，この場合，分散分析などのパラメトリックな統計方法がとられることが多い。その分析においては，最初に教育クラス全体と統制クラス全体の比較を実施することになるが，これに男女ごとの分析や，教育する特性（たとえば，攻撃性）についてプログラム実施前の得点で高低群を設定した分析など多面的な分析が必要になる。つまり，全体としては効果が見られない場合でも，男子に限ってとか，攻撃性が高い子どもに限って効果が見られることがあり，この場合でもプログラムの効果は

あったと言えるのである。もちろん，担任教師としては，一人ひとりの子どもの変化にも注目したい。

　この統計的分析はいつも必要なわけではない。クラス担当の教師が自分のクラスに限って効果をみたいのであれば，統計的分析など必要はない。したがって，教育プログラムの開発ではなく，特定のクラスへの教育実践としてプログラムを実施する場合は，統計的分析は実施する必要はなく，こう考えると，このような教育プログラムに統計分析の知識が必須というわけではないことがわかる。

　このように，フィークスにおいては厳密な効果の評価が望まれるが，実際の教育現場においては，研究ではなく，教育を実施するのであるから，種々の制約に出合うことになる。たとえば，統制クラスを設定できないこともあろうが，その場合でも，プログラムの操作に直接導かれたような子どもの変化を逐次採取することによってプログラムの効果はある程度推測することも可能であり，こうした柔軟な姿勢こそが教育現場においては必要である。もちろん，一人ひとりの子どもの変化に焦点を当てている限り，統制クラスも必要がない。プログラム終了から時間を経て実施されるフォローアップ評価についても，効果の持続性をみるためには繰り返し長期にわたって実施することが望ましいが，現場においては時間的な制約に出合い，十分なフォローアップを実施することは困難であろう。

ポイント！

・教育の効果評価は，科学的に実施する必要がある。
・評価の科学性は，統制クラスの設定など厳密な手続きで達成される。
・統計的分析を省くなど，教育実践における評価はある程度柔軟に実施することができる。

2．評価の方法

（1）質問紙法

　上に紹介した評価の構成において，実際に児童の特性を測る場合は，種々の測定方法が用いられる。性格や行動の測定は心理学が得意とするところであるが，心の健康教育やフィークスで利用されるという観点から，その代表的なものを以下に紹介したい。

　心の健康教育で教育目標となる特性は，性格や行動についての構成概念であることが多い。ここで言う構成概念とは，目に見える実体はなく，攻撃性や外向性などの心理学的に構成された概念のことである。目に見える実体はないので，その測定にはかなりの注意を要する。「今朝何時

に起きましたか」,「学校に来るまでにどれほどの時間がかかりますか」, ということを調べたければ, 直接にその内容を問う質問を1つ用意すればよい。しかし, 構成概念について調べるためには, その精度を上げるために複数の質問が必要となり, その質問群で構成される質問紙にも備わるべき特徴がある。

その特徴は, 信頼性と妥当性である。信頼性とは, 質問紙によって得られる得点が安定していることで, たとえば, 攻撃性格の質問紙であれば, 攻撃性の高い者がいつも同じように高い得点をとると信頼性が高い検査ということになる。信頼性の高さは信頼性係数として算出されるが, 係数値の出し方はいろいろある。まず, 同じ概念を測定する複数の項目が等質であることが信頼性を高めるという観点から, 信頼性係数を出す方法がある。複数の項目が等質であるとは, それらの項目の得点が同じように変化するということを意味する。この方法では, α係数や, 折半法からスピアマン-ブラウン法による信頼性係数があげられるが, 最近はα係数がよく用いられている。

$$\alpha 係数 = \frac{m}{m-1}\left\{1 - \frac{\sum_{j=1}^{m}\sigma_j^2}{\sigma^2}\right\}$$

※ m は質問紙尺度に含まれる項目数, σ_j^2 は各項目得点の分散, σ^2 は尺度得点の分散を表す

他にG-P (Good-Poor) 分析 (別名, 上位―下位分析) や尺度総得点とその構成項目との相関なども, 精度は低いが, 信頼性の高さを示すことになる。

信頼性の次の観点は再現性で, ある期間をはさんで同一人物に検査を2回行い, 2回の検査の相関の高さから得点の再現性や安定性をみる再検査法がある。この場合, 設定する期間がむずかしく, 短いと信頼性の検討にならないし, 長すぎると個人のもつその特性自体が変化する。一般に数カ月の期間が用いられ, 確固とした根拠はないが3カ月前後がよく採用されているようである。この信頼性についてα係数や再検査法での相関係数が得られた場合, 数値がどれほど高いと十分な信頼性と言えるのかは明確ではない。しかし, 厳しいことにこしたことはなく, .8以上の値 (実際にとり得る値は0～1.0) が得られることが望ましい。

次に, 妥当性とは, 測定しようとする概念や特性を, その質問紙が測定できることである。この妥当性が検査のもっとも重要な性質で, また妥当性が高いということは信頼性が高いことも同時に要求される。妥当性にもいろいろあるが, 構成概念的妥当性が備わればその検査の妥当性は満たされると考えてよい。構成概念的妥当性は, 妥当性の定義そのもので, まさに対象とする概念をその検査がどの程度測定できるかという内容をもつ。

しかし, この妥当性の確認はむずかしく, それを確認するものさしが必要になり, このものさし自体の妥当性があやしくなることが多い。実際には, 対象となる特性を強くもっている者は, ある場面ではこのようになる (行動する) はずだという明確な基準を設定して, 実験などでそれを検証することが多い。既存の同種の検査との相関が高いという併存的妥当性の方法をとること

もよく行われるが，基準とする既存の検査自体の妥当性が検証されていないものが多く，妥当性を測定するものさしの正確さの見極めが大切である。

質問紙では，このように信頼性と妥当性を備えることが必要であるが，実際にはほとんどの質問紙はこの要件が満たされていない。とくに妥当性の確認はほとんど欠如している。完璧な質問紙などなく，信頼性と妥当性を備えるという標準化は程度の問題であることは事実である。そこで，ある程度の標準化の試みをもって実際に使用するという姿勢を認めなければ，研究が進まないこともまた事実である。しかしこの基準をゆるめ，安易な姿勢で質問紙を使用することは，砂地に城を築くような無意味な試みとなる。このような安易な質問紙の使用が頻繁にみられる昨今であるだけに，フィークスにおいては質問紙の出来映えには細心の注意を払いたい。このあたりの質問紙の標準化の問題については，山崎[15]が詳しく紹介しているので参照されたい。

メモリー♪♪

標準化された質問紙とは
・信頼性が高いこと
　　検査の得点が安定している
・妥当性が高いこと
　　とらえたい内容が検査で測れる

具体的な質問紙について，小学生を対象にしたフィークス・プログラムのもとで，実際に使用されている，あるいは使用される可能性のある標準化された代表的な検査を以下に紹介する。これらの質問紙や後に紹介する仲間評定法の教育目標との関連や適用方法については，第7章で詳しく説明される。また，測定方法の詳細は，攻撃性適正化プログラムで使用されているものに限って巻末の資料1にまとめられているので参照されたい。

攻撃性　攻撃性の測定には，小学生用攻撃性質問紙（Hostility-Aggression Questionnaire for Children: HAQ-C)[16]が挙げられる。これは全27項目に4件法（まったくあてはまらない～とてもよくあてはまる）で回答する自記式の検査であるが，言語的攻撃，身体的攻撃，短気，敵意の4尺度からの採点と，反応的攻撃を表出性攻撃と不表出性攻撃の観点から採点できる二重構造になっている。他にも小学生の攻撃性の質問紙は，秦[5]，中川ら[10]，桜井[12]などによるものがあるが，項目数が多すぎたり，標準化が未完了であったりしてフィークスでは使用できない。

ソーシャル・サポート ソーシャル・サポートの測定には，小学生用ソーシャル・サポート質問紙短縮版[13]があり，これは全5項目に対して，父，母，先生，友だちの4つのサポート源についての期待サポートを4件法（ぜったいちがう～きっとそうだ）で回答する。フィークスの攻撃性適正化プログラムでは，このうち友だちへの期待サポートを用いている。ソーシャル・サポートでは森・堀野[9]の尺度も使用することが可能であるが，フィークスではその簡便さからこの質問紙を採用している。

セルフ・エスティーム セルフ・エスティームの測定には，児童用対人領域セルフ・エスティーム尺度があり[6]，わが国では，この尺度が児童用に標準化された唯一の尺度となる。これは，ポープ（Pope, A.W.）ら[11]のセルフ・エスティーム尺度における下位尺度の1つである社会尺度等を参考に，全10項目に4件法（まったくそんなことはない～いつもそうだ）で回答する尺度である。表4－1には，その10項目が示されている。

帰属 原因帰属の測定には，児童用意図帰属尺度がある[6]。これは，4つの欲求不満場面で，その欲求不満をもたらした行為者への意図帰属を，悪意意図の有無に関する質問全8項目に対して4件法（ぜったいにちがう～きっとそうだ）で回答する尺度である。表4－2には，その4場面と各質問項目が示されている。

主張性 児童用主張性尺度[4]が使用でき，全18項目について4件法（はい　どちらかといえばはい　どちらかといえばいいえ　いいえ）で回答する。主張性では他にも古市[2]による児童用主張性調査票も使用でき，これは全20項目に3選択肢（選択肢に付与される言葉は項目によって異なる）に答える方法をとっている。これら2つの検査の標準化の程度は高く，今のところどちらがよいという判断はできない。ただ，両尺度に設定されている下位尺度については，信頼性と妥当性の高さは未知で，現段階では全体の主張性だけを採用したほうが無難である。これまでのフィ

表4－1　児童用対人領域セルフ・エスティーム尺度における全項目

1. 他の友だちが私のことを好きだと思ってくれているかどうか気になります。
2. 他の友だちをみていると，自分がよい子ではないように感じます。
3. 私の友だちは私の考えをよく聞き入れてくれます。
4. 私は一人ぼっちだと思います。
5. 私は友だちといるとき，自分がよい子だと感じます。
6. 私はもっと友だちをつくるのがじょうずだったらと思います。
7. 私は本当に私のことを好きに思ってくれる友だちがいたらいいのにと思います。
8. 私は自分が友だちになりたいと思う人とうまく友だちになれます。
9. 私にはたくさんの友だちがいます。
10. 私はよい友だちだと思います。

表4-2　児童用意図帰属尺度の全項目

1. あなたは，先生が黒板に書いた字が見えにくかったので，となりのAくんにノートをみせてほしいとたのみました。
   しかし，Aくんはあなたにノートをみせてくれませんでした。
   なぜみせてくれなかったのでしょう。
   このようなことがおこったとき，あなたはその理由をどのように考えますか。

   ① Aくんがあなたに意地悪をしようとしたから
   ② 字がきたなくてAくんがはずかしがったから

2. あなたは，歩いているとき，うっかりしてBくんにぶつかってしまいました。
   そのとき，Bくんはあなたに「何してるの！」ときつく怒鳴りました。
   なぜそのようにきつく怒鳴ったのでしょう。
   このようなことがおこったとき，あなたはその理由をどのように考えますか。

   ① Bくんにおもしろくないことがあったから
   ② Bくんはあなたのことを嫌っているから

3. あなたはCくんの意見がまちがっていると思ったので，Cくんに自分が正しいと思う意見を説明しました。
   しかし，Cくんはあなたの意見をなかなか聞き入れてくれませんでした。
   なぜそのように聞き入れなかったのでしょう。
   このようなことがおこったとき，あなたはその理由をどのように考えますか。

   ① Cくんは自分の意見だけが正しいといつも思っているから
   ② あなたの説明のしかたが足りないから

4. あなたはDくんと遊びたかったので，学校が終わったら「遊ぼう」と言った。
   しかし，Dくんは「きょうは勉強があるから遊べない」と言いました。
   ところが，近くの公園で，Dくんが別の子と遊んでいました。
   なぜあなたと遊ばなかったのでしょう。
   このようなことがおこったとき，あなたはその理由をどのように考えますか。

   ① Dくんの勉強がはやく終わったから
   ② Dくんはあなたとは遊びたくなかったから

ークスに限って言えば，児童用主張性尺度を使用することが多い。

ストレス　小学生用ストレス反応尺度[14]があり，全20項目に対して4件法（ぜんぜんあてはまらない～よくあてはまる）で回答し，身体的反応，抑うつ・不安感情，不機嫌・怒り感情，無気力の4側面からストレス反応が測定できる。

NDSU式生活習慣調査　この質問紙の第1部は睡眠を中心とした全般的な生活習慣調査であるが，第2部は朝型―夜型検査になっていて[7]，フィークスでは睡眠習慣改善プログラムなどでこの朝型―夜型検査が使用されている。この検査は，全22項目に対して，選択式に回答したり，具体的に時間を記入したりする多様な回答方法がとられている。最終的には，朝型―夜型得点が算

出され，児童の夜型生活習慣の度合いが測定される。

　以上の質問紙が挙げられるが，これらはすべて高学年（おおよそ4年生以上）の児童が自分で自分自身について記述する自記式の質問紙になっている。教師が記述する他者評価版の質問紙が紹介されていないのは，標準化された他者評価版の質問紙がないことと，フィークスにおいては担任がプログラム実施者となることを目指すので，教育目的を知るプログラム実施者当人が歪みなしに効果評価を行うことは無理だという理由からである。こうしたことから，フィークスでは，基本的にクラスの構成児童からの評価を得ることになる。

（2）仲間評定法とその他の方法

　上記のように，質問紙は自記式のものが採用されるが，児童がみずから多項目にわたって回答する質問紙の精度は低いことが指摘されている[3]。この精度の低さは，自分をよくみせようとする社会的な防衛だけではなく，子どもの自己評価能力の低さからくる。このことから，フィークスでは子どもによる自記式の質問紙が効果評価の中心的な位置づけにくることはなく，児童に対して何らかの他者評価が必要となり，そこで採用されるのが仲間評定法になる。仲間評定は，ある特性を記述した簡単な刺激文について（たとえば，どのくらい怒りやすいですか），クラスの仲間を評定する方法である。現在実施されているフィークスの攻撃性適正化プログラムでは，攻撃性と親密性について仲間評定を実施している（巻末の資料1を参照）。評定は，図4-3に示したように，5件法を採用し（たとえば，ぜんぜんおこらない～すぐにおこる），クラスの同性仲間全員について各児童が評定することになる。評定を同性に限るのは，性的対立の時代と言われる児童期には，異性への評価が正確にはできないと考えられるからである。この評定法において最終

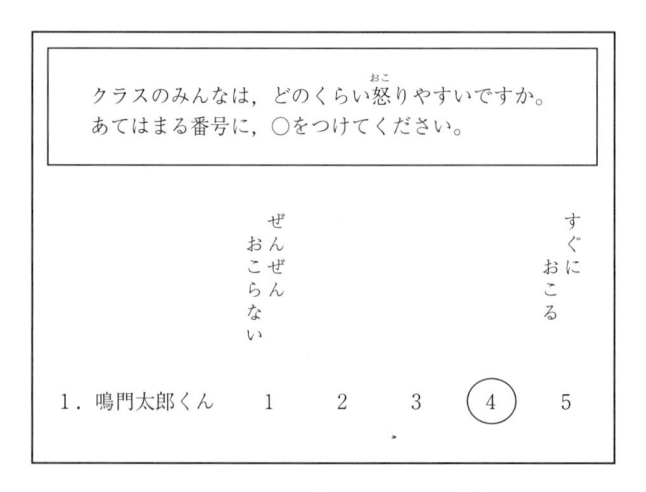

図4-3　仲間評定における回答方法

的に得られる評定値は，一人の児童からクラスの同性仲間全員への評定の平均をとった値（友だちへの評定）と，クラスの同性仲間全員から一人の児童への評定の平均をとった値（友だちからの評定）の2種類となる。このうち，友だちからの評定が他者からの評定という点で重要になる。

　この方法は，自分を取り囲むクラスの構成員からの実際の評価となり，それだけに生きた情報を得ることができ，自記式の質問紙にはない社会的な妥当性の高さがある。この点から，仲間評定法は，フィークスにおいてもっとも重視される評価方法になっている。ただ，評価刺激文の内容に大きく影響される評定法だけに，刺激文の設定は重要な要因になる。評価がスムーズに進むための配慮から，刺激文は当該の特性を的確にとらえながらも簡単な表現になるが，この的確さとわかりやすさの両特徴を満たすことは困難な作業となりがちである。仲間評定法では，質問紙における信頼性や妥当性のような確認がむずかしいだけに，この点においては注意が必要である。

　他にも効果評価に利用できる方法があるが，フィークスにおいては使用に踏み切れない理由がいくつかある。まずソシオメトリック・テストにおける仲間指名法であるが，これは，クラスの成員間の力動的関係などをみるときには適した方法であることは疑う余地がない。しかし，この方法がフィークスにおいて利用できない理由がいくつかあげられる。まず，この方法では，少数の特定の子どもを指名することになり，しかもその指名が，プラス方向（一緒のグループになりたい人など）だけでなく，マイナス方向（一緒のグループになりたくない人など）についても実施することになれば，社会的な抵抗や道義上の問題が出ること。さらには，仲間指名では，一部の児童についての評価しか得られず，クラスの構成員すべてに対する評価が得られないことがある。仲間指名法の他には，観察法もフィークスにおいては使用しないが，これはデータの収集に時間と労力がかかることが主たる理由である。実際の教室内で，担任教員がプログラム実施者となれば，他には観察者として教室に入る者は通常いないわけで，現実的な制約からフィークスでは最初からこの測定法を念頭におかない評価構成となっている。ただ，研究段階では，この方法を活用すれば，刻々の行動変化を採取して評価できる長所はある。

　そして最後に，ロール・プレイングと面接を用いた評価方法の可能性に言及したい。フィークスにおいては，ロール・プレイングを教育手法として用いているが，評価方法として用いることも可能であり，また実際に利用されている例は多い[1,8]。この評価方法は，時間と労力を要する方法であるが，この評価のために特別に時間を設定することができれば，実現は可能であろう。仮の問題場面であっても，実際の行動について評価が行われるだけに，今後この評価方法の具体案を構築する必要がある。また，面接法も対面状況での測定事態の中で，他の方法では得られない詳細な情報が得られることが期待されるが，面接法がこの領域で使われることは少なく，それだけにその実施方法も確立されていない。

ポイント！

- フィークスで用いる教育評価の方法は，大きく質問紙と仲間評定法に分類される。
- 質問紙は，信頼性と妥当性の高い標準化された検査を使用すること。
- 仲間評定法は，もっとも大切な評価方法であるが，評価の対象となる刺激文の設定には注意を要する。

3．評価方法の選択におけるフィークスの姿勢

　このようにフィークスでは，評価においては，厳密で精度の高い測定法を採用することに細心の注意を払っている。また，多種，多様な測定法を用いるが，その適用もでたらめに行われているわけではない。確かに，測定法を増やすことは多面的な評価をするという利点があるが，いたずらに増やすと測定法によって結果の違いが出た場合，解釈がしにくいという問題がつきまとう。後の第6章で述べるが，フィークスでは，プログラムを構成する目標に従って測定方法が張り付けられ，各目標の達成度を知り，プログラムの修正・発展に貢献するという目的で複数の評価方法が設定されている。

　しかし，本来定量化の困難な性格や行動特性を客観的に測定する試みはおぼつかなく，フィークスにおいても自記式質問紙と仲間評定などが混在して測定方法をしぼり切れていない現状にある。多面的に測定するという目的があったとしても，教育現場では，最小限必要な評価に限るという効率の良さも求められる。最終的にはフィークスでは，社会的な妥当性の高い仲間評定に統一したいが，セルフ・エスティームなどの概念は複雑で，仲間評定で測定することがむずかしい内容もあり，このあたりはフィークスにおける今後の課題となっている。

　精度の高い教育効果の評価は，教育を科学の舞台に上げるためには，なくてはならないものである。いかに煩雑であっても，このことを受け入れる毅然とした態度がなくては，教育の発展はなく，そのときどきの時代精神にあやつられて右往左往するばかりである。この章の冒頭でも指摘したように，主観や恣意で評価が行われることが多い学校現場の状況を憂い，これまでの教育効果の評価方法を塗り替える姿勢でフィークスが起こったことをあらためて強調しておきたい。

ポイント！

・効果評価は多面的に行う必要がある。
・しかし，教育現場では，最小限必要な評価方法に限定することも大切。
・評価の方法は，絶対ということはなく，たえず精錬していく必要がある。

この章のまとめ

　心の健康教育のもとフィークスで実施される教育評価の方法と測定方法について説明してきた。教育現場においては，科学的な評価方法は実施されていないだけに，このような試みにとまどわれる向きも多いことだろう。

　しかし，教育評価はプログラムの良し悪しを決定したり，その修正や発展を約束する重要な資料となる。これなしには実りある教育などできないので，少し煩雑であるが，このような評価方法を身につけ，実践してほしい。

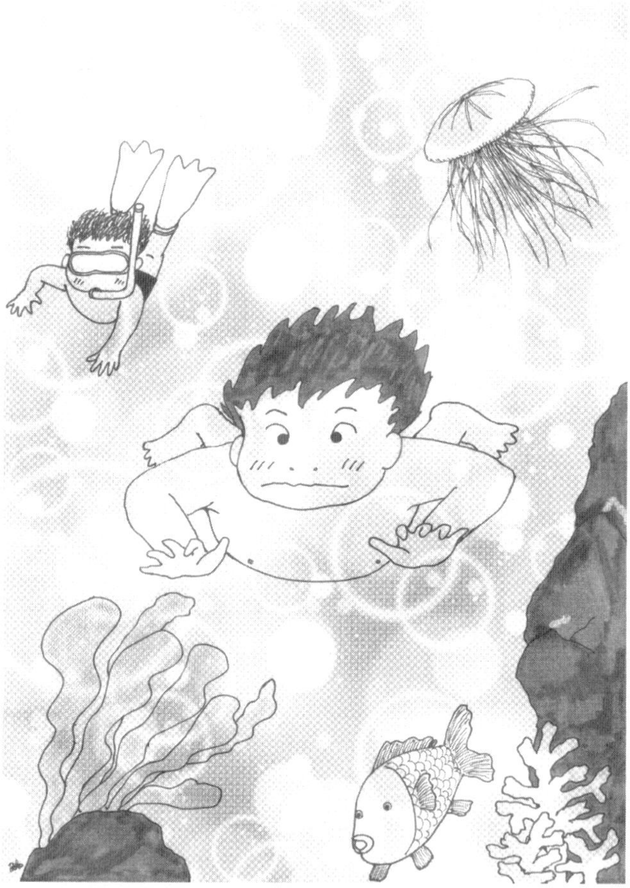

第2部
攻撃性適正化への総合的教育プログラム
―― 教育目標と実践への手法 ――

第2部においては，まず，心の健康教育において用いられる具体的な方法を全般にわたって紹介する。その後，フィークスの攻撃性適正化プログラムを例に，教育目標の設定の仕方とそれらの教育目標のもとに展開される方法の構成について説明する。そして最後には，方法の具体的な内容について，多くの実例をかかげながら説明することになり，実践者は，この部をもって実際にフィークスを学校において実践することができることになる。

第5章　心の健康教育における実践方法の多様性

この章で学ぶこと

　ここでは，フィークスにおいて学校の教育実践で実際に用いられる具体的な方法をそれぞれ単独で紹介する。その紹介は，集団で行う方法と個人を対象にして行う方法に分けて行われる。

　ここからは，かなり具体的な内容の話が続くので，学校現場での実践をイメージしながら読んでいただきたい。

1. 心の健康教育における実践方法

　心の健康教育やフィークスで使用される方法は，大きくグループ・ワークと個人ワークに分けられる。グループ・ワークは，集団を対象に実施される方法で，個人ワークは基本的に個人を対象に実施される方法である。フィークスでは，クラスの個々のメンバーの健康への寄与を目指しているので，個人を対象としたプログラム方法が数多く用いられる。しかし，改善の目標となる性格や行動は集団の中でその機能を発揮するものであるから，クラス仲間との相互作用の中でその改善がより効果的に達成できることも多い。事実，ビアマン（Bierman, K.L.）とファーマン（Furman, W.）[1]の研究では，コーチング（coaching）のような個別的な指導ではなく，仲間と協力してあたる課題を提供するほうが仲間からの受け入れや仲間内での地位を向上させることを報告している。

　こうして，フィークスでは，グループと個人レベルの活動が組み合わされ，目標を達成するための柔軟で広範な方法群を用意している。フィークスでは，個々の方法の巧みさだけではなく，その組み合わせに独創性があり，また個々の方法を目標の達成のために組み合わせることによってそれぞれの方法の効果が相乗的に高まることが期待されている。その組み合わせは次章にゆずるとして，ここでは個々の方法を単独で紹介することになる。

2. グループ・ワーク（group work）

（1）ロール・プレイング（role playing；役割演技）

　モレノ（Moreno, J.L.）が考案した心理劇は，即興的にある役割を演じさせ，心的問題の診断や治療に利用した集団心理療法であるといえる[6]。そこでは，問題をもたらしている葛藤の洞察やカタルシス（浄化）を目的とし，集団で役割演技（ロール・プレイング）が展開される。

　最近健康教育や道徳において，このロール・プレイングが利用されているが，それらは心理療法としての演技ではなく，教育手法としての演技である[9]。この教育手法としてのロール・プレイング（写真5-1）では，即興の演技も行われるが，シナリオを準備して演じられることが多い。演者も2人の場合を中心に，多人数に及ぶことがあり，人数の多少は，教育目標やロール・プレイング手法への熟達度の違いによって異なってくる。また，最初はシナリオを見ながらの演技から，次第に，シナリオが頭に入り，身振りも現実的なものに発展しながら，その目的の達成が深められていく。

　この教育方法としてのロール・プレイングの目的は，ある行動を実際に遂行する技能を獲得す

ることやある行動の働きかけ手とその行動の受け手の両方を体験することにより，行動特徴を知識的のみならず感情的かつ身体的に経験することである。さらに，ロール・プレイングのシーンを観客としてみることにより，その特徴を感得したり，その良し悪しを判断することができるようになったりして，モデリングによる学習も生まれる。ロール・プレイングでは，この目的を十分に理解し，演技がうまくなることだけにとらわれないように注意する必要がある。

このロール・プレイングは，ある行動を繰り返して練習する行動リハーサルの一種と考えることができる。

（2）ブレイン・ストーミング (brain storming)

オズボーン（Osborn, A.F.）が考案した創造性開発技法の1つで，集団の中で意見を出し合う場合に，いくつかのルールを導入する[7]。それは，意見は質より量が大切で多数の意見を出すように促し，出された意見には批判は許されず，また，積極的に他の意見を参考にして修正したり，複数の意見を関係づけて発言することが認められるというルールである。このような特徴やルールから，スピードが重視され，自由奔放な意見も尊重される。

写真5-1　ロール・プレイングの実施風景

何かについて話し合ったり，意見を出す場合，良い意見を出そうとか，他人をけん制し合うとかで，自由に意見が出る雰囲気は簡単にはつくれないものである。あるテーマについて，一人ひとりの子どもが自分で考え，率直に意見を出すことは，全体として最終的に良い考えにいたるという利点もあるが，一人ひとりの理解度や参加度を高めるためにもこれは重要な方法である。フィックスにおいては，この目的を達成するためにブレイン・ストーミングを利用することが多く，ここで出された意見はロール・プレイングのシナリオづくりなど，他の目的に利用されることも少なくない。

資料5-1は，「友だちと仲よくするには？」というテーマについて，ブレイン・ストーミングを用いた話し合いで出てきた意見を示している。このような方法を用いると，驚くほど多くの意見が出ることがわかる。

（3）言語を主要伝達手段とする方法

ここでは，言語を主要伝達手段とする方法として，講義形式や発問形式の授業方法とグループ・

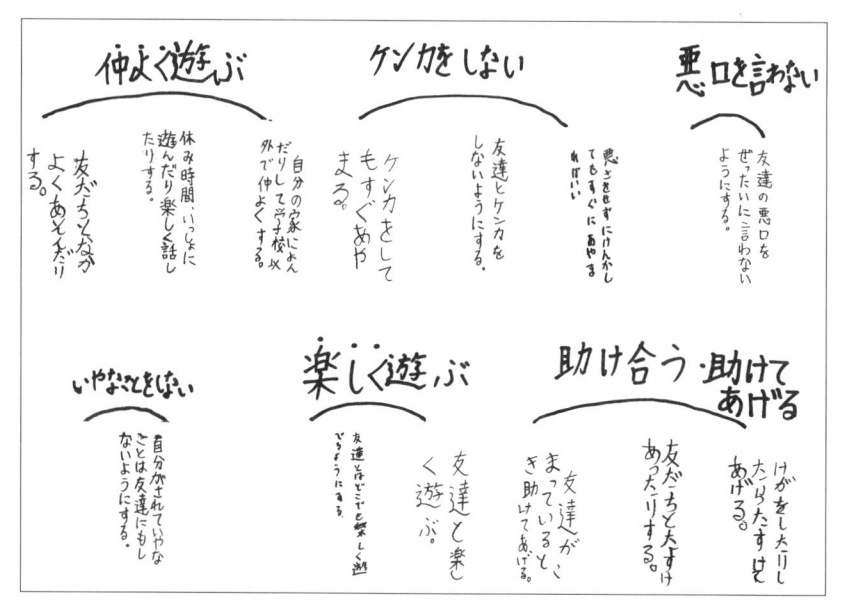

資料5-1　ブレイン・ストーミングにより出された意見

ディスカッション（group discussion）やディベート（debate）の方法についてふれてみたい。講義形式の授業は，教師が子どもに語りかけることを中心にした方法であるが，授業の展開が予測しやすく，短時間に多くの情報を与えることができ，知識の提供を目的とする場合に適している。しかし，子どもが積極的に参加する度合いが低いので，授業内容の理解が浅く，理解の持続度も低くなる。これに対して，発問形式の授業では，問いかけを中心にして授業が進行していく。発問が授業を展開させる主要な要素になり，その発問が良ければ，子どもたちの常識を大きくゆさぶり，新たな知識への動機づけを高める。講義形式の授業にも発問があるが，単に知識を確認したり，授業を進行させるリズムをつかむことを目的として発せられることが多い[9]。

　良い発問をつくるためには時間がかかり，授業の展開が読みにくいことは事実であるが，それによって獲得された知識の理解は深く，その持続度は高くなり，教師の労力と子どもへの恩恵は比例する。現在の教育カリキュラムの過密さを考えると，学校における授業では，講義形式的要素が含まれることは避けられず，フィークスもその例外ではない。しかし，プレゼンテーションに工夫を凝らし，その内容も理論に裏付けられたものにすることによって講義形式的授業も効果があるものにすることが大切である。

　ディスカッション手法はフィークスでは随所に利用されることになる（**写真5-2**）。これは，この手法により，教師主導で結論を出さずにすむことや，子どもが互いに意見を交わすことにより，論理的な思考の発展と高い知識の獲得が期待されるからである。フィークスでは，小グループにおけるディスカッションが行われることが多く，グループ内では，違った知識をもった子どもや知的発達水準が異なった子どもが混ざっている。ディスカッションにおいては，性格的な影

写真5－2　小グループにおけるディスカッション風景

響力もあるが，一般に知的水準が高い子どもから低い子どもへの好影響が予測され，グループ全体の理解度が高まることが期待される[3]。この点では，ディスカッション法の一種であるが，この方法を発展させたディベート法も魅力がある。ディベート法では，立場がはっきりと二分されるテーマのもと，賛成側と反対側に分かれて，一定のルールにしたがって討論を行う方法である。この方法によると，あるテーマについての考えが深まり，おのずとその理解も高まるものと考えられるが，小学生では運用の点でむずかしさがあることと，フィークスの目標を達成するためにあえてディベートを利用する必要性を今のところ見いだせないことなどから，現時点ではディベート法はフィークスでは採用されていない。

（4）ゲームとエクササイズ

子どもたちの知的好奇心をそそり，学習意欲を高める方法では，ゲームはその最適方法となる。とくに模擬的に実際と同じような状況をつくりゲーム化したシミュレーションゲームは，子どもたちの参加意欲を高める。ロール・プレイングなどは一種のシミュレーションと考えられるが，ゲーム的な要素は少ない。シミュレーションゲームとなるとコンピュータ上で作成することが便利であるが，プログラムの作成には時間と労力がかかるし，また扱うコンピュータ・ソフトや言語には専門的な知識が必要になることも少なくない。現段階の健康教育では，保健領域でシミュレーションゲームを作成したものが見かけられるが[9]，まだまだ試行的な段階であるという印象が強い。フィークスにおいては，コンピュータなどを利用したシミュレーションゲームを利用する段階にまでは至っていないが，この利用可能性と利点には注目をしたい。

このゲームと同様なのであるが，構成的グループ・エンカウンターでは，エクササイズと名づけた集団ゲームを行う手法を重視する。シミュレーションゲームは個人で行うことが多く，人間

写真5－3　エクササイズ風景

関係を取り扱うフィークスでは，学校クラス内で集団で実施するこの種のエクササイズは利用価値が高い。フィークスでは，プログラム開始時にこのエクササイズを設定し，子ども同士，とくにグループ内のメンバーのリレーションおよびプログラム実施者と子ども間のリレーションを高めたり，後の具体的な教育目標となるソーシャル・スキルへの注意を喚起したりすることに利用している（**写真5－3**）。この内容から，構成的グループ・エンカウンターにおける本来のエクササイズとは目的が異なることには注意する必要がある。集団ゲームは子どもたちが好んで参加する場であるだけに，この方法によって，子どもたちのプログラムへの参加意欲が高まり，プログラムが円滑に進行することが期待される。

（5）強化操作（集団強化）

強化操作は基本的には，後に述べられる個人強化が中心となるが，集団強化が効果をもつことも少なくない。集団がまとまって行動変容に取り組めば，個人の試みをしのぐことも多い。すなわち，集団からの良い意味での圧力が個人の行動変容への強い動機づけになることが考えられる。

集団強化は，できる限り個人的情報（個人の成績など）が伝わらない状態で，グループ全体あるいはクラス全体を対象に実施される。個人の成績などが明らかになると，競争意識や被害者意識さらには劣等感などが生まれることがあり，その弊害が多い。グループ間での競争もよほど慎重に行わなければ，同じような問題が生まれることから，フィークスでは現在のところ，クラス全体を強化する方法を採用している。集団強化にいたる材料の収集には種々の方法があるが，客観的な手続きをもって，個人の行動の集まりから全体の行動水準を決定し，その水準の変化に対応する強化を与えることがよい。

実際の強化は，たとえば，教育目標となる行動の変化数をグラフ化（ステッカーの量など）し

図5−1　集団強化のための掲示シート

て教室に貼る方法が考えられる。**図5−1**は，教育目標となるソーシャル・スキルがどれほどみられたかを時間的経過に従ってグラフ化したもので，教室内に常時貼られ，子どもたちの励みになっている。

（6）掲示用印刷プロンプト

　これは，教室内に掲示される短いフレーズのことであり，プログラムの進行に伴い，教育対象となるソーシャル・スキルなどへ子どもたちの注意を喚起し，そのスキルの生起頻度を高める一助とするために用いられる。フィークスにおけるこのプロンプトは，少しむずかしめの言葉で構成されることも多いが，理解を促すために語句内容を補う写真が必ず挿入され，プログラム実施者が，最初に十分に意味を説明しながら音読して聞かせることが大切である。

　またプロンプトは，子どもたちが口ずさみやすいように，リズム感の良いものを選ぶ必要がある。掲示に際しても，最低Ａ２判くらいの大きさの用紙に，フルカラーで印刷をしたものを用い，教室内で自然と子どもたちの目にとまるように掲示環境を整えることにも留意する必要がある。

　写真5−4は，依存・消極性改善プログラム中の１つのプロンプトで，主張的行動（アサーティブ行動；assertive behavior）をとることを促している。

68　第2部　攻撃性適正化への総合的教育プログラム

写真5－4　掲示用印刷プロンプトの例

ポイント！

・心の教育やフィークスで用いられる方法は，グループで実施されるものと個人で実施されるものに大別される。
・グループ・ワークには，ロール・プレイング，ブレイン・ストーミング，ディスカッション，ゲーム，強化操作，掲示用印刷プロンプトなどがある。

3．個人ワーク

(1) ワークシート

　この方法は，教育場面では頻繁に利用されている。紙に書かれた課題に対して鉛筆などを用いて答える方法の総称と考えてよい。この方法では，実際の教育対象行動を見たり，行ったりすることがないだけに，その理解や習得の度合いは低く，習得されたとしても持続しないという欠点をもつ。しかし，複雑な概念を説明したり，理解させるときの最初にとる方法として利用価値があり，また，この方法を単独で使用するというよりは，ロール・プレイングなど，他の方法の補助的方法として位置づけることができる。

　子どもの知能の発達は，子どもが自発的にかかわる要素が多いほど促され，発達段階の初期では，動作を重視して環境と交互作用させることが強調されるが[3]，この点を考慮すると，ワークシートの利用は最低限にし，また使用するときには，その内容は，子どもが積極的にかかわれるように興味をひくものにしたい。**資料5－2**は，ワークシートの一例で，主張的行動を理解させる

第5章 心の健康教育における実践方法の多様性 69

ためのシートである。アサーティブ行動の教育においては，この行動の構成と内容のむずかしさから，最初はこのようなワークシートから入ることが少なくない。

（2）省察・コメント指導

フィークスで行う省察・コメント指導は，ロール・プレイングと並んでもっとも重要な方法となっている。これは，一般に行われている日記指導とも異なり，フィークス独自の方法であるので，ここでは具体的に攻撃性適正化プログラムに踏み込んでその内容を紹介したい。フィークスの攻撃性適正化プログラムでは，省察・コメント指導には大きく2つの目的がある。1つは，意図の帰属に際して悪意帰属に偏らないように導くこと，今1つは，ソーシャル・スキルに対して個人ならびに集団の強化を行うための資料を得ることである。

まず帰属では，自分にとっていやな出来事を特定の子どもの名前が出ない状況で報告し，その後，そのようなことが起こった原因を推測してもらい，それについてプログラム実施者がコメントをつけて返すという方法をとる。意図帰属の改善は，ドッジ（Dodge, K.A.）[4]の5段階社会的情報処理過程にもとづき，冷静になって，多くの情報に注意させ，悪意以外の帰属の可能性に気づかせることをめざす。この場合のコメント指導では，クライエント（来談者）中心療法の洞察療法の見解や技法を取り入れ，まず子どもたちの体験を受容することからはじめ，批判的，命令的コメントは控えることが重要である。その後，解釈に役立つ情報の多様性や他の意図の存在可能性をやさしく示唆し，その具体的視点や方法を示すことも行う。また，最初の段階では，子ども

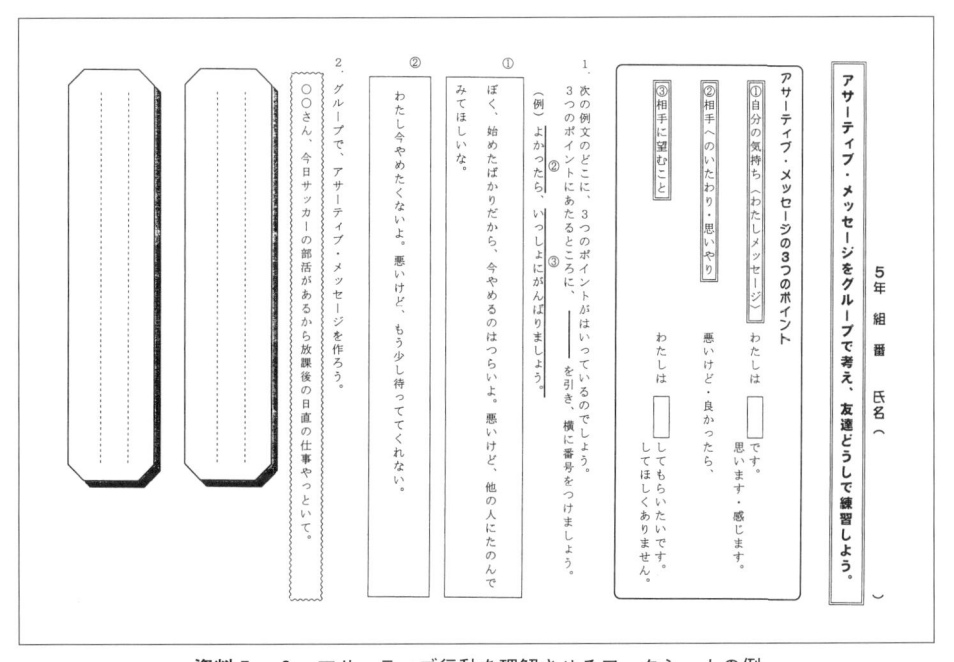

資料5－2　アサーティブ行動を理解させるワークシートの例

たちの警戒や防衛心からの抵抗もあって，報告がほとんど行われないことがあるが，あわてず徐々にその構えを取り除きながら，報告の記述を促すことが必要になる。

このコメントは，児童による記述内容が多様なだけに，プログラム実施者の力量にかかるところが少なくないのであるが，フィークスにおいては簡単なトレーニングで教員ができるプログラムを目指しているので，コメント方法についてはある程度マニュアル化し，経験や主観的要素ができるだけ入らないように注意している。

次に強化関係であるが，ここではまず，フィークスで教育目標とするソーシャル・スキルについて，そのようなスキルで他の子どもから働きかけを受け，助かったり，うれしかったりしたことを実名とともに報告してもらう。そして，クラス全体でその報告を集計し，次回には，本人による他の子どもへの望ましい働きかけを，他の子どもからの報告としてフィードバックし，個人強化を行う。たとえば，「～さんが，あなたが～してくれたと言っていた」と，目標とするスキルについて強化するのである。この強化の結果，目標スキルが増加していくとともに，友人関係についてのエフィカシーが高まり，ひいてはセルフ・エスティームが高まることを目指す。また，この資料からクラス全体のスキル行使数を算出し，目標とするスキルのクラス内での累積数が教室内でグラフとして貼りだされ，個人だけではなく集団的に強化を行い，これがグループ・ワークのところで説明した集団強化にあたる。

他にもこの省察・コメント指導においては，目標スキルの達成の度合いについて自分で確認を行うセルフ・モニタリングを実施し，さらには目標スキルの遂行に関して自分で努力する方向に向かうセルフ・コントロールを実施することも同時に目指している。**資料5－3**には，目標とするスキルについてセルフ・モニタリングとセルフ・コントロールを実施するためのシート例が示されている。また，このセルフ・モニタリングやセルフ・コントロールの結果は，クラス全体で集計して掲示し，集団強化に利用されることもある。

資料5－3　セルフ・コントロールとセルフ・モニタリング用のシート例

(3) リラクセーション

　リラクセーション (relaxation) とは心身を弛緩させることであるが，伝統的にはジェイコブソン (Jacobson, E.)[5]の漸進的筋弛緩法やシュルツ (Schultz, J.H.)[8]の自律訓練法がある。漸進的筋弛緩法では，随意筋の収縮感覚をもとに弛緩感覚を全身の筋肉を対象に順次体得する手法であり，自律訓練法は呼吸や身体部位の温感や重量感を利用し，心身を弛緩させる方法である。最近は，音楽や香りなどを用いてリラックスさせることなど，その方法は広がりをみせている。

　リラクセーションは，基本的には成人向けのもので，漸進的筋弛緩法にしても，自律訓練法にしても，その内容は成人でなくては実施がむずかしい訓練要素があり，そのままでは児童には適用しにくい。そこで，これらの方法を児童用に実施しやすいかたちで組み合わせた方法が竹中[11]によるリラクセーション法である。その一部を紹介すると，腹式呼吸法，漸進的筋弛緩法，自律訓練法，イメージ・トレーニングの各訓練について，それぞれ本来の方法を児童用に簡便で興味深いものに仕立てて実践している。フィークスにおいても，このリラクセーションが簡便なものから本格的なものまでさまざまなかたちで実施されているが，その中でも頻繁に用いられているのは，本格的なリラクセーション訓練というよりも，たとえば，省察・コメント指導で一日の出来事を省察するときに，その前段階として心身の弛緩と落ち着きを達成する手法などであることが多い。このため，短時間のリラクセーションを導入的に実施することから，一部の筋の緊張と弛緩そして腹式呼吸による深呼吸を利用し，BGMとして穏やかな音楽を流すことなどの要素を利用した簡易なリラクセーション法となる。

　写真5-5は，小学校のクラス集団を対象に，腹式呼吸，漸進的筋弛緩法，そしてイメージ・トレーニングを利用して，フィークスでは比較的本格的なリラクセーションを実施している風景である[12]。静寂な環境を保ちにくい学校においてはリラクセーションに適した環境を設定することはむずかしいが，普段の生活でもこのリラクセーションが随所で実施されるようになると，この

写真5-5　クラス集団におけるリラクセーション風景

技法単独でもストレスの軽減などにその効力を発揮する。

(4) 強化操作（個人強化）

　子どもたちの行動が変容するときは，何らかの強化が作用していることが多く，強化が作用する以上そこには何らかの強化子が存在する。この強化子は，大きく物的強化子と言語・社会的強化子に分けることができる。物的強化子とは，たとえば，ワッペンやメダルなど子どもの喜ぶ物品のことである。物的強化子は操作がしやすく，その効果の速効性が期待されるが，子どもたちにとって真に強化力のあるものの見極めがむずかしく，それが見つかっても学校場面においては教育上許容できる物的強化子はほとんどない。このことから，学校場面においては，実際にものを与えたり奪ったりして行動を強化するという試みはそぐわず，物的強化子を用いたプログラムは特別な場合と考えたほうがよい。竹田[10]は，フィークスにおいて，トークン・エコノミー法とレスポンス・コスト法を用いてプリントクラブ（シール写真）で強化操作を行い，夜型生活習慣を朝型生活習慣に変える教育を実施して大きな効果をあげているが，子どもたちにとって魅力度の高いこのような強化子を扱うには周囲の理解と協力が必要になる。

　こうしたことから，物的強化子よりも言葉を中心とした言語・社会的強化子が一般には利用されることが多いが，フィークスでは，教員からの直接的な強化子を特別に設定することはほとんどない。それは，教員からの強化が，子どもが本来もっている行動への動機づけ（内発的動機づけ）を低めたり，教員がいない場面への般化が期待しにくいからである[2]。内発的動機づけとは，外発的動機づけに対応した用語で，誰かにほめられたり，よい点数をとるためではなく，その活動そのものに興味をもって行うように仕向ける意欲のことである。フィークスでは，このような教員からの強化がもつ欠点を避けるために，省察・コメント指導で説明したように，個人場面で他の子どもの言葉を利用した強化を利用する。これにより同じ仲間からの日常的で自然な強化が強い効果をもち，その効果が広範囲に般化していくことを目指すことになる。**写真5-6**は，フィ

写真5-6　個人強化の風景

ークスにおいて，ある子どもの望ましいソーシャル・スキルを他の子どもからの個人的な強化として返却している様子である。児童期の子どもは他の子どもたちからのこのような気づきには敏感で，しかもそれが自分を認めるような内容であればなおさら注目して喜び，その結果，望ましい行動へ導くような大きな強化力がここに生まれる。また，言語・社会的強化は，集団強化にも用いられ，その内容は先に述べたとおりである。

ポイント！

・個人ワークには，ワークシート，省察・コメント指導，リラクセーション，強化操作などがある。

この章のまとめ

　心の健康教育やフィークスで利用できる個々の方法について説明してきた。いずれの方法も，学校現場で適用度が高い方法である。現場では，これらの方法を単独で利用することが多いが，これらの方法は，健康教育の目標にあわせて，組み合わせて用いられることが望ましい。そして，その組み合わせは，目標にしたがって変化する。
　その組み合わせや教育目標の設定については後に理解するとして，ここではそれぞれの方法の基礎を学んでいただいたわけである。

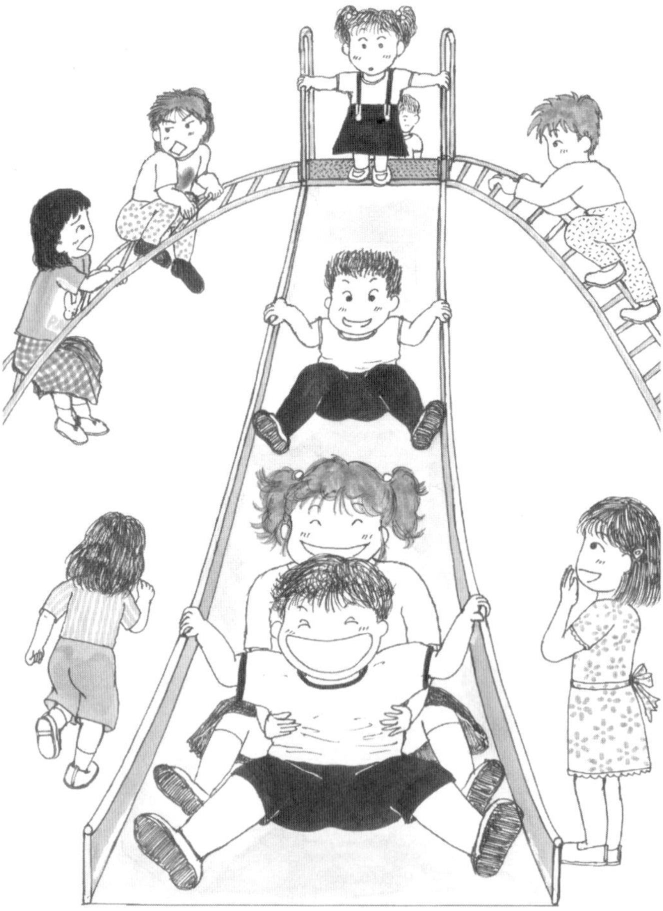

第 6 章　心の健康教育プログラムにおける目標の立て方と方法の構成

この章で学ぶこと

　前の章では，心の健康教育における具体的な方法を個々に説明した。これらの方法は，いわば，家を建てるための道具であり，どのような家をどのように建てるのかという設計（目標）に従って利用されるものである。

　そこで，この章では，健康教育における目標の立て方をフィークスの攻撃性適正化プログラムを例にとって説明し，そのもとに具体的な方法がどのように構成されるのかを紹介したい。

1. プログラムの目標と方法の構成

(1) プログラムの目標構成

　フィークスでは，プログラムの目標が階層的に構成されることになる。これは，フィークスで最終的に達成しようとする目標がかなり大きくなる場合が多く，その大目標から具体的方法を直接導くことはむずかしくなるからである。このことから，大目標の下にその構成目標を置き，さらにその構成目標の下に具体的方法につながる操作目標を設け，この構成により，大目標，構成目標，操作目標への一連の階層的な目標の設定が行われている（**表6－1**参照）。学校教育界においては，目標がかなり抽象的なかたちで提示されることが多いが，その目標自体には問題がないとしても，その目標の抽象度が高すぎて現場における実際の教育方法を導くことができず，現場がその目標を達成するために動きにくい現状は批判される。「生きる力」，「心の教育」などはその最たる例で，たとえば，「生きる力」という大目標を構成する目標，そして方法を導く操作目標を順次設定しなければ，実際の学校現場では思いつきの付け焼き刃的な教育しかできない。

　これらの目標を順に説明すると，まず大目標は攻撃性の適正化（低減）であるが，攻撃性の構成や種類については，最終的には，反応的攻撃と道具的攻撃の二大別に加え，反応的攻撃においては表出性攻撃と不表出性攻撃（敵意）の二分を考えることになる。現段階での攻撃性適正化プログラムでは，これらの攻撃性の種類ごとに違ったプログラム内容が用意されているのではなく，複数のプログラム要素が反応的攻撃を中心にして全般的に攻撃性を適正化することをめざしている。しかし，道具的攻撃性に測定尺度が用意されていないこともあって，現在のところ，こ

表6－1　攻撃性適正化フィークス・プログラムにおける目標の階層的構成

大目標	構成目標	操作目標
攻撃性の適正化 〈攻撃性分類〉 ①反応的攻撃 　表出性攻撃 　不表出性攻撃 　（敵意） ②道具的攻撃	性格面：セルフ・エスティームの向上 認知面：攻撃性をもたらす原因帰属の改善 行動面：攻撃性と拮抗するソーシャル・スキルの向上	(a)対人関係や行動へのセルフ・エフィカシーと結果期待の向上 (b)悪意意図帰属の改善（冷静さの維持と多側面からの情報収集の学習を含む） (c)対人行動における具体的ソーシャル・スキルの獲得 　・他人の良いところへの気づき 　・感情の分かち合い（共感） 　・共感・肯定・賞賛メッセージの伝達
直接的期待効果	クラス構成員における 　対人ストレスの低減（特に抑うつ気分の低減） 　循環器系を中心とした生理反応の安定	
間接的期待効果	クラスにおける 　いじめ行動や不登校の予防と改善	

れらの攻撃性を区別してそのすべてにわたって効果を検討する段階には至っていない。

　この大目標の下に構成目標がくる。フィークスではこの構成目標は，性格，認知，行動の3側面別に設定されことが特徴の1つとなっている。まず，性格面では，セルフ・エスティームの向上が目標とされる。これは，攻撃性の高い子どもたちは，セルフ・エスティームが低下していて（第2章参照），攻撃性が低減するとセルフ・エスティームの向上が認められ[2,3]，逆に言えば，セルフ・エスティームが向上すればおのずと攻撃性が低減することが期待できるからである。このように，フィークスにおいては，攻撃性の低減をはかる場合，攻撃性の低減そのものを対象にしてプログラムが組まれることはほとんどなく，攻撃性と拮抗する反応や特性を選び，それらを積極的に形成することによって必然的に攻撃性が低減することをめざす。しかし，第3章でも説明したように，セルフ・エスティームの構成は多面的で，全般的にセルフ・エスティームが高いということもあるが，領域ごとに高低があり，ポープ（Pope, A.W.）ら[4]のセルフ・エスティーム質問紙などでも，学業，身体，家族，社会ごとにその得点が算出されるようになっている。本フィークスにおいては，対人関係領域でのエスティームの向上を目標にするが，それは，攻撃性そのものが，主として対人的接触，特に親からの養育態度の歪みから生まれ，児童期においても諸々の対人的な問題をもたらすからである。このことから，対人関係領域でのセルフ・エスティームの向上が攻撃性の低減を確実にもたらすことが期待される。

　次の構成目標としての認知面では，攻撃行動につながる原因帰属様式の改善を試みる。攻撃性の高い子どもが攻撃行動に至る社会的刺激の情報処理過程には，各処理段階に特有の問題が指摘されているが，その問題は，第2章で紹介したように，処理段階の前半に集中し，特に他人からの働きかけへの原因帰属方法にかたよりがある。そこで，フィークスでは，この攻撃行動に至る認知様式として原因帰属のあり方を改善することになる。そして構成目標としての行動面では，攻撃的な児童のソーシャル・スキルを改善し，攻撃行動と拮抗し，自然とその行動を抑制することになるスキルの習得を目標とする。ここでソーシャル・スキルの改善を目標として掲げたのは，その定義からも明らかなように（第3章参照），ソーシャル・スキルそのものが具体的に操作しやすい行動であり，また社会場面で対人関係を円滑にする効力をもつと考えられるからである。

　こうして大目標から構成目標への内容を紹介したが，目標の最後は実際に教育方法を導くために設定される操作目標となる。この操作目標は，それぞれの構成目標に対応して置かれ，行動面の構成目標の下には，具体的なソーシャル・スキルの学習として，他人の良いところへの気づき，感情の分かち合い（共感），そして共感的なメッセージの伝達の各スキルの習得が設定される。またこのスキルは向社会的な行動の範疇にあり，攻撃的な子どもは向社会的行動のレパートリーが限定されているという社会的情報処理過程上の問題の解決にもなる。このように，操作目標はかなり具体的なレベルで設定され，直接方法を導く内容となっている。次に，認知面の構成目標の下には，原因帰属の具体的内容として悪意意図帰属の改善が設定される。これは，社会的

情報処理過程の第2段階の歪みの改善になるが，同時に第1段階の歪みも考慮し，冷静に多側面からの情報を収集させることも操作目標とする。そして，性格面の構成目標の下にくる操作目標では，対人関係や対人行動へのセルフ・エフィカシーと結果期待を高めるために，目標とするソーシャル・スキルの遂行に対する個人ならびに集団的な強化を行うことになる。つまり，対人関係へのセルフ・エフィカシーを高めることによってセルフ・エスティームを高めることを目指すのである。第3章で紹介したように，セルフ・エフィカシーはセルフ・エスティームより前に生まれ，エスティームが生まれる前兆になることが示唆されていることからも[6]，エフィカシーからエスティームへの育成の方法が推奨される。また，この強化によって，スキル自体も向上することが期待される。

フィークスでは，こうした階層的な目標構成により，最終目標と教育方法を孤立させずに，相互の関連が密接になるように工夫され，採用した方法の意義と役割が明確になるように細心の注意が払われている。

（2）具体的方法（フレーム・モジュール構成）と適用技法・理論

上記の操作目標のもとに具体的方法が展開されるのであるが，フィークスにおける諸々の方法はフレーム（frame），さらにはその下位にモジュール（module）という枠組みを設定して複数の方法を整理している。その全体は**表6－2**に示されているが，表では，フレームとモジュールの構成とそのフレームやモジュールが対象とする目標（操作目標），そしてこれらのフレームやモジュールの構築にあたり適用された技法と理論が明らかにされている。具体的な方法では，その実践に向けて教育細案にいたるまで本書においては紹介されるが，ここでは，フレームとモジュールの構成を中心に説明したい。

まずフレームは大きく4つに分けられ，その下に2～3のモジュール（総計10モジュール）が設定されている。フレーム1はグループ・ワーク（Group Work）で，主として後に紹介する小グループ単位の活動で展開される方法からなり，ブレイン・ストーミングやグループ・ディスカッションなど小グループ活動を中心とするモジュールＧＡ（Group Activity）と，同じ小グループ活動であるがロール・プレイングを中心に活動が行われるモジュールＲＰ（Role Playing）がこのフレームに含まれる。このフレームは全体として，対人行動における具体的ソーシャル・スキルの習得を中心目標としていて，ロール・プレイングなどの集団における活動技法だけではなく，他人のロール・プレイングをみることから学ぶモデリング，スキルの定義や設定におけるソーシャル・スキル・トレーニングの見解，さらにはスキルの組み合わせ過程には応用行動分析の考え方も取り入れられている。そして，このフレームの背景にある中心理論は社会的認知理論になっている。

次のフレーム2は省察ワーク（Reflection Work）で，児童が学校における日頃の行動や出来事

について省察する活動を中心とするフレームである。この中には，児童が省察をし，その内容に対して教師がコメントを与え指導を行うモジュールＲＣ（Reflection & Comment），そして児童の省察内容を題材に目標となるソーシャル・スキルへの個人ならびに集団強化を行うモジュールＲＯ（Reinforcement Operation），そして，落ち着いて多様な情報にまんべんなく注意を払いながら省察を行うために，リラックスした心身の状態をつくるためのモジュールＲＸ（Relaxation）の各モジュールが設定されている。モジュールＲＣとＲＸは主として悪意意図帰属の改善，モジュールＲＯはセルフ・エフィカシーや結果期待とソーシャル・スキルの向上を目的として設定されている。このフレームでは，自己理論や来談者中心療法内の洞察療法が示唆するカウンセラーへの構えや態度を基調として児童に接することになり，再帰属法やセルフ・モニタリング，セルフ・コントロールの採用において認知・行動療法的な考えが利用され，強化においては条件づけや応用行動分析の理論と技法が利用されている。また，漸進的筋弛緩を参考にしたリラクセーション法が採用され，さらに，ここでも社会的認知理論は方法の基盤として随所で参照されている。

表6－2　攻撃性適正化フィークス・プログラムにおける方法の枠組みと適用技法・理論

具体的方法（フレーム・モジュール構成）	操作目標*	適用技法（理論）
フレーム１（グループ・ワーク） 　モジュール　・小グループ活動（ＧＡ） 　　　　　　　・ロール・プレイング（ＲＰ）	ｃ	ブレイン・ストーミング グループ・ディスカッション ロール・プレイング モデリング ソーシャル・スキル・トレーニング 応用行動分析 （社会的認知理論）
フレーム２（省察ワーク） 　モジュール　・省察・コメント指導（ＲＣ） 　　　　　　　・強化操作（ＲＯ） 　　　　　　　・リラクセーション（ＲＸ）	ｂ ａｃ ｂ	応用行動分析 認知・行動療法 　※再帰属法 　　セルフ・モニタリング 　　セルフ・コントロール 来談者中心療法 　※洞察療法 リラクセーション （条件づけ） （社会的認知理論） （自己理論）
フレーム３（リレーション・説明ワーク） 　モジュール　・エクササイズ活動（ＥＡ） 　　　　　　　・知識の獲得（ＫＡ） 　　　　　　　・掲示用印刷プロンプト（ＰＰ）	ｃ ａｂｃ ｃ	構成的グループ・エンカウンター 応用行動分析 ブレイン・ストーミング グループ・ディスカッション （ＨＢＭ）
フレーム４（情報ワーク） 　モジュール　・親への連絡（ＩＰ） 　　　　　　　・担任との打ち合わせ（ＩＴ）	ａｂｃ	特になし

＊操作目標は，表6－1に対応している。

フレーム3はリレーション作りと説明ワーク（Relation & Explanation Work）で，プログラムの導入的位置づけにある。これは，小グループ内のメンバー同士やプログラム実施者と児童とのリレーションを高めたり，これから実施するプログラムの目的や目標に注意を喚起し，その重要性を伝え，プログラムへの参加意欲を高めるためのフレームである。このフレームには，ゲーム（エクササイズ）を通してリレーションを高め，プログラムで達成しようとする目標の内容と意義にふれるモジュールＥＡ（Exercise Activity），さらに，知識として攻撃性のもつ問題やプログラムの達成目標の意義を伝えるモジュールＫＡ（Knowledge Acquisition）がある。また，これら2つのモジュールの目的とは異なるが，モジュールＰＰ（Printed Prompt）として，ソーシャル・スキルの獲得過程とほぼ並行して，教室内にそのスキルへの注意と遂行を促す印刷プロンプトを掲示するモジュールもここに含まれる。こうして，操作目標との関係で言えば，モジュールＥＡは，ソーシャル・スキルの習得を主たる目的とし，モジュールＫＡはすべての操作目標にかかわっている。モジュールＰＰは，主としてソーシャル・スキルの習得に関与している。ここでは，エクササイズの考え方そのものに構成的グループ・エンカウンターの考えが取り入れられ，プロンプトの採用などには応用行動分析も顔を出している。また，ここでも小グループ活動が取り入れられていることから，ブレイン・ストーミングやグループ・ディスカッションの方法が用いられ，モジュールKAは主としてヘルス・ビリーフ・モデルをもとに方法が構成されている。

最後に，フレーム4としてプログラムに関する情報を親や担任（担任以外がプログラム実施者となる場合）に伝える情報ワーク（Information Work）がある。ここでは，親に進行状況を定期的に伝え，プログラム実施への理解と間接的な協力をもとめるモジュールＩＰ（Information for Parents）と，担任以外がプログラム実施者となる場合は，担任への説明と協力をもとめるモジュールＩＴ（Information for Teachers）が用意されている。このフレームは，その性格から全操作目標にかかわっていて，今のところ参照している理論や技法はとくにはない。

ポイント！

- フィークスでは，目標が大目標から操作目標まで階層的に構成される。
- フィークスの方法は，その目標と適用理論・技法の基盤がはっきりしている。
- フィークスの方法は多様であるが，それぞれの役割は明確で，全体としてまとまりをもっている。

2．プログラムの時間的構成

フィークス・プログラムは，長期にわたる実践をもって効果を発揮する。教育の大目標が性格

や行動であり，プログラム実施時点で児童のもつ性格や行動の基盤は強く，単発的に短期間で実施されるプログラムではその効果は低い。**表6-3**には，攻撃性適正化プログラムの6週セッションと12週セッション版の時間的構成が示されている。モジュールEA，KA，GA-RP（この両モジュールは組み合わせて実施される）は，1回45分のセッションで，既存の何らかの授業が当てられる必要がある。これらのモジュールの特徴から言って，道徳，保健，特別活動，国語の時間などがその実施時間として考えられる。また，近い将来全面実施される総合的な学習の時間にも十分対応できる内容をもっていて，この点については最終第9章において詳しく説明される。6週セッション版では週2回，12週セッション版では週1回の実施が推奨される。

モジュールRX，RC，ROも1つに組み合わせて実施され，この方法についての説明や習得が終わると，1回10分ほどの実施時間となり，帰りの会などに実施することが望ましい。これらのモジュールも基本的には，6週版で週2回，12週版で週1回実施されることになる。

表6-3　6週と12週のセッションにおけるフレーム・モジュールの時間構成

〈6週〉

フレーム	モジュール	開始前	第1週	第2週	第3週	第4週	第5週	第6週
1	GA-RP			● ●	● ●	● ●	● ●	●
2	RX		●					
	RC		●					
	RO		●					
	RO-RX-RC		●	● ●	● ●	● ●	● ●	● ●
	特別RO				●		●	
	集団RO		●	● ●	● ●	● ●	● ●	● ●
3	EA		●					
	KA			●				
	PP					●	●	
4	IP	●	●			●		●
	IT	●	随　時	● ●	● ●	● ●	● ●	● ●

〈12週〉

フレーム	モジュール	開始前	第1週	第2週	第3週	第4週	第5週	第6週	第7週	第8週	第9週	第10週	第11週	第12週
1	GA-RP				●	●	●	●	●	●	●	●	●	●
2	RX		●											
	RC			●										
	RO				●									
	RO-RX-RC				●	●	●	●	●	●	●	●	●	●
	特別RO					●			●			●		
	集団RO				●	●	●	●	●	●	●	●	●	●
3	EA		●											
	KA			●										
	PP		●					●			●			
4	IP	●					●							●
	IT	●	随　時	●	●	●	●	●	●	●	●	●	●	●

表にある集団ＲＯはモジュールＲＯ内の集団強化のことで，これは教室内での掲示物をもって実施され，6週版では週2回，12週版では週1回のペースで，集団強化資料が刷新されていく。モジュールＰＰも掲示物であり，これはモジュールＧＡ-ＲＰの進行に従って6週版ではほぼ週1回，12週版ではほぼ2週に1回刷新されていく。残りのモジュールＩＰも，プログラムの開始前に1回，その後はプログラムの進行に従って合計4回ほど通信シートが保護者に向けて発行される。モジュールＩＴは担任以外の者がプログラム実施者となる場合であり，随時にしかも頻繁に実施されることになる。なお，表にある特別ＲＯについてはその内容は次の第7章で紹介するが，個人と集団強化の両方の特徴をもつ強化方法で，プログラムの進行に従って1～2回挿入される。

　ここで紹介している時間的構成や方法群は，攻撃性適正化プログラムの全貌であり，全体のプログラムを実施することで最大の効果が得られる。しかし，実際には，このような大きなプログラムを最初から実施することは現実的ではなく，最初はできる範囲で部分的な実施にとどめることができる。この点では，多くのフレームやモジュールは，単独で実施することができるし，単独でもある程度の効果が見込めることが予想される。このような新しい試みは，まずは実践することが大切で，徐々にその内容を増やしていけばよいという姿勢を大切にしたい。

3．プログラム効果の評価方法

（1）効果評価の基本的考え

　プログラムの効果を科学的，客観的に評価することは，フィークスにおいては欠くことのできない特徴である。この基本的な方法については先に述べたが，フィークス・プログラムを研究として実施する場合と学校現場で教育として実施する場合とでは，その立場がおのずと異なる。研究では，新しいプログラムの適用やこれまでとは違った特性をもつ集団にプログラムを実施する場合が多く，その意味では効果の評価は厳密に行う必要がある。しかし，教育としてプログラムを実施する場合は，研究の時ほど効果評価の厳密性に重点を置く必要はないはずである。過去の研究で，ある特性をもったクラス集団への適用とその効果の確認が十分に行われていれば，同様のクラス集団において教育としてプログラムを実施する場合は，効果を評価する必要はほとんどない。

　しかし，クラス集団や担任，児童の個性の違いは大きく，現時点では，フィークス・プログラムの効果が，小学校高学年ならば必ず認められると結論づけることができるほどフィークスにおける研究は十分ではない。それほどに，クラス，担任，児童個人の個性は変化に富んでいる。

　そこで，最低限，プログラム実施前後の効果評価を設定し，できるならばその後のフォローア

ップ評価，さらには統制クラスとの比較を余力に応じて実施することが望まれる。プログラム実施前後の効果評価は，クラス全体の変化だけではなく，一人ひとりの子どもの変化に注意するためにも必要になる評価と受けとめたい。

（2）実際の評価尺度とその実施

現在，攻撃性適正化プログラムにおいて使用されている評価尺度は**表6－4**に示されている。質問紙を中心にそれぞれの尺度の紹介は第4章ですでに行われているが，フィークスでは，基本的には設定された大目標と構成目標ごとに測定尺度が用意されることになる。これは，プログラムの全体評価だけではなく，プログラムの構成要素ごとの評価を可能にし，今後のプログラムの修正が客観的かつ円滑に行われるためである。

まず大目標の攻撃性の測定には，質問紙として，日本版HAQ-C（Hostility-Aggression Questionnaire for Children）を，仲間評定として，同性のクラスメンバーを対象に，「怒りやすい」度合いを5段階で評定する方法をとっている。フィークスでの攻撃性は，道具的攻撃と反応的攻撃の2大別に加えて，反応的攻撃はさらに表出性攻撃と不表出性攻撃（敵意）からとらえることになっているが，現時点では，プログラムの構成がこの攻撃性の分類に対応して構成されておらず，また道具的攻撃については信頼できる測定法が確立していない。つまり，現時的でのフィークス・プログラムは，攻撃性の種類を弁別せず，攻撃性のすべての側面に効果を発揮することが期待され，道具的攻撃性の測定は行われていないという状況である。

次の構成目標では，まず性格面の目標に対して，対人関係領域でのセルフ・エスティームを測定できる児童用対人領域セルフ・エスティーム尺度を用い，認知面での目標には，児童用意図帰属尺度を用いた。これらの尺度は，対応する目標に合致した尺度になっているが，次の行動面と

表6－4　攻撃性適正化フィークス・プログラムにおける教育評価方法

	対象	方法	具体的方法	備考
大目標	攻撃性	質問紙 仲間評定	小学生用攻撃性質問紙（HAQ-C）[7] 「怒りやすい」度合いを5段階評定	27項目，4件回答
構成目標	セルフ・エスティーム	質問紙 仲間評定	児童用対人領域セルフ・エスティーム尺度[1] ―――――――――――	10項目，4件回答
	帰属	質問紙 仲間評定	児童用意図帰属尺度[1] ―――――――――――	8項目，4件回答
	ソーシャル・サポート	質問紙 仲間評定	ソーシャル・サポート尺度短縮版[5] 「一緒に遊びたい」度合いを5段階評定	5項目，4件回答 友人サポート源に限定

してのソーシャル・スキルについては，この目標に直結する尺度が使用されていない。これは，この構成目標やその下の操作目標で扱われるスキルの具体性が高く，観察方法でとらえるのが最適の対象であるにもかかわらず，現実の教室場面では観察の実施者を確保することがむずかしいことが主な理由になっている。そこで現段階では，間接的にこの目標の達成度を知る手段として，質問紙にソーシャル・サポート尺度短縮版と仲間評定（親密性仲間評定）として「一緒に遊びたい」度合いを5段階で測定する方法をとった。本プログラムのスキルが高まれば，これらの尺度の得点，特に他者からの仲間評定が高まることが予想される。またこれらの尺度は，セルフ・エスティームや悪意意図帰属の状態にも影響を受けて変化することも同時に予想され，この点からもこの目標に特定の測定法でないことが明らかである。しかし，このようにソーシャル・スキルの向上を直接測定していないといっても，フィークスではこのスキルが向上することは当然のことであり，事実，このスキルの高まりを利用して集団強化を実施する方法をとっている。

　使用された評価尺度は，男子用を例にその実際が巻末資料1に示されている（実際は各ページA4判）。女子用は，男子の「くん」が「さん」に変わるだけである。この評価では尺度の数が多いことから，児童の疲労や興味の持続，さらには他の検査からの影響なども考慮して，2日にわけて実施することを基本にしている。その実施順序は巻末資料に掲載された順であるが，1日目は，HAQ-C，意図帰属尺度，攻撃性仲間評定，2日目は，セルフ・エスティーム尺度，ソーシャル・サポート尺度，親密性仲間評定がこの順で実施される。いずれの日も，十分に1授業時間内に終了することができる検査量である。

　フィークスにおいては，プログラムの良し悪しはこの効果評価で決定される。このことから，教育効果の評価には細心の注意を払う必要があり，ここで使用される測定方法は精度が高いものがもとめられる。現在使用している測定方法の精度が高いことは第4章で説明したが，精度は程度の問題であり，これからもたえず測定方法の精度を高めていかなくてはならない。上には，現在の攻撃性適正化プログラムで用いられている尺度をそのまま紹介したが，これらの尺度についても精度上問題がないわけではない。この本の最後の第9章において，この問題点と評価の改善方法についてふれてみたい。現在，早くもこの評価方法の改訂版が完成され，使用され始めている。まだ実績がないのでここでは紹介しなかったが，その改訂版の詳細についても第9章で説明される。

ポイント！

- フィークスでの教育評価は，大目標と構成目標に対応して実施される。
- 教育評価の内容によって，プログラムの良し悪しや改善点が決定される。
- 評価方法には精度の高さは必要で，その精度はたえず向上させなければならない。

この章のまとめ

　ここでは，フィークス攻撃性適正化プログラムの目標の立て方とその内容が紹介された。

　この目標の立て方の特徴は，フィークスの成立条件としてはあげられていないが，このような目標の立て方は教育プログラムではフィークスをおいて他にはない。この目標構成こそが，目標と結びついたかたちで実際の方法を導き，方法が一人歩きする危険性をなくす。さらに，この目標の構成が教育効果の評価方法を自ずと規定し，円滑で多面的な評価方法がフィークスでは設定されることになる。

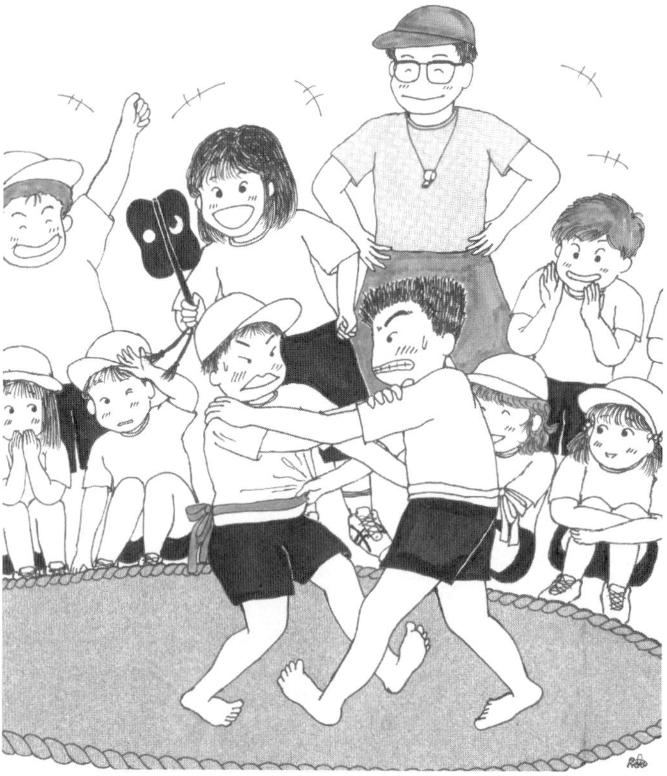

第7章 教育方法の実際
── フレーム・モジュールの詳細 ──

この章で学ぶこと

　これまでの章で，理論と技法，さらにはプログラムの目標や方法の枠組みについても紹介してきた。

　いよいよこの章では，教育方法の実際について説明したい。本書の巻末にある教育細案と教材にあわせてこの章を読めば，明日からでも教室でプログラムを実践できる。

　さて，理論と技法をもった教師が，実際に教壇に立ってプログラムを実施する直接の準備がはじまる。

88　第2部　攻撃性適正化への総合的教育プログラム

1．環境の設定とグループ構成

　ここでは前の章で紹介されたフレーム・モジュールの詳細が説明されるが，プログラムの開始にあたって必要な環境の設定について先にふれる。

　どんなに完成度の高いプログラムであっても，プログラムを実施する環境に問題があれば，その効果は半減する。フィークスにおいて，このプログラムの効果を最大に発揮させるための環境の設定には細心の注意を払うことになる。学校においてはプログラム実施の場は普段の教室になるから，部屋そのものに注文をつけることはむずかしい。しかし，その教室内の机の配置や児童の並び方は自由に変えられ，プログラムでは小グループ活動が多用されるため，小グループでまとまって活動しやすい机配置をとる（図7－1には一例が載せられている）。小グループの構成は男女混合の4〜6名で，攻撃性の適正化プログラムの場合，攻撃性の水準がグループ間で均一になるようにあらかじめメンバー構成を考える。これは，同一グループ内に攻撃性について異なった水準の児童が入ることにより，互いに好影響を与える（とくに攻撃性が高い児童が低い児童から好影響を受ける）ことが期待されるからである。この場合の攻撃性は，社会的な妥当性が高く，他のクラス仲間からの生の評定を利用するということで，攻撃性の仲間評定による結果を採用することが望ましい。具体的には，この仲間評定において一人の児童についての他の同性クラスメンバーからの評定の平均値をもとにすることが推奨される。たとえば，あるクラスの男子が15名いるとすると，一人の男子の評定値は，他の14名がその男子の攻撃性について評定した値を平均したものとなる。図7－2は，グループをこの評定値で分けた場合の実例であるが，グループの平均値がほぼ均等になっていることがわかる。また，小グループでの活動においては，活動の中心

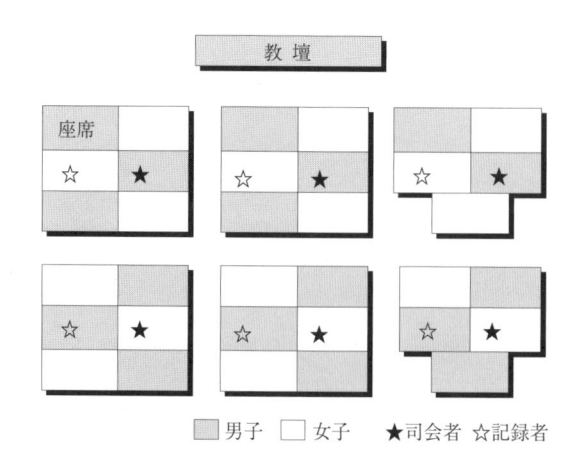

図7－1　プログラム実施前の環境設定としての教室配置の一例

第7章　教育方法の実際——フレーム・モジュールの詳細——　89

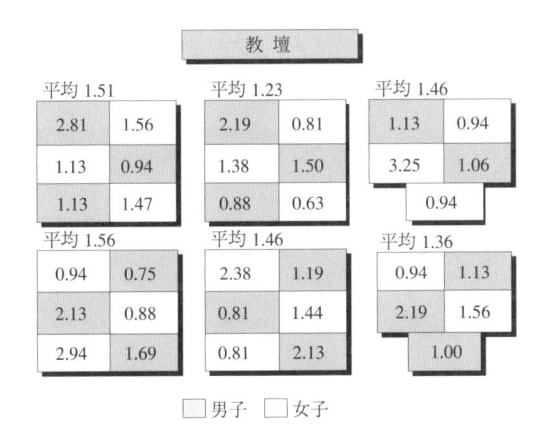

	教　壇	

平均 1.51
2.81	1.56
1.13	0.94
1.13	1.47

平均 1.23
2.19	0.81
1.38	1.50
0.88	0.63

平均 1.46
1.13	0.94
3.25	1.06
0.94	

平均 1.56
0.94	0.75
2.13	0.88
2.94	1.69

平均 1.46
2.38	1.19
0.81	1.44
0.81	2.13

平均 1.36
0.94	1.13
2.19	1.56
1.00	

□男子　□女子

図7－2　各グループにおける個々のメンバーの攻撃性仲間評定値とそのグループ平均値

となる司会者と記録者が設定されるので，グループ間で攻撃性を均等にする他に，司会者と記録者の仕事に適任の児童を各グループに配置することも必要になる。

　また，男女を交互に座らせたり，隣同士になるとプログラムに集中できなくなる児童を別のグループにするなど，プログラム効果を最大にする配慮は多面にわたって行われる必要がある。こうして環境が設定されると，プログラムを実施することになるが，以下に，できる限り時間的順序にそって，フレームならびにその中のモジュールについてその目的と基本的な内容を説明したい。各モジュールは，本書においてこれまでに紹介した理論や技法が基盤となり，具体的な実践方法では，第5章で紹介した実践方法が単独または組み合わされることになる。

　なお，それぞれのモジュールについては，それを参照すればすぐに実施可能となる詳細な教育細案が，教材とともに巻末の資料2に紹介されているので逐次参照されたい。

2．フレーム・モジュールの詳細

(1) フレーム3（リレーション・説明ワーク）

《プログラムの流れと内容》

　このフレーム内のモジュールのほとんどは，プログラムの最初に位置し，児童がプログラムに参加する意識や動機づけを高めるために実施される。まず，モジュールＥＡ（エクササイズ活動）が実施され，簡単な集団ゲームを行うことによって，子どもたちがうちとけ，小グループのまとまりや教師と子どものリレーションを高める。また，このゲームには，本プログラム中で目標となる要素が盛り込まれ，児童に何気なくプログラムが目標とする事柄の重要性とその意義にふれさせる。続くモジュールＫＡ（知識の獲得）では，ビデオ教材を利用して，本プログラムで学習する

ソーシャル・スキルや意図帰属の問題の大切さに気づかせ，その学習への動因をさらに高める。

モジュールPP（掲示用印刷プロンプト）は，プログラムの全体にわたって数回教室内に掲示される印刷物で，スキルの学習の進行にしたがって，そのスキルが教室内で実施されることを促す言語的刺激である。

（目的）①グループ内のリレーション，教師対子どものリレーションを高める。
②本プログラムの目標の意味と重要性を理解させ，プログラム参加の意欲を高める。
③本プログラムで操作目標とするソーシャル・スキルと悪意意図帰属の回避へ注意を喚起し，その実行を促す。

〈構成〉

モジュールEA	（Exercise Activity）	エクササイズ活動
モジュールKA	（Knowledge Acquisition）	知識の獲得
モジュールPP	（Printed Prompt）	掲示用印刷プロンプト

〈モジュール内容〉

モジュールEA（**写真7-1a, b**；細案と教材は，巻末資料2　p.190とp.192を参照）

目的　①グループ内ならびに教師対子どものリレーションを高め，以降のプログラム実施の円滑化をはかる。
②ソーシャル・スキルを中心に操作目標の重要性の一端に気づかせ，プログラムへの参加意欲を高める。

写真7-1a　モジュールEAのシーン：エクササイズ（消しゴムはどこだ？）を実施している。

第7章　教育方法の実際——フレーム・モジュールの詳細——　91

写真7−1b　モジュールEAのシーン：エクササイズの後に話し合いをしている。

内容　　教師による導入
　　　　　　↓
　　　　小グループ対抗のエクササイズ（ゲーム）の実施
　　　　　　↓
　　　　プログラム目標（とくにソーシャル・スキル）に注意を
　　　　喚起するためのグループ内での話し合いと発表
　　　　　　↓
　　　　教師によるまとめと予告

モジュールKA（写真7−2a,b；細案と教材は，巻末資料2　p.191とp.193を参照）

目的　本プログラムの目標，とくにソーシャル・スキルと意図帰属の重要性に気づかせ，プログラムへの参加意欲をさらに高める。

内容　　教師による導入
　　　　　　↓
　　　　教師による攻撃性と健康についての話
　　　　　　↓
　　　　ビデオの視聴
　　　　　　↓
　　　　ビデオ内容について，その登場人物を中心にグループ内での話し合いと発表

写真7-2a　モジュールKAのシーン：ビデオ教材をみている。

写真7-2b　モジュールKAのシーン：プログラム目標の重要性を説明している。

↓

| 教師によるソーシャル・スキルと意図帰属についての説明 |

↓

| 教師によるまとめと予告 |

モジュールPP（写真7-3）

目的　ソーシャル・スキルに注意を喚起し，普段の学級生活の中で実行されること促す。

内容　| フレーム1の進行にそって，写真つきで短いフレーズを掲示印刷物として教室内に掲示する。|

〈フレームの時間構成〉（第6章の**表6-3**参照）

　モジュールEAとKAは1回45分，各1回

モジュールPPはフレーム1の進行に従い，計4回

(補足説明)

モジュールEAのエクササイズには，「消しゴムはどこだ？」という集団ゲームが用意されている。ゲームは子どもたちが興味をもって集中する教材となり，一見運営が容易にみえるが，モジュールの目的を忘れないように注意する必要がある。

モジュールKAのビデオ教材では，「小公女セーラー」の諸シーンが利用されているが，他にも学校で購入しているもので利用できるビデオ教材も少なくないだろう。また，フィークスではオリジナルの映像教材の作成も予定している。アニメビデオも，子どもたちの注意を自然なかたちでとらえ，エクササイズとともにプログラムの導入としては最適の教材である。

モジュールPPでの印刷物は，教室の壁に貼られることになるが，他にもプログラムで使用する掲示物は多く，できれば教室内の壁にこのプログラムのコーナーが確保されることが望ましい。本モジュールでの実際の掲示物は，**写真7－3**に示すとおりであるが，挿入される写真などは柔軟に変化させることには何ら問題はなく，むしろ状況に応じてより良いものに変えることが望

(1) 海をわたる白鳥よ　流れただよう板きれに　少し翼を休めてほしい

(2) 野辺に咲く一輪の花の美しさ　人知れず

(3) あの子はどこかさびしそう　何があったんだろう　どうしたんだろう　風よ、そっとたずねておくれ

(4) 雪が降っても、嵐でも　みんなの優しい気持ち　友だちがそばにいる　天までとどけ！

写真7－3　モジュールPPで用いられる全掲示印刷物（実際の各シートはA2判でフルカラー）

まれる。

なお，このフレームを含めて，話し合いのほとんどの場面で，ブレイン・ストーミングとグループ・ディスカッションの手法が利用される。

（2）フレーム1（グループ・ワーク）

《プログラムの流れと内容》

このフレームは，本プログラムにおいてもっとも重要な位置づけにある。ここでは，小グループとロール・プレイングの両モジュールが合体されて実施されることになり，このことからモジュール単位ではなく，セッションという単位でプログラムが区切られ，各セッションは3つの下位セッションから構成されることになる。

まず，セッションⅠにおいては，ソーシャル・スキルのうち，「友だちの良いところをみつけ，暖かいメッセージを送る」スキルを対象とし，グループでシナリオ作りの題材を集め，それをもとにシナリオを作り，そしてペアでロール・プレイングを実施する。次のセッションⅡでもⅠと同様の流れが，「友だちに共感し，暖かいメッセージを送る」スキルを対象にして実施される。最後のセッションⅢでは，ⅠとⅡのスキルをチェイニングし，「友だちに共感し，良いところをみつけ，暖かいメッセージを送る」スキルを対象にし，シナリオ作りから，グループ内でのロール・プレイング，そしてクラス全体の場でのロール・プレイング発表会と続く。

（目的）ソーシャル・スキルの獲得（その役割の理解と実行の学習）

〈構成〉

| モジュールGA（Group Activity） | 小グループ活動 |
| モジュールRP（Role Playing） | ロール・プレイング |

〈セッション内容〉　※一度に複数のモジュールが混在する場合は，セッションとして提示する。

セッションⅠ　目的　友だちの良いところを見つけ，暖かいメッセージを送るスキルを獲得する。

◆セッションⅠ-1（**写真7-4**，**写真7-5**；細案と教材は，巻末資料2　p.172～とp.181を参照）

目的　①シナリオづくりの題材を集める。
　　　②友人の良いところを見つけ，暖かいメッセージを送ることの役割や重要性に気づく。

第7章　教育方法の実際——フレーム・モジュールの詳細——　　95

写真7-4　セッションⅠ-1のシーン：
　　　　　グループでシナリオづくりの題材を集めている。

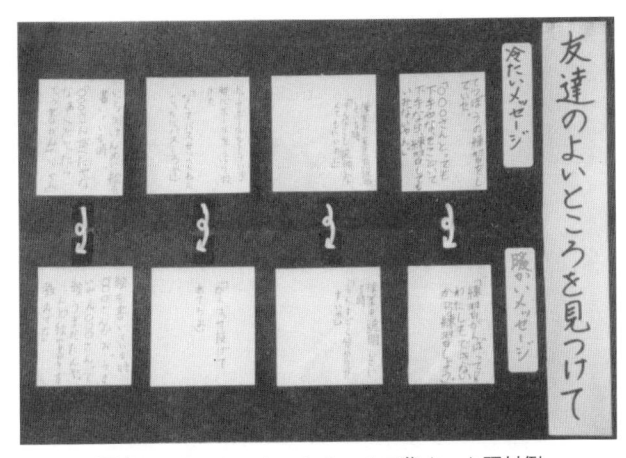

写真7-5　セッションⅠ-1で集まった題材例

内容　　教師による導入と教育対象となるスキルについての説明
　　　　　↓
　　　　教育対象スキルについてのグループ内での話し合い
　　　　　↓
　　　　個人によるスキルに関する資料の収集
　　　　　↓
　　　　グループ内での話し合いと発表
　　　　　↓
　　　　クラス全体での発表
　　　　　↓
　　　　教師によるまとめと予告

96　第2部　攻撃性適正化への総合的教育プログラム

◆セッションⅠ-2（**写真7-6**，**資料7-1**；細案と教材は，巻末資料2　p.173とp.182を参照）

目的　①ロール・プレイングのためのシナリオをつくる。
　　　②友人の良いところを見つけ，暖かいメッセージを送ることの役割や重要性に気づく。

写真7-6　セッションⅠ-2のシーン：グループでシナリオを作っている。

資料7-1　セッションⅠ-2で完成したシナリオ例

シナリオ　はん（6班　　）

苦手な水泳の時間，一生けんめいに練習していたのに，プールで50mを泳ぐテストで立ってしまった時の場面

冷たいメッセージ・暖かいメッセージ

友達　「ごめんせ，かく応援してくれてたのに立っちゃった

自分　「せっかく応援してたのになんで立つねん

友達　「だって鼻に水が入っちゃったんだもん

自分　「鼻に水入ったくらいでたつなよわたしなんか，半分も泳げなかったよ，君なら次は泳げるよ

友達　「そんなこといったって鼻がいたかったんだよ

自分　「ふん，かってにしろよ　でも，自しんないなぁ，また次も立つかもしれない

友達　「それじゃいっしょに練習しよう

　　　　うん，いっしょにガンバロー

内容　教師による導入とシナリオ作成についての説明
　　　　　↓
　　　グループ内でのシナリオの作成
　　　　　↓
　　　グループ内でロール・プレイングのペアの決定
　　　　　↓
　　　教師によるまとめと予告
　　　※シナリオを印刷し，下校までに配布する。

◆セッションⅠ－3（**写真7－7a，b**；細案と教材は，巻末資料2　p.174とp.183を参照）

写真7－7a　セッションⅠ－3のシーン：
　　　　　　ペアでロール・プレイングを行っている。

写真7－7b　セッションⅠ－3のシーン：
　　　　　　ロール・プレイングの後で感想を発表している。

98　第2部　攻撃性適正化への総合的教育プログラム

目的　ロール・プレイングを行い，そして他人の演技をみることにより，スキルの役割を理解し，実行力をつける。

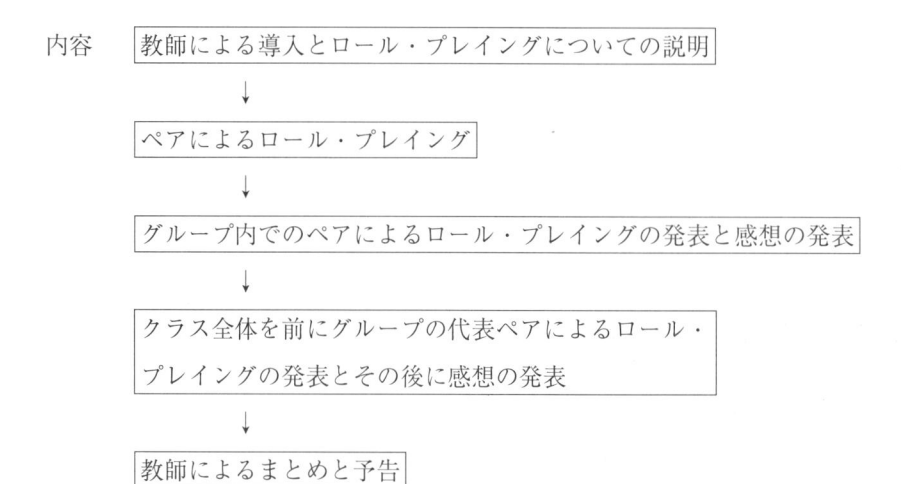

内容　　教師による導入とロール・プレイングについての説明
　　　　　　↓
　　　　ペアによるロール・プレイング
　　　　　　↓
　　　　グループ内でのペアによるロール・プレイングの発表と感想の発表
　　　　　　↓
　　　　クラス全体を前にグループの代表ペアによるロール・プレイングの発表とその後に感想の発表
　　　　　　↓
　　　　教師によるまとめと予告

セッションⅡ　目的　友だちに共感し，暖かいメッセージを送るスキルを獲得する。

◆**セッションⅡ－1**（**写真7－8**；細案と教材は，巻末資料2　p.175〜とp.184を参照）

目的　①シナリオづくりの題材を集める。
　　　②共感し，暖かいメッセージを送ることの役割や重要性に気づく。

内容　　教師による導入と教育対象となるスキルについての説明
　　　　　　↓

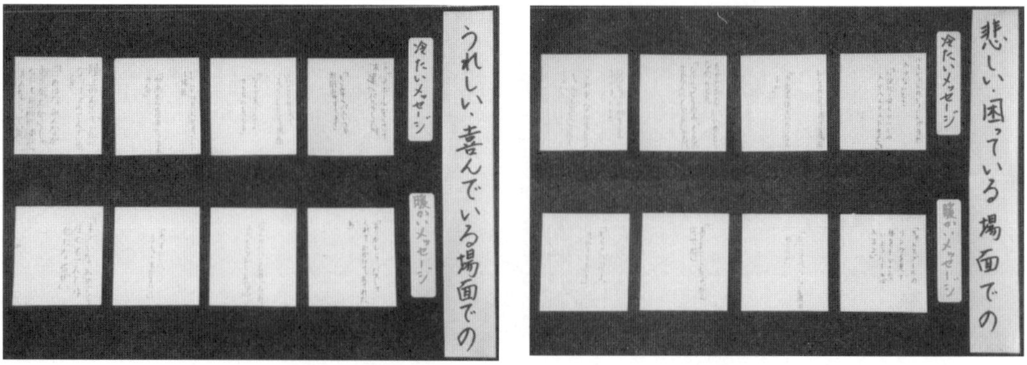

写真7－8　セッションⅡ－1で集まった題材例

第7章　教育方法の実際——フレーム・モジュールの詳細——　99

```
教育対象スキルについてのグループ内での話し合い
              ↓
個人によるスキルに関する資料の収集
              ↓
グループ内での話し合いと発表
              ↓
クラス全体での発表
              ↓
教師によるまとめと予告
```

◆セッションⅡ－2（**資料7－2**；細案と教材は，巻末資料2　p.176とp.185を参照）

目的　①ロール・プレイングのためのシナリオをつくる。
　　　②共感し，暖かいメッセージを送ることの役割や重要性に気づく。

シナリオ　　　　　　　　　　　　　　　　はん（6班　　）

場面：高跳びで初めて1m15cm跳べた
冷たいメッセージ・暖かいメッセージ

友達：「やったー！1m15cmかやっと跳べたぁ！」
自分：「そんなの私なんか五年生の時に跳べたよ」
友達：「でも私にしてはすごいんだよ」
自分：「すっげー。ずっと練習してきたかいがあったね」「でもあなたにはまだまだ追いつけないよ」「そんなことないよ。私はずっと前から練習してたんだから。やっぱり練習したら跳べるようになるんだね」
友達：「けど，まだ1m15cm跳べない人もいるんだから，じまんしてもいいんじゃない？」「分かりましたぁ。そんなのかわりないわよ」
自分：「わかってる。そんなの自まんしないでよ」
友達：「ふん。自まんしてたくせに。」「それじゃあいっしょに練習しよっか」
自分：「うん，もっと跳べるようにがんばろう」

資料7－2　セッションⅡ－2で完成したシナリオ例

内容　教師による導入とシナリオ作成についての説明
　　　　↓
　　　グループ内でのシナリオの作成
　　　　↓
　　　グループ内でロール・プレイングのペアの決定
　　　　↓
　　　教師によるまとめと予告
　　　※シナリオを印刷し，下校までに配布する。

◆セッションⅡ－3（**写真7－9**；細案と教材は，巻末資料2　p.177とp.186を参照）

目的　ロール・プレイングを行い，そして他人の演技をみることにより，スキルの役割を理解し，実行力をつける。

内容　教師による導入とロール・プレイングについての説明
　　　　↓
　　　ペアによるロール・プレイング
　　　　↓
　　　グループ内でのペアによるロール・プレイングの発表と感想の発表

写真7－9　セッションⅡ－3のシーン：
　　　　　　ペアでロール・プレイングを行っている。

第7章 教育方法の実際——フレーム・モジュールの詳細—— 101

↓
| クラス全体を前にグループの代表ペアによるロール・プレイングの発表とその後に感想の発表 |
↓
| 教師によるまとめと予告 |

セッションⅢ　目的　友だちに共感し，良いところをみつけ，暖かいメッセージを送るスキルの獲得

◆セッションⅢ－1　（**資料7－3**；細案と教材は，巻末資料2　p.178とp.187を参照）

目的　①ロール・プレイングのためのシナリオをつくる。
　　　②友だちに共感し，良いところをみつけ，暖かいメッセージを送ることの役割や重要性に気づく

内容　| 教師による導入と対象となるスキルならびにシナリオ作成についての説明 |
↓
| グループによるシナリオ作成 |　※本セッションでは，1つのシナリオに全員が登場する。

シナリオ　そうじでおくれて来た　4はん（　場面　）

服井：あー，そうじおくれちゃった，ごめんな。
高川：いいよ・いいよ（といいながら急いで来た。）私もおくれて来ることはよくあることだよ。それなら，しょうがないよ。
中貝：急がしかったんでしょ。はい・ほうきとって，
増島：服井君，気にしんでよ・
中貝：だから，そうじしょ。
服井：ありがとう。金管クラブの練習でおくれてしまったんだ。次はおくれないようにするわ。
岩田：さっ帰ってきたことだしパッパッとすまちゃお。
（もくもくとそうじをやり出す
音楽を鳴らす）
服井：あっそうじ時間終わっちゃった，ちょっとしかできなくて，ゴメンな。
高川：そんなこと，ないない・もう気にしないでって，言ったじゃん。
中部：そうだよ・服井君，金管でガンバッてるもん。
中貝：うんうん，その通りだよ。
増島：あやまらなくてもいいよ。
岩田：そうだ，そうだ，あと五分あるしガンバろう！
服井：明日はゼッタイ・おくれないようにするよ。

資料7－3　セッションⅢ－1で完成したシナリオ例

102　第2部　攻撃性適正化への総合的教育プログラム

```
            ↓
┌─────────────────────────────────┐
│ グループ内でロール・プレイングの役割の決定 │
└─────────────────────────────────┘
            ↓
┌──────────────────────────────────────────┐
│ グループ内でシナリオを読み合わながら，修正し，完成させる。 │
└──────────────────────────────────────────┘
            ↓
┌──────────────────┐
│ 教師によるまとめと予告 │
└──────────────────┘
```
　　※シナリオを印刷し，下校までに配布する。

◆セッションⅢ－2（**写真7－10**；細案と教材は，巻末資料2　p.179とp.188を参照）

目的　ロール・プレイングを行い，そして他人の演技をみることにより，スキルの役割を理解し，実行力をつける。

内容
```
┌──────────────────────────────┐
│ 教師による導入とロール・プレイングの説明 │
└──────────────────────────────┘
            ↓
┌──────────────────────────────┐
│ 個人による登場人物の名前プレートの作成 │
└──────────────────────────────┘
            ↓
┌──────────────────────────┐
│ グループによるロール・プレイングの実施 │
└──────────────────────────┘
            ↓
┌────────────────────────────────────────┐
│ グループ内でのロール・プレイングについての話し合いと改良 │
└────────────────────────────────────────┘
            ↓
```

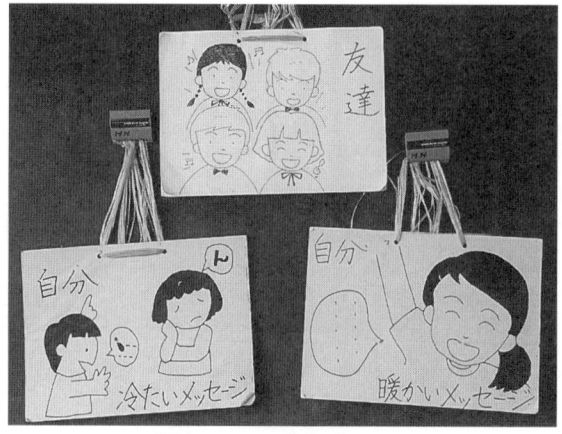

写真7－10　名前プレート

第7章　教育方法の実際——フレーム・モジュールの詳細——　103

　　　　グループによるロール・プレイングの実施
　　　　　　　　↓
　　　　教師によるまとめと予告

◆セッションⅢ－3（**写真7－11**；細案と教材は，巻末資料2　p.180とp.189を参照）

目的　ロール・プレイングを行い，そして他人の演技をみることにより，ソーシャル・スキルの役割を理解し，その実行力をつける。

内容　　グループによるロール・プレイングの実施
　　　　　　　↓
　　　　クラス全体を前に各グループによるロール・プレイング発表会
　　　　　　　↓
　　　　クラス全体で各グループのロール・プレイングについて感想の発表
　　　　　　　↓
　　　　教師によるプログラム全体のまとめと今後の期待

〈フレームの時間構成〉（第6章の**表6－3**参照）

　セッション中の各ワーク1回45分，計9回

　　　　写真7－11　セッションⅢ－3のシーン：
　　　　　　　　　　グループ全体でロール・プレイング発表会を行っている。

(補足説明)

　クラスの構成員が30人を越えると，通常の教室ではロール・プレイングを実施することがむずかしくなる。スペースを確保する必要から，普段の教室の2倍ほどある特別教室などを利用することが望まれる。また，ロール・プレイングの練習は単調になりがちなので，ときどき模範グループの演技を披露したり，架空の人物になりきるためのネームプレイトなどを用意して変化をもたせることが大切である。また，ロール・プレイングは，働きかけたり，働きかけられたりして実際に演技することだけではなく，他のグループの演技をみることによってモデリングによる学習を促進する側面があることにも留意しなければならない。

　また，シナリオの作成は，ロール・プレイングへの準備としての役割をもつだけではなく，その作成過程において，ブレイン・ストーミングやグループ・ディスカッションを通じて教育対象となるスキルへの理解を高めていくという大切な役割を担っている。もちろん，児童自身がシナリオを作成することによってロール・プレイングにより自然に入り込めるという目的も備わっている。

　なお，セッションⅢ-1などは，1授業分では足りないことが予想される。その場合は，臨機応変に時間数を増やして対処しても何ら差し支えない。学校は生きものであり，さまざまな事情で，スケジュールの変更を余儀なくされるが，フィークスではそれに柔軟に対応することができる可塑性がある。

(3) フレーム2（省察ワーク）

《プログラムの流れと内容》

　このフレームでは，まずモジュールＲＸ（リラクセーション）が実施され，音楽を背景に呼吸法や筋の弛緩を利用して簡単なリラクセーションが行われる。このリラクセーションは，心身を安静化し，落ち着いて次のモジュールＲＣ（省察・コメント指導）の一部である省察を行う準備となる。省察では，友だちからの言行についていやな経験を記述させ，友だちがそのようなことをした理由を考えさせる。さらにこの省察では，友だちの言行で嬉しかったことを具体的に指摘させ，加えて，学習しているスキルの実行度の自己評価（セルフ・モニタリング）を実施し，今後の実行意識を高める試み（セルフ・コントロール）をも実施する。児童のこれらの記述に対して，後日教師は，いやなことをされたことへの原因帰属の偏り，とくに悪意意図帰属への傾斜を修正するコメントを返す。そしてモジュールＲＯ（強化操作）では，友だちが指摘した善言行を本人に伝えることを中心にスキル強化がなされる。

〈目的〉　①意図帰属をする場合，冷静に落ち着いて，種々の情報から正確な判断をし，歪んだ悪意意図帰属を減少させる。

②ソーシャル・スキルを，他者からの強化を得て高めるとともに，友人関係におけるセルフ・エフィカシーや結果期待を高める。

③ソーシャル・スキルの実践について，セルフ・モニタリングならびにセルフ・コントロールを行う。

〈構成〉

モジュールRX	（Relaxation）	リラクセーション
モジュールRC	（Reflection & Comment）	省察・コメント指導
モジュールRO	（Reinforcement Operation）	強化操作

〈モジュール内容〉

モジュールRX（資料7－4，写真7－12）

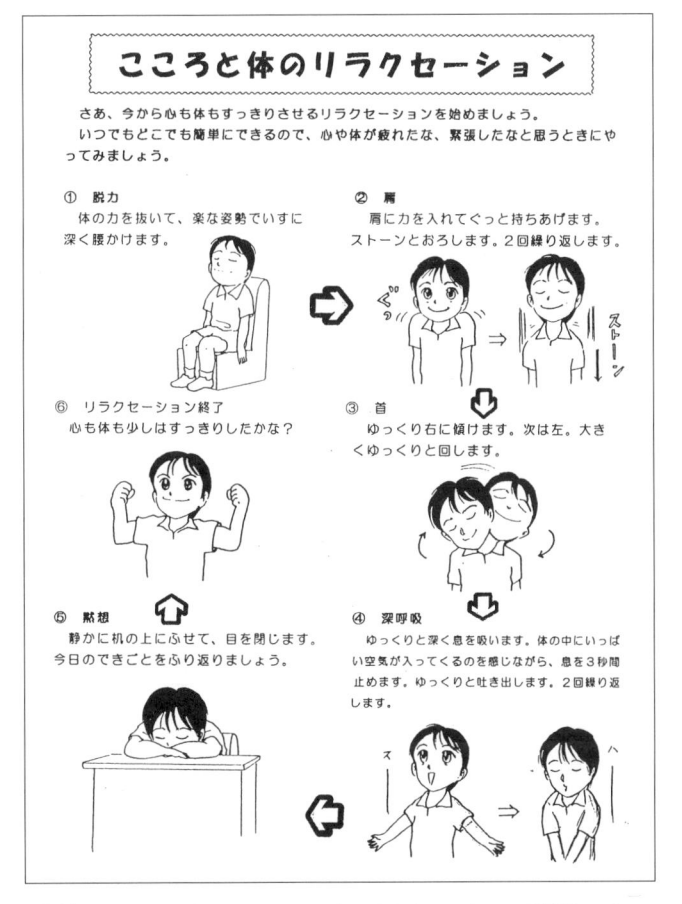

資料7－4　モジュールRXにおけるリラクセーション説明シート

写真7−12　モジュールRXのシーン：クラス全体でリラクセーションを実施している。

目的　一日の心身の緊張をとり，冷静に落ち着いて省察が行える状態をつくる。

内容　| 落ち着いたテンポで，高低の変化が大きくない音楽を背景に，一部の筋の弛緩と深呼吸を利用したリラクセーションの実施 |

　　　　　　　　　　　　　　　　　※現在，背景音楽には，ヘンデル作曲のラルゴを採用

モジュールRC（資料7−5，写真7−13）

目的　①他人の行為の意図をとらえるときに，多くの情報に注意を向ける。
　　　②歪んだ悪意意図帰属を修正する。
　　　③ソーシャル・スキルについてセルフ・モニタリングを行い，スキルへの注意を喚起し，さらには自己コントロールが生まれやすくする。

内容　| 友だちからの言動で，いやだったことの省察・記述 |
　　　　　　↓　　　　※友だちの名前は記述しない。
　　　| 友だちのその行いに対する意図を中心とした原因の推測 |
　　　　　　↓
　　　| 悪意意図帰属や見方の偏りに対して教師によるコメント指導 |
　　　　　　↓
　　　| 友だちからの言動で，うれしかったこと，助かったことの省察・記述 |
　　　　　　↓　　　　※友だちの名前も記述する。
　　　| 現在学習しているスキルの達成度を自己評価 |
　　　　　　↓
　　　| 今後のスキル実行への努力確認 |

資料7-5　モジュールRCとROにおける「心の交換日記」

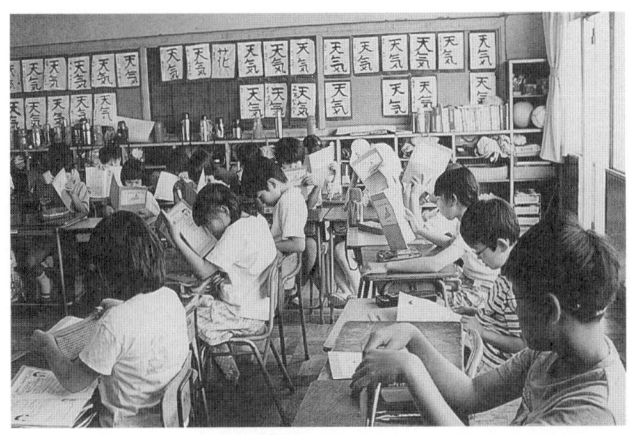

写真7-13　モジュールRCとROのシーン：コメント指導と友だちからの善言行の指摘が書かれた「心の交換日記」を読んでいる。

モジュールRO（資料7-5，写真7-13，写真7-14）

目的　①他者から強化をする材料を得て，他者から個人への強化を実施する。

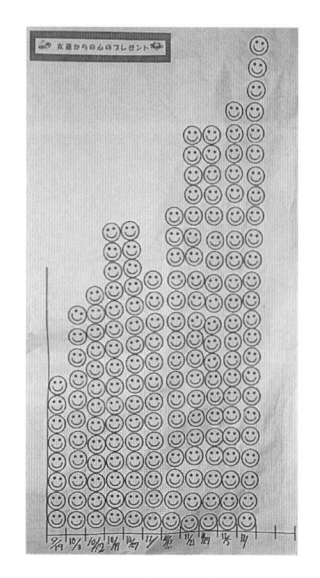

108　第2部　攻撃性適正化への総合的教育プログラム

写真7-14　モジュールROにおける集団強化のためのスキル生起頻度グラフ

②クラス全体に対して，スキルを強化する。

内容

| モジュールRCにおける友だちの善言行の指摘内容について，善言行を指摘された児童に伝達 |

↓

| モジュールRCにおける友だちの善言行の指摘頻度をクラス全体で集計し，その頻度をグラフにして教室に定期的に掲示 |

↓

| 児童によるセルフ・モニタリングとセルフ・コントロールの結果を平均値にしてクラス全体で集計し，グラフにして教室に定期的に掲示 |

※特別RO（資料7-6，資料7-7）

目的　各児童から他の児童についての強化のための資料を得て，グループ内あるいはクラス全体にその資料を配布し，この，違った観点からの強化によって単調になりがちなこのモジュール（RC，RO）に変化を与える。そして，このことは，その後の省察をさらに促すことにもつながる。

内容

| グループのメンバーを対象に，良いところについての資料を各々の児童から収集し，それをもとにそれぞれの児童の良いところを一覧にしたシートをグループ内で配布 |

第7章 教育方法の実際――フレーム・モジュールの詳細―― 109

資料7－6 特別ROにおけるグループのメンバーに対する良いところ指摘の一覧シート

資料7－7 特別ROにおけるクラスのメンバーに対する良いところ指摘の一覧シート

↓

| 同様のことをクラス全体のメンバーを対象に実施 |

〈フレームの時間構成〉（第6章の**表6－3**参照）

　フレーム全体で1回10分，計11回。2回目以降は，モジュールROが先行して，RX，RCと続く。集団ROも同様に，合計11回実施する。特別ROは，プログラムの最初から1/3ほどに1回，2/3ほどにさらにもう1回挿入する。

（補足説明）
　モジュールRCにおけるコメント指導はかなりむずかしい。基本的な姿勢は第5章に述べた通りであるが，児童の記述は千差万別で，現段階では主観や経験を抜きにして指導できない部分がある。今後，できる限り主観が入る余地をなくし，コメント指導をパターン化していくことがフィークスの重要な課題になっている。
　モジュールRXで背景に流す音楽はフィークスで用意されている。これはバロック音楽であるヘンデル作曲のラルゴであるが，リラクセーションを促進する重要な要素になっている。この音楽を使用するのとしないのとでは，リラクセーション効果が大きく異なるので，是非ともこの種の音楽は使用したい。
　モジュールROは強化のためのモジュールであるが，ここには個人強化と集団強化が用意されている。集団強化用のシートは，印刷プロンプトと同様，教室内に心の健康教育のコーナーが確保できれば，そこに貼れるとよい。また，モジュールROには，途中で2回，特別ROと呼ぶ強化セッションを設けている。これは，このフレームにおける一連のモジュール（とくにモジュールRC）の繰り返しによる倦怠を防ぐためのものであり，これにより，他人の行動の見方の展望が広がり，後の省察が内容豊かなものになることも期待される。

（4）フレーム4（情報ワーク）

《プログラムの流れと内容》
　このフレームでは直接的な児童との接触はなく，家庭と担任への情報伝達または担任との情報交換が中心になる。この場合の担任との接触は，プログラム実施者が担任以外の場合にのみ必要となる。家庭とは連絡シートによって，プログラムの内容とその進行を知らせ，担任とは直接的に対話によって情報交換をはかる。フィークスでは，現在，家庭への協力を前提としたプログラムにはなっていないが，このような情報伝達により，家庭での協力を間接的に得ることも期待している。また，担任との打ち合わせは，そのクラスを担任がもっともよく知っているし，そのク

ラスの責任者でもあることから，当然，入念に実施する必要がある。

〈目的〉 ①親へおおまかなプログラム内容とその進行について連絡し，家庭での協力を期待する。
② 担任以外が実施者となるときは，担任への説明と協力を得る。

〈構成〉
| モジュールⅠP（Information for Parents） | 親への連絡 |
| モジュールⅠT（Information for Teachers） | 担任との打ち合わせ |

〈モジュール内容〉

モジュールⅠP（資料7－8）

目的　親への理解と協力を得る。

内容　プログラム内容と進行を連絡シートにて連絡

モジュールⅠT

目的　担任以外がプログラム実施者となるときは，担任へプログラム内容を説明し，協力を得る。

内容　事前または実施中における担任への連絡と相談

〈フレームの時間構成〉（第6章の**表6－3**参照）

モジュールⅠPは，進行にしたがって計5回。
モジュールⅠTは随時実施。

（補足説明）
　教育段階では，フィークスの実施者は担任になることが多く，モジュールⅠTは必要がない場合がほとんどである。また，モジュールⅠPの内容は他のモジュールとくらべて手薄となっている。それは，フィークスは現段階では，保護者の援助や教育を大きく取り入れていないからであ

る。保護者の協力が得られるとプログラム効果が増すことが期待され，将来はプログラムの目標そのものに保護者への，あるいは保護者による教育内容を盛り込むことも視野に入れたい。このことは，対象児の年齢が下がるほど大切になる。小学校高学年の児童を対象としたプログラムは，学校における児童への教育が中心となるものの，今後低学年への展開とともに，この点を考慮したプログラムへと発展させたい。

モジュールIPは，通信シートで実施され，フルカラーの写真入りで作成されるため，保護者の方にも興味をもって読んでもらえる。**資料7－8**をみると，プログラムの進行に従って，現在進行している教育内容が伝えられ，そこから保護者に期待される事柄が間接的にせよ示唆されている様子がわかる。

写真7-8　モジュールIPにおける保護者への通信シート

この章のまとめ

　この章は実践方法に終始したので，とりたてて言う，まとめの言葉はない。
　ただ，次の点にはもう一度注意を促したい。
・それぞれの方法には達成すべき目的があり，方法の構成は，心理学や保健学の理論や技法に支えられている。したがって，単なるおもしろみや児童の興味をひくことが先行して方法が一人歩きをしないこと。
・しかし，これらの方法には柔軟性があり，上のことに注意しながら，状況に合わせて方法を変化，発展させることが可能である。
　さて，この章を読んだ後は，是非ともプログラムを実践していただきたい。実践にもまれながら，プログラム実施者も成長する。そして，目の前で子どもたちが大きく成長してくれることに，このプログラムの効果を肌身で実感することになるだろう。

第3部
学校における教育実践と心の健康教育の発展

第3部においては，最初に，フィークスの実践結果について教育効果を中心にいくつか紹介する。この紹介によって，フィークスが児童に及ぼす好影響を実際に確認していただきたい。その後，今後の展望として，新しい学校指導要領のもと，総合的な学習の時間におけるフィークスの実施可能性についてふれる。そして，総合的学習においては，フィークスのような心の健康教育がなくてはならない学習であることを強調しながら，今後の心の健康教育の実践的な展開の計画を説明する。

第 8 章　フィークス・プログラムの実践とその教育効果

この章で学ぶこと

　プログラムの価値の大半は，その教育効果の大きさで判断される。興味をひく目標と方法で構成されるプログラムも，その効果についての科学的な情報がなければ現場に導入することはできない。
　フィークスでは，この教育効果の評価を客観的，科学的な方法をもって行うことが一大特徴になっている。
　この章では，プログラムの実践的試みとその教育効果について，実際のデータをもとに紹介したい。

1. プログラム効果の評価に関する研究

これまでに，攻撃性適正化教育プログラムについて，その効果を科学的に評価した研究や教育実践がいくつか行われている。そのうち，3つの研究について以下に紹介し，その効果の大きさと限界について紹介したい。

フィークスの成立条件の1つが客観的で科学的な評価方法の挿入であり，しかもフィークスでは，大目標と構成目標に対応するかたちで評価方法があてがわれている。欧米での介入あるいは教育的な研究のほとんどは，このように，複数の評価方法が統制グループとともに設定されている。そして，その結果をみると，プログラム実施後にどの評価も期待された方向に変化したという報告はほとんどみかけられないのが現状である。これは，現在のところ完璧なプログラムなど存在しないことを意味し，期待された方向に変化しなかった評価側面から，プログラムを修正するための貴重なデータが得られ続けているのである。

ポイント！

- 完璧なプログラムなど存在しない。
- 大切なことは，プログラムの効果と問題を明確にして，プログラムを修正・発展できる評価機能があるかどうか。

2. 教育研究1 ──グループ・ワークフレームの実践──

(1) 研究がめざすもの

まず，プログラム全体を実施した研究を紹介する前に，フレーム単独で実施された研究を1つ紹介する。ここでは，フィークスの攻撃性適正化教育プログラムのうち，フレーム1（小グループ活動，ロール・プレイングモジュール）を実施し，その教育効果を検討した。

(2) 参加した児童と実施時期

プログラム参加児および実施時期

 小学校5年生 教育クラス 1クラス 34名（男子16名，女子18名）
        統制クラス 1クラス 33名（男子15名，女子18名）
 1月中旬から2月下旬にかけて行われた。

（3）教育効果の評価に用いた尺度

　測定尺度は先に紹介した通りであるが，攻撃性の質問紙については，本研究の実施時点で小学生用攻撃性質問紙（HAQ-C）が未完成であったため，やむなく日本版STAS（State-Trait Anger Scale；状態―特性怒り尺度[1]）の特性尺度をもとに，項目を最終的に12項目に限定したものを使用した。この尺度は，構成概念的な妥当性を中心に標準化において未確認な箇所がある。また，本研究では，児童の自記式としてこの尺度を使用しただけではなく，担任教師が同様の項目でクラスの子どもたちを対象に評定を行った。担任教師がこの尺度を行う場合の検査の信頼性と妥当性は未知である。フィークスは現時点では，信頼性や妥当性の標準化が行われていない尺度や担任教師による評価は推奨していないが，この研究はフィークスの初期のものであり，まだこのような測定姿勢がとられていなかった。

　なお，評価はプログラム実施前後だけに実施され，今回の研究では，フォローアップ評価は実施されていない。

（4）結果とその解釈

大目標の達成

　まず，大目標に対応する攻撃性の変化を検討する。フィークスにおいてもっとも重視される評価方法は仲間評定であるが，攻撃性の仲間評定について，クラスの同性から本人が受けた評価の平均値とクラスの同性への本人からの評価の平均値を出し，それを教育クラスと統制クラスについて実施前後で図示したのが図8－1aと図8－1bである。効果の評価は，結果の見かけ上の変化にとらわれず，すべて統計的に処理されて判断される。以下の記述は，具体的な統計数値をあげないが，とくに断わりがないかぎり，統計分析をもとに行われている。もっとも，プログラムを実施した特定の教育クラスに限って効果に言及するときは，統計分析の必要はなく，生の平均値の差などをもって結果を解釈することができることは，第4章に述べたとおりである。これらの尺度については，分析の結果，本人への攻撃性評定と本人からの攻撃性評定の両方で，教育クラスのほうが統制クラスよりもプログラム実施後にその値が低減している，つまり，攻撃性が低減していることが明らかになった。これは男女で同様に認められた効果であり，プログラムの有効性がここに証明されている。

　この攻撃性評定では，統制クラスの攻撃性が実施前から実施後において上昇しているが，このことはクラス集団の状態が時期によって大きく変化する可能性を示している。ここから，教育クラスの変化自体から教育効果の有無を指摘できないことは明らかであり，統制クラスの設定が必要になるのである。この現象の原因については，本研究が1月中旬から2月下旬にかけて実施されたことより，卒業式など学年末の諸々の行事によって児童や教員のストレスが高まり攻撃性が

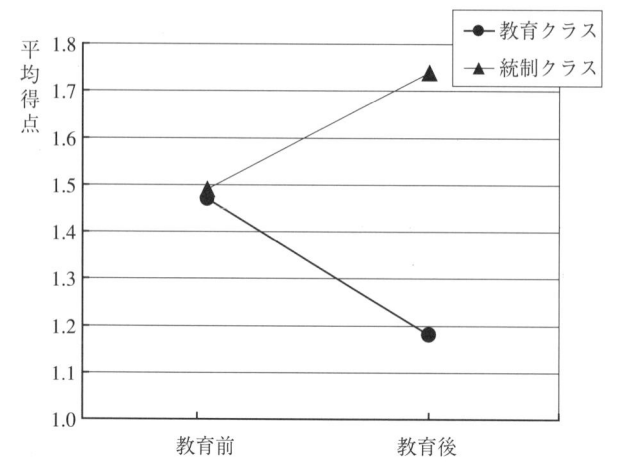

図8-1a 攻撃性仲間評定値（友だちから自分への評定値）の変化（研究1）

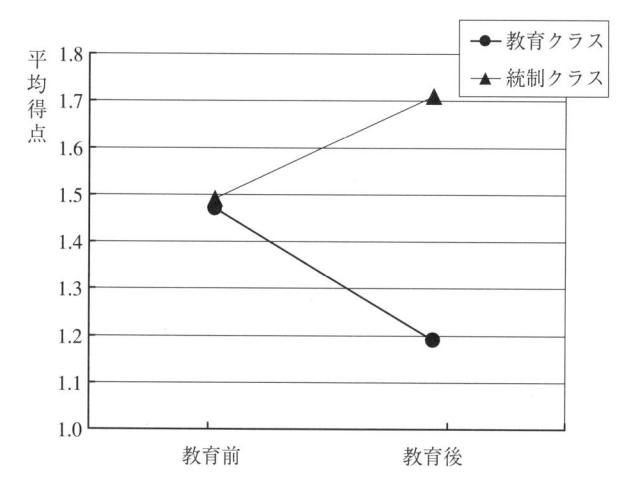

図8-1b 攻撃性仲間評定値（自分から友だちへの評定値）の変化（研究1）

高まったことなどが推測される。

次に攻撃性の質問紙の結果であるが，児童自身が行った質問紙では，プログラム効果は認められなかったが，担任教師が行った質問紙では，仲間評定と同様の結果が認められた。しかし，先に指摘したように，この質問紙は検査の標準化の完成度は低く，参考程度にとらえることが望ましい。また，担任教師はプログラムから期待される効果を知っているので，教師自身が行った評価は期待効果などが混入する可能性があり，信頼性は低いと考えたほうがよい。

構成目標の達成

本研究はソレーム1を実施しただけなので，教育効果がすべての構成目標に波及することは期待されない。効果が及ぶ目標は，大目標の攻撃性の他には，ソーシャル・スキルの向上であると考えられるので，これに関連した尺度には効果が認められる可能性がある。ただ，スキルの向上

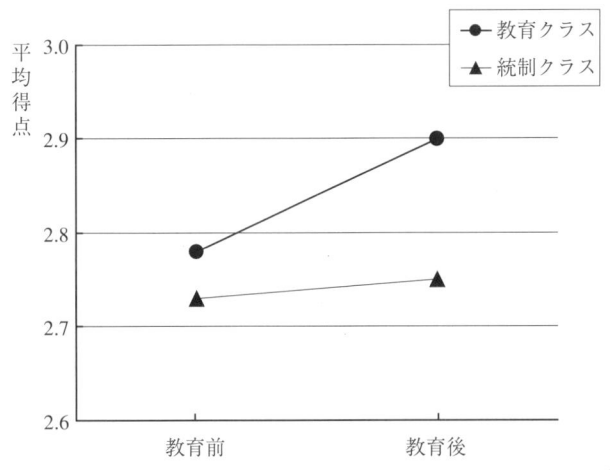

図8−2a　親密性仲間評定値（友だちから自分への評定値）の変化（研究1）

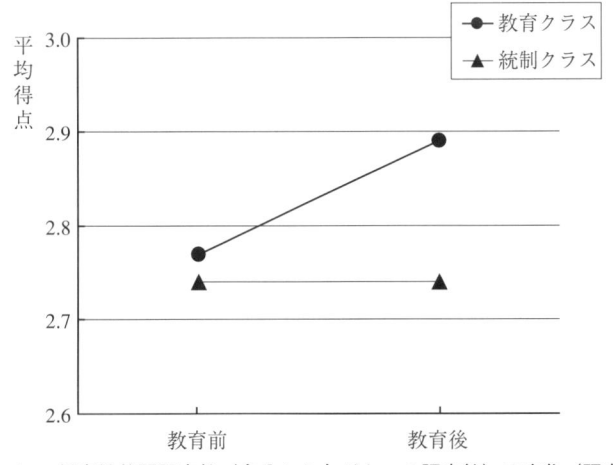

図8−2b　親密性仲間評定値（自分から友だちへの評定値）の変化（研究1）

についての直接的な指標となる実際のスキル生起頻度は，フレーム1ではなくフレーム2で得られるので，この研究はこの点についての情報を提供できない。この研究での尺度としては，まず**図8−2a**と**図8−2b**に，攻撃性仲間評定と同様に，親密性仲間評定（一緒に遊びたい度合い）について，同性クラス成員からの自分への評定の平均値と，自分から同性クラス成員への評定の平均値がクラスならびにプログラム実施時期ごとに示されている。**図8−2a**の自分への評定結果についてみると，統制クラスはほとんど変化がないのに対して，教育クラスは，プログラム実施後には評定が上がっている。この尺度は，値が上がるほど教育効果があることを示し，図上の結果では効果が確認されているように見えるが，統計的には今一歩のところで意味のある（有意な）効果に至っていない。しかしこの点については，プログラム全体を実施すれば，強化操作のモジュールの影響などによって，この尺度においても顕著な教育効果がみられることが期待される。図

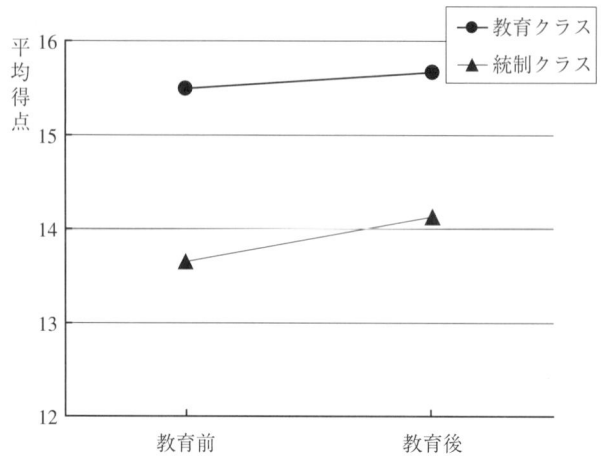

122　第3部　学校における実践教育と心の健康教育の発展

図8－3　自記式ソーシャル・サポート質問紙によるサポート得点の変化（研究1）

8－2bの自分からの評定結果も図8－2aと同様の結果であった。さらに図8－3には，自記式の質問紙によるソーシャル・サポートの結果が示されているが，この尺度についてはまったく教育効果が認められなかった。先の攻撃性の自記式尺度の結果においても教育効果が認められなかったが，第4章で指摘したように，児童が自分で行う自記式の尺度の精度は低く，自記式については仲間評定の結果を補う程度の位置づけを与えるほうがよいであろう。

　こうして，この研究では，フレーム1を行っただけでも大目標をある程度達成できるというプログラム効果が認められ，プログラム全体を実施することによる教育効果の大きさが期待される。また，フレーム単独で教育効果が認められたことによって，フレームを全体から切り離して実施できるフィークスの柔軟性がここに確認できる。

ポイント！

・フィークスは部分的に実施しても効果がある。
・少しずつでも，実践することが大切。

3．教育研究2──攻撃性適正化6週プログラムの実践──

（1）研究がめざすもの

　フィークス攻撃性適正化教育プログラムの全フレーム，全モジュールを6週間版で実施し，その教育効果をプログラム終了後2カ月のフォローアップ期間も設けて検討する。

（2）参加した児童と実施時期

参加児および実施時期
　　小学校5年生　　教育クラス　2クラス　68名（男子35名，女子33名）
　　　　　　　　　統制クラス　2クラス　71名（男子37名，女子34名）
　5月下旬から7月上旬（フォローアップ調査9月上旬）

（3）教育効果の評価に用いた尺度

　研究1において使用した攻撃性の自記式質問紙を変更し，第4章で紹介したHAQ-Cを使用した。また，研究1で採用した教師が行う攻撃性質問紙は削除した。その他の尺度は研究1と同じで，本研究の評価尺度をもって，現在フィークスの攻撃性適正化プログラムにおいて推奨される尺度群がすべて用意されたことになる。

　また今回の評価は，プログラム実施前後に加えて，プログラム終了後，夏休みをはさんで約2カ月後にフォローアップ評価を実施している。

（4）結果とその解釈

大目標の達成

　大目標に対応する攻撃性の変化を検討する。まず，攻撃性の仲間評定について，クラスの同性から本人が受けた評価の平均値とクラスの同性への本人からの評価の平均値を出し，それを教育クラスと統制クラスについて実施直後ならびにフォローアップ時で図示したのが**図8－4a**と**図8－4b**である。ただ，この図においては，実施前の値との差異を各児童について算出し，クラスごとにその平均値が示されている。すなわち，図の値は，実施前からの変化値であり，ゼロは実施前の値と同じで，プラス値は実施前よりも値が上がり，マイナス値は下がることを意味している。この方法により，実施前のクラスの差異は相殺され，後の教育クラスと統制クラスの比較が行いやすくなる。

　分析の結果，**図8－4a**の本人が受けた攻撃性評価については，全般的に教育クラスの値が統制クラスの値よりも低くなっており，プログラムの教育効果が確認される。ただ，フォローアップ時では，両クラスの差異が小さくなり，教育効果が薄らいでいることも同時に確認できる。さらに分析を進めると，プログラムを実施する前においてクラス内で攻撃性が低いグループについては，この教育効果はフォローアップ時でも低下することはなくそのまま維持されていることが明らかになった。児童の行動特徴が，夏休みをはさんで大きく変化することは一般によくみられるが，この夏休みをはさんで2カ月もの期間教育効果が持続していることは注目に値する。

　次の**図8－4b**の本人から友だちへの攻撃性評価についても**図8－4a**と同様の教育効果がみられ

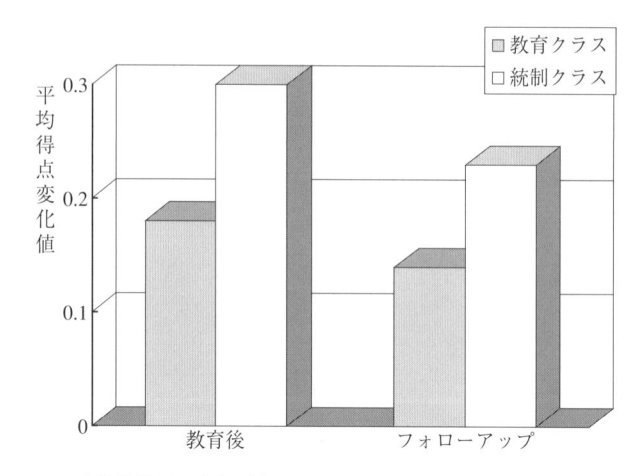

図8－4a　攻撃性仲間評定値（友だちから自分への評定値）の変化（研究2）

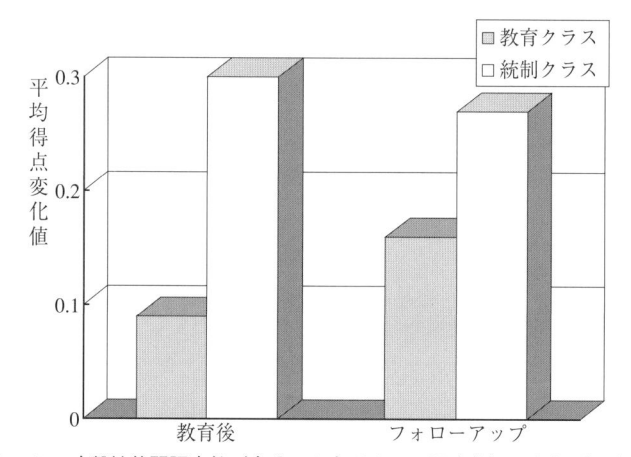

図8－4b　攻撃性仲間評定値（自分から友だちへの評定値）の変化（研究2）

る。しかし，この友だちへの評価については，友だちからの評価とは反対に，プログラムを実施する前においてクラス内で攻撃性が高いグループにより顕著な教育効果がみられ，プログラム直後だけではなく，夏休みが明けてもその効果が持続していた。研究1では，攻撃性の2つの仲間評定の間には結果に差異はなく，質問紙検査と仲間評定の間にだけ差異があったが，本研究では仲間評定の間にも結果の差異がみられたので，ここで採用した攻撃性尺度間の相関にふれてみたい。

　表8－1に示されたのがその相関である。表では，攻撃性仲間評定と他の攻撃性尺度との相関係数が示され，相関係数は－1～＋1までの値をとり，ゼロが無関係，±1が完全な関係，すなわち，＋1が正の方向で完全一致（たとえば，一方が2倍に変化すれば他方も2倍になる），－1が負の方向で完全一致（たとえば，一方が2倍に変化すれば，他方は半分になる）であることを意味する。まず2つの仲間評定尺度の相関をみると，ほとんどゼロに近く両者はあまり関係がな

表8−1 攻撃性尺度間の相関

	友だちからの攻撃性評定	友だちへの攻撃性評定	HAQC					
			身体的攻撃	言語的攻撃	短気	敵意	表出性攻撃	不表出性攻撃
友だちからの攻撃性評定								
全体（139人）		.07	.35*	.29*	.31*	.13	.41*	.12
男（72人）		.03	.29*	.27*	.32*	.04	.32*	.03
女（67人）		.11	.42*	.31*	.31*	.24	.49*	.24
友だちへの攻撃性評定								
全体（139人）	.07		.23*	.15	.16	.25*	.23*	.25*
男（72人）	.03		.28*	.25*	.32*	.21	.35*	.21
女（67人）	.01		.19	.06	−.01	.31*	.10	.31*

*相関係数が統計的にゼロではないことを意味する

いことがわかる。そして，質問紙であるHAQ-Cの尺度とくらべると，友だちからの攻撃性評定は表出性攻撃と，友だちへの攻撃性評定は不表出攻撃（敵意）と正の相関関係にあることがわかる。この点を考えると，プログラムの教育効果は攻撃性の表出性にも不表出性においても全般的に高いと言えるが，上記の結果から，表出性攻撃については最初にその特性が低い児童で，不表出性攻撃（敵意）については最初にその特性が高い児童でより教育効果が大きいと言える。攻撃性の高い児童への教育効果が大切だとすれば，この教育プログラムは敵意の高い児童への適性が高い可能性がある。

次に攻撃性の質問紙の結果であるが，今回新たに採用した児童自身による自記式質問紙（HAQ-C）でも，プログラム効果はほとんど認められず，研究1の自記式質問紙の場合とほぼ同様の結果であった。ここでも，児童による自記式質問紙の精度の問題が指摘される。

こうして，総じて言うと，プログラムを実施した結果，攻撃性は低減され，その低減効果も一時的なものではないことが明らかになった。このことから，本プログラムの大目標が達成されたことになったが，プログラムの弱点を客観的にさぐるためにも構成目標の達成度を次に検討したい。

構成目標の達成：ソーシャル・スキル関係

教育研究2では，攻撃性適正化フィークス・プログラムの全フレームとモジュールを実施したので，構成目標のすべてについて教育効果が生まれることが期待される。そこでまず，プログラムで操作対象としたソーシャル・スキルのクラス内での生起頻度を示したのが図8−5である。これは，プログラム実施中にフレーム2の省察コメントモジュールで採取したスキルのクラス全体における生起頻度であるので，統制クラスではこのデータはない。プログラムでは，この生起頻度を集団強化に利用することになっていて，スキルそのものの頻度の高まりは当然のこととして仮定されるが，図から実際に生起頻度が漸増していることがわかる。

次に，親密性仲間評定（一緒に遊びたい度合い）について，同性クラス成員からの自分への評定の平均値と，自分から同性クラス成員への評定の平均値をクラスならびにプログラム実施時期

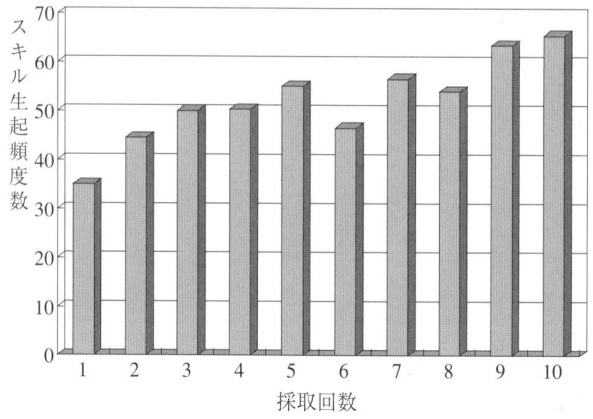

図8−5 ソーシャル・スキル頻度の変化（研究2）

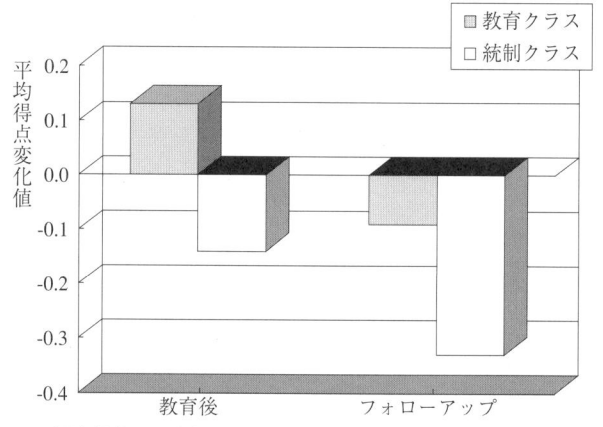

図8−6a 親密性仲間評定値（友だちから自分への評定値）の変化（研究2）

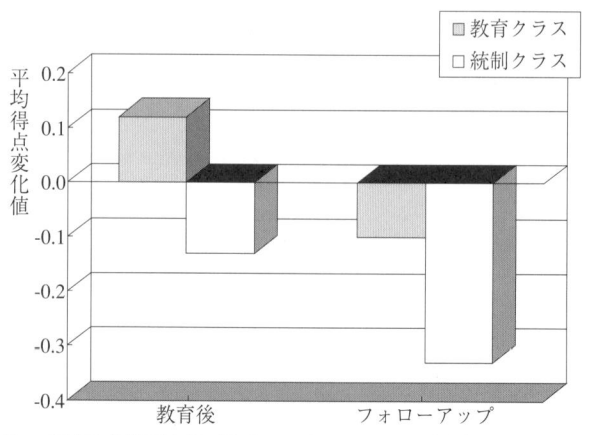

図8−6b 親密性仲間評定値（自分から友だちへの評定値）の変化（研究2）

ごとに実施前からの変化値で示したのが 図8－6a と 図8－6b である。まず，図8－6a の自分への評価をみると，全般的に教育クラスの親密度評定は，統制クラスよりも高く，その差はフォローアップ期まで持続して，高い教育効果が認められる。また，この教育効果は男子の方が女子よりも強いことも明らかになった。次に，図8－6b の友だちへの評価であるが，この親密性については男女とも同様にプログラム実施直後からフォローアップに至るまで高い教育効果が認められ，持続している。攻撃性の場合とは異なり，親密性における友だちへの評定と友だちからの評定の相関は，高くはないものの統計的には有意な正の値を示し，互いに同じ特性にふれている部分が少なくないことが推測される。この共通特徴から，両尺度の評価結果がほとんど同じになったことはうなずける。

続いて，自記式ソーシャル・サポート質問紙の結果を示したのが 図8－7 である。図からは，教育クラスが統制クラスよりもサポートが高く教育効果が認められるが，この効果は統計的には意味のあるものではなかった。つまり，本教育研究で対象となったクラスに限って言えば，教育効果があったと言えるのであるが，この事実が一般に適用されるとは言えないという結果である。これは，親密性仲間評定とは違った結果となった。このサポート質問紙は，将来自分に困ったことが起こった場合に友だちからの助けをどれほど期待できるかをたずねているが，仲間との親密性（一緒に遊びたい度合い）の高さがサポート期待につながるまでには，この種の試みをさらに実施し続ける必要があるのかもしれない。実際に相関分析を行ったところでも，サポート質問紙と仲間評定とはほとんど無関係であった。また，サポートも質問紙による自己評定であるので，攻撃性の質問紙と同様に精度の問題が指摘されよう。

構成目標の達成：悪意意図帰属とセルフ・エスティーム

続いて認知面と性格面の構成目標についてみてみたい。図8－8 には悪意意図帰属，図8－9 にはセルフ・エスティームの結果を示してる。まず図8－8 の悪意意図帰属の結果をみると，プログラム直後は教育クラスの悪意意図帰属の程度が統制クラスよりも低くなり，その後フォローア

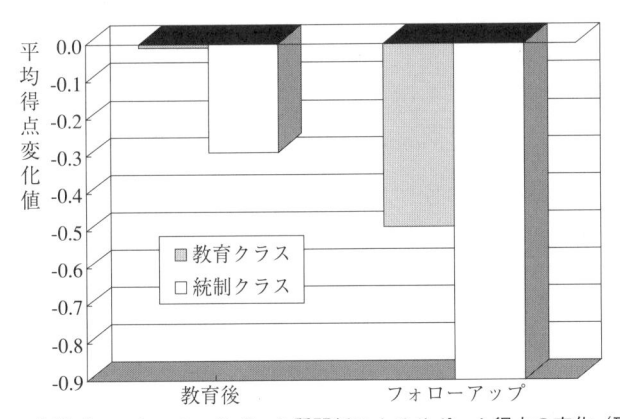

図8－7　自記式ソーシャル・サポート質問紙によるサポート得点の変化（研究2）

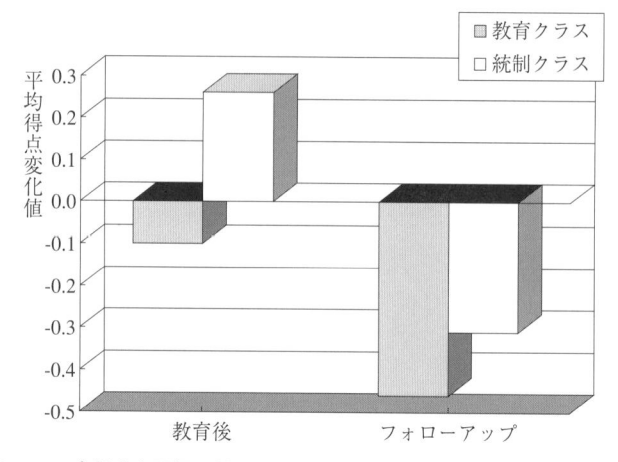

図8－8　自記式意図帰属質問紙による悪意意図帰属得点の変化（研究2）

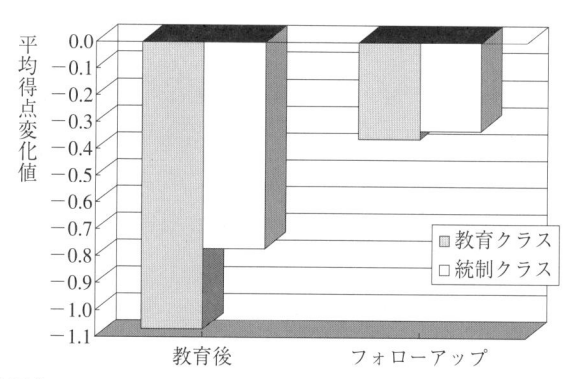

図8－9　自記式セルフ・エスティーム質問紙によるエスティーム得点の変化（研究2）

ップにかけてその差がなくなっていく様子がうかがえるが，統計的には両クラスに意味のある差異は見いだせなかった。また図8－9のセルフ・エスティームについても，両クラスに差異は認められなかった。セルフ・エスティームについては，性格の根幹をなすような特性であるだけに，変容が容易ではないことが予想されたが，悪意意図帰属については認知面であるだけに，短期間にも変容できる可能性は高く，本プログラムでの働きかけの不十分さが指摘される。ただ，これらの尺度も，児童による自記式質問紙であるので，どれほどの精度が保たれているのか疑問もあり，仲間評定を含めた尺度構成も考える必要がある。

しかし，これらの目標達成そのものが不十分であっても，大目標である攻撃性の低減に貢献していないとはいえず，数値に出ないところで攻撃性の低減へ寄与していることも考えられ，プログラム全体の理論的構成を考えれば，はずしがたい構成目標である。今後，具体的方法や評価方法の修正によって，数値に現れる顕著な貢献が得られることが期待される。

ポイント！

・フィークス・プログラムで大目標の攻撃性の低減は達成される。
・しかし，フィークスと言えども最善ではなく，今後の修正は必要である。

4．教育研究3 ──攻撃性適正化12週プログラムの実践──

（1）研究がめざすもの

フィークス攻撃性適正化教育プログラムの全フレーム，全モジュールを12週間版で6年生に実施し，その教育効果をプログラム終了後1カ月のフォローアップ期間も設けて検討する。

（2）参加した児童と実施時期

参加児および実施時期
　　小学校6年生　　　教育クラス　1クラス　35名（男子17名，女子18名）
　　　　　　　　　　統制クラス　1クラス　36名（男子19名，女子17名）
　　9月中旬から12月中旬（フォローアップ調査1月上旬）

（3）教育効果の評価に用いた尺度

教育研究2と同じ。

（4）結果とその解釈

上記の2つの教育研究では，クラスやある集団の平均値の変化を追ってきた。しかし，教育においては，一人ひとりの児童の変化に注目することが大切である。この点では，フィークスにおいては，個々の児童の教育効果の評定が得られるので，教師は，集団の平均値の変化とともに児童一人ずつの変化をとらえることができる。この教育研究3では，児童個人の変化の代表例を紹介して，この個別的な見方の重要性にふれたい。

個別的な変化を紹介する前に，教育研究3における大目標の変化だけは，教育クラスと統制クラスの平均値比較でみておきたい。図8－10aと図8－10bは，攻撃性の仲間評定で，友だちからの評定と友だちへの評定の平均値を，プログラム実施前からの変化値で，教育直後とフォローアップ時において示している。図から明らかなように，教育直後では2つのクラスに差異は認められないが，フォローアップ時には教育クラスの攻撃性が統制クラスよりも低くなっている。これ

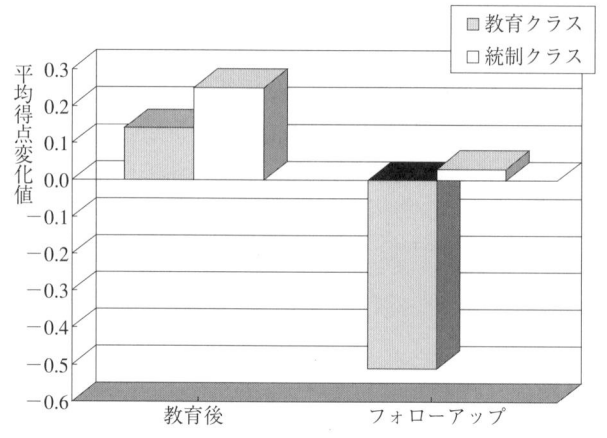

130 第3部 学校における実践教育と心の健康教育の発展

図8-10a 攻撃性仲間評定値（友だちから自分への評定値）の変化（研究3）

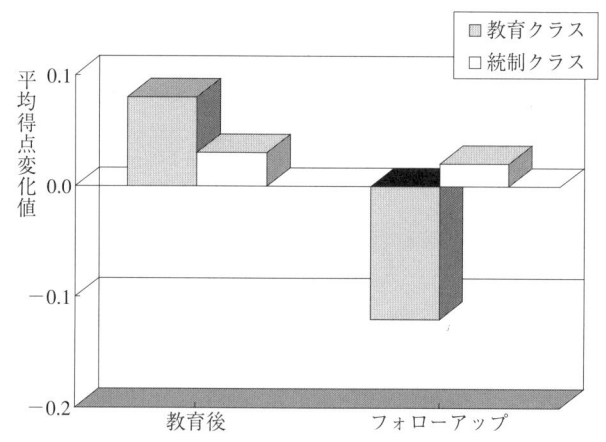

図8-10b 攻撃性仲間評定値（自分から友だちへの評定値）の変化（研究3）

は，教育直後には教育効果は認められないが，しばらくたつと効果が認められるようになるという結果である。これは，特異なケースであるが，教育によって培われた行動がクラス内で長期にわたって実行されるうちに教育効果が認められた例と考えることができよう。

さて，大目標で効果が得られたことを確認したうえで，3人の児童の事例を紹介し，このような集団教育では全体として教育効果が認められたとしても，すべての児童にその効果がみられることはまれで，逆に教育前よりも悪化したり，ほとんど変化がなかったりすることがあることを示したい。

まず一人目の事例であるが，図8-11に，仲間評定のすべて結果が，実施後とフォローアップ別に教育実施前からの差異で示されている。これは，教育効果が比較的大きく認められた例で，とくに人目標の攻撃性の仲間評定はフォローアップにかけて大幅にその値が減少している。親密度評定についても，フォローアップ時には効果が消えているものの，教育直後においては，親密度が上がっている様子がうかがえる。この児童は，普段から素直に自分の考えを語る子どもで，た

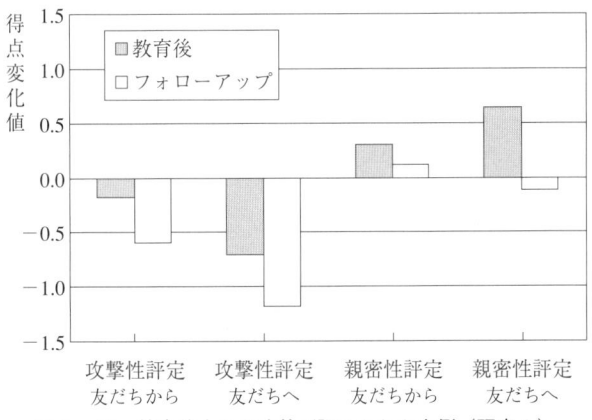

図8-11 教育後大きな改善が認められた事例（研究3）

とえば，薬物の学習の中で，「シンナーや覚醒剤などは身体に悪いし，やってはいけないと思うけれど，どんなふうになるのか少し興味もある」などと率直に考えを話すこともしばしばである。プログラム実施中も最初は，「冷たいメッセージは自分がよく使っている言葉だからすらすら言えた。でも，暖かいメッセージのほうはあまり使わない言葉だから恥ずかしかったし，とても不自然な感じがした」という率直な発言があった。そして，数値で現れた教育効果が示すように，教育後には，「今まであまり考えずに友だちにいろんなことを言ってきたけど，どんなふうに言ってあげればいいかと場面によっては少し考えるようになったし，相手の良いところを見つけるために，友だちのことや相手の気持ちをよく考えるようになった」と感想を話していた。また，母親からも，今までは友だちのいやな面を家でよく言っていたのに，「あいつにも～のようないいところがある」と言うのをよく聞くようになったというエピソードもいただくことができた。

フィークスでは，エピソード的な資料は教育効果を評価する客観的な資料とすることはできない，という科学的な態度をとる。しかし，科学的な評価に加えて，プログラム実施後に子どもの感想を抽出したり，プログラム中にプログラムの進行に影響を与えないようにして個別の資料をとることは差し支えない。現場の教師は，まだまだこのようなエピソード的な資料や子どもの感想を重視する姿勢をもっているので，フィークスとしても，これを否定するというよりは，補助的な資料として活用することを推奨したい。ただ，感想にしてもプログラム中にその時間を複数回とると，子どもはその感想を書くことを意識してプログラムを受けることになり，プログラムへの悪影響が懸念されるので，この点については慎重な態度を教師には期待したい。

次の事例が，図8-12に，図8-11と同様に示されている。この事例は，図8-11とは反対に教育効果が認められず，逆に悪化しているところも認められる場合である。全般的に言うと，攻撃性の仲間評定には，教育直後もフォローアップ時もあまり大きな変化はないが，親密性の仲間評定，とくに仲間への評定については，教育直後もフォローアップ時も評定が大きく悪化している。この児童は，自分の感情を表に出すことは少ないが，何にでもチャレンジし，学業面も優秀

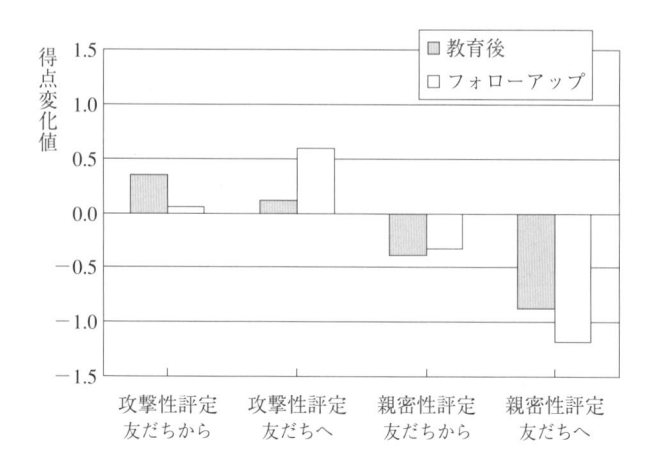

図8-12 教育後悪化が認められた事例（研究3）

で、周囲のことにもよく気がつく。また、教師に言われたことは忠実に実行しようとし、プログラムにも意欲的に参加していた。しかし、このことが逆に、まわりの友だちに気をつかって、時には自分の思いを抑えてしまうことがあったり、言われたことを自分では実行するが、まわりの友だちがそうではないのを見て葛藤することも多いように見受けられた。それらがやり場のない不満となって、省察の中で表れることもしばしばであった。たとえば、「自分は～しているし、そうしなくてはいけないのに、～くんたちはぜんぜん気にしていないようだ。ぼくは～したほうがよいと思うんだけど」などという省察がみられた。このような友だちへの不満が、友だちへの親密性評定を著しく低める結果になったことが推測される。

また、図8-13にも一事例の結果をあげたが、この例などは、友だちへの攻撃性評定は高めであるが、攻撃性や親密性の変化を全般的にみると、その評定においてはあまり大きな変化が認めら

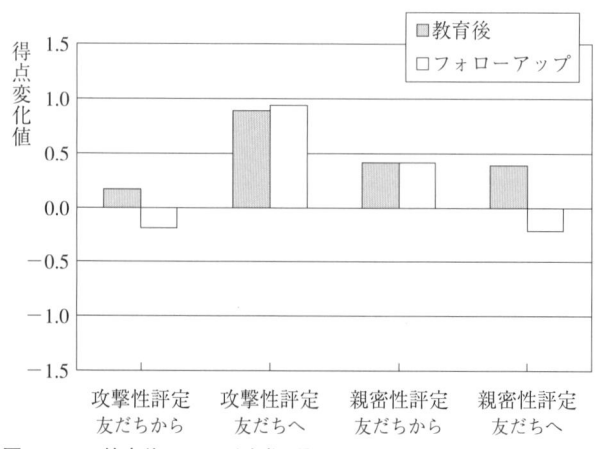

図8-13 教育後ほとんど変化が認められなかった事例（研究3）

れなかった例といえよう。つまり，教育による効果が，良しにつけ悪しきにつけほとんど認められなかった事例である。

　このように，教育を実施したクラス全体では教育効果があったとしても，一人ひとりをみれば，教育効果が認められなかったり，まれに悪化している場合もある。悪化した場合は，恐らく，教育実施時にその児童に固有の経験が起こり，その経験の効果が教育効果を隠蔽してしまうほど大きなものであったことが一般に予測される。それぞれの児童は学校においても家庭においても様々な経験をしながら日々生活している。このことを考えれば，フィークスによって子どもが一律に良い方向に変化することなど到底考えられないのであり，この点から個々の子どもの状態に敏感になることが教育現場においてはどうしても必要になる。また，2つ目の事例にみられたように，プログラム方法そのものが特定の子どもに悪影響を及ぼすこともあり，クラス集団への教育であっても，クラスを構成する個々のメンバーの特徴には留意し，その子どもにあった言葉がけなどは臨機応変に必要となろう。

この章のまとめ

　　フィークスの効果評価は，多面にわたり，そして厳しい。
　　この章では，攻撃性適正化へのフィークス・プログラムの効果の一端を紹介し，その効果の大きさとともに，現段階での限界も明らかにできたと思う。
　　プログラムの実施に際しては，その良悪両面の特徴を確実にとらえて実施することが，プログラムの効果を最大にするためには重要であり，今後のプログラムの修正・発展をはかるためにもその姿勢が必要になろう。

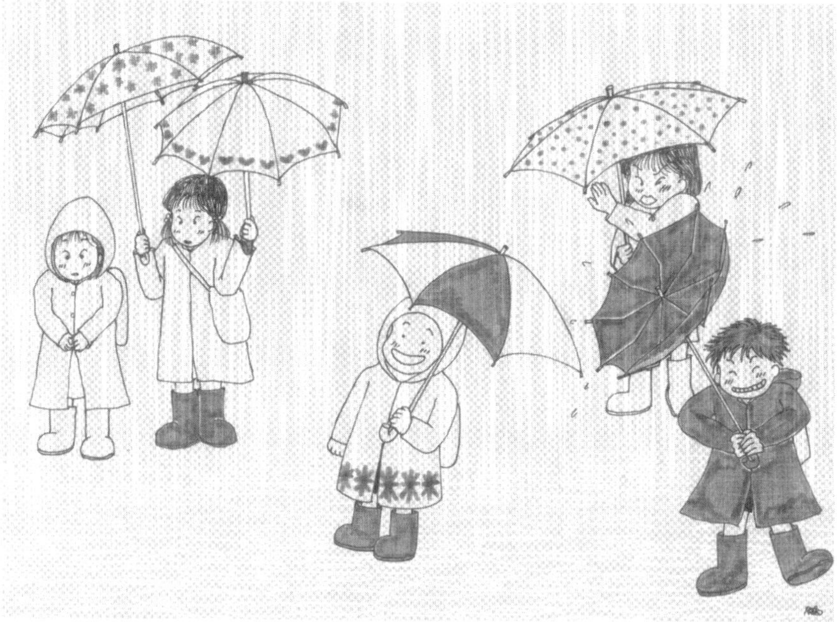

第9章　学校教育における心の健康教育の展望
――今後の発展と課題――

この章で学ぶこと

　いよいよ最終章である。
　ここでは，フィークスにおける今後の課題とその発展についてふれたい。
　現場でフィークスをどのように実践するのか。フィークスの全体像はどのようなものか。そして，フィークスにはどのような課題があるのか。
　実践することの大切さに加えて，フィークスの柔軟性や発展性について強調したい。

1. 実践への助言

(1) プログラムと細案の柔軟な作成

　フィークスでは指導細案が提供され，現場の教師がプログラムをすぐに実施することができる。しかし，その細案は一例であり，実施の詳細は，それぞれの現場の状況に応じて実施しやすいように柔軟に作成することができる。先に紹介したように，フィークスを構成する複数のフレームやモジュールも，単独あるいは2，3の組み合わせで部分的にも実施できるように柔軟性を高めている。さらには，フレームやモジュールを部分にわけて実施してもある程度の効果は得られよう。たとえば，フレーム1のグループワークは全体で9セッションあるが，3セッションずつ3つの区切りがあるので，このうち，一区切りである3つのセッションだけを実施することもできる。要するに，実践することが大切なのであり，最初から攻撃性適正化プログラムのすべてを実施する必要はない。実践することによって，その方法に慣れ，効果を肌で感じながら，次第にプログラムを充実させていけばよい。実際にフィークスの柔軟な実践は開始されていて，今川ら（未発表）[3]などが，攻撃性適正化プログラムを1/3程度に短縮し，1カ月ほどの教育プログロムとして実施している例が挙げられる。

　さらに言えば，本書で提供された諸々のフレームやモジュールは一例と考え，目標を達成するために，自分で他の方法を考えることも積極的に推奨される。この点では，操作目標の構成も自分なりに変えることができる。攻撃性を生み出す原因は多数あるので，目標とすべき内容も多岐にわたる。

　ただし，このような柔軟性を備えていても，実証的な基礎データを無視したり，背景にある理論から逸脱するかたちで方法を構成しても意味がない。フィークスは，方法の巧妙さや簡便さが先行して，その目的や理論的根拠が軽んじられる教育現場の現況への批判から生まれていることに留意する必要がある。フィークス自体は，実証的データをもとに，大目標から操作目標にまで至る階層的な目標の構成と，心理学や保健学領域の理論や技法の上に成り立っていることを忘れてはいけない。

(2) 既存の教科・授業との連携

　フィークスは現段階においては，45分セッションでは，道徳，国語，特別活動が利用され，10分セッションでは，帰りの会が利用されている。しかし，今後フィークスが学校現場に定着するには，流動的ではない固定した実施時間が確保される必要がある。

　そこで，まず考えられるのは道徳の時間である。フィークスは道徳領域を包括する内容をもつ

第9章　学校教育における心の健康教育の展望——今後の発展と課題——　137

ので，道徳の授業時間を利用することには何ら問題はない。「心の教育」と銘打っても，教育内容の根本的な変革のない現状を考えれば，このことはなおさら強調される。しかし現在のところ，児童の健康を守る性格や行動の教育に必要なフィークス・プログラムがすべてそろっていない状況なので，道徳授業との併用を考えることが必要であり，最近の道徳内容はその目標や定義が曖昧になっているだけに，フィークスとの連携をとりやすい状況にあると言える。

　次に保健であるが，保健とフィークスの内容や目的は一部合致する。保健においても，心の健康教育の内容はフィークスで実施することが推奨され，この点については養護教員との連携も必要になる。この度の教育職員免許法の改正をもって（平成10年6月10日公布，7月1日施行），養護教員が保健の授業を担当できるようになったことから，プログラム実施者としての養護教員の役割はその重要性を増すことが予想される。また身体の健康面についても，フィークスの理論や方法の構成が保健における教育に影響を与え，洗練された背景理論や適用技法をもった教育が保健領域全体にも普及することが期待される。

　しかし，道徳にしても保健にしても，長い伝統と大勢の授業担当者がいる。この既存の枠組みの中に，フィークスが恒常的に入ることには大きな反発が予想される。他に時間がなければ，このことは何とか達成しなければならないが，幸いなことに，今回の教育改革のなか，2002年から小学校や中学校などに割り当てられる総合的な学習の時間は，フィークスにとって最適な実施時間になる可能性がある。この総合的学習とフィークスとの関係については後に詳しくふれてみたい。

（3）治療的試みとの連携

　これまでの心の健康教育に関する学校での仕事は，実際に不適応状態に陥った児童の治療が中心であったことは繰り返し指摘してきた。それほどに，現在の学校では，学校生活に適応できない児童の姿が目立っている。クラスに不適応状態にある児童がいると，担任一人でフィークスを実施してもその効果は半減する。それは，フィークスの運営に支障をきたすからである。そのため，これまで同様，不適応状態にある児童には，個別に専門的な治療や教育を受ける機会を並行して確保する必要がある。この治療的試みとフィークスは互いに情報を交換し合い，1つのユニットとして子どもたちの教育にあたることが重要である。今後フィークスが学校において全面的に実施されることになると，不適応児童が減少することが期待され，それにあわせて治療的試みのニーズも減少するものと予測される。

　心の健康面では，学校においては，治療的試みほどに予防的試みが行われていない現状からフィークスが考案された。治療的試みはやはり専門的な知識と技能を備えた者があたるべきであり，学校教師はその専門性もなく，多くの時間と労力がとられるこの種の試みで中心的な役割を果たすことは期待されないし，またそうすべきでもない。すなわち，心身の健康に問題がある子どもたちをつくらないことに労力を注ぐべきで，治療的試みにおいては，専門家を補助するぐら

138　第3部　学校における実践教育と心の健康教育の発展

いの態度でのぞむべきであろう。

ポイント！

- 柔軟にプログラムを作成し，少しずつでもフィークスを実践すること。
- 道徳や保健との連携，協調の中で，フィークスを実施すること。
- 治療的試みとフィークスは，児童の心身の健康を守る両輪である。

2．学校におけるフィークスの積極的位置づけ

（1）フィークスの全体像

　ここでは，フィークスが学校教育においてどのような位置づけになるのかを，最近の教育改革の動向を見据えながら考えていくが，そのためには，ここで，フィークスの目標の全体像を紹介する必要がある。

　現在フィークスのもとに用意されているプログラムは，第1章において紹介された。このうち，フィークスの中心的な位置を占める教育プログラムは性格改善プログラムであり，このもとには攻撃性適正化プログラムと依存・消極性改善プログラムがある。これらの性格改善プログラムは，いずれも，最終的に達成しようとする特性は，自律的でセルフ・エスティームに満ちた性格と行動である。この特性は，ひと言で自律性とまとめることができ，自律性とは，「何かをするとき，自分が自分の意思で動き，自分がその営みそのものを楽しみ，その結果，自分で独自なものを創造していく」活動をもたらす性格と言えよう。つまり，他者から言われるからでもなく，他者からほめられたり，罰せられるからでもなく，ただ自分がやりたいから，楽しいからやる，という姿勢である。

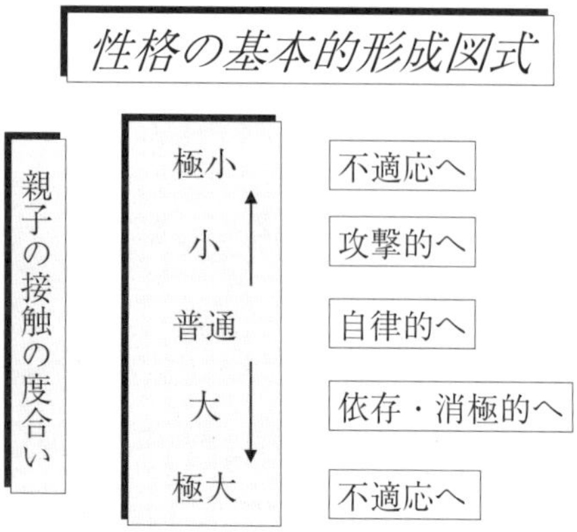

　子どもは，乳児期ならびに幼児期初期に親からの親密で愛情あふれる関係が保たれ，自分の欲求や要求をタイミングよく十分に満たされることによって，自分の存在に自信をもち，セルフ・エスティームが高く，自律性の高い性格を形成していく。まさに，親からの無条件の愛情によって，もっとも大切な性格が形成されていくと言ってよい。発達的な観点から言えば，この性格をそこなう方向が2つあり，それを示したのが図9－1で

図9－1　自律性がそこなわれる2つの方向

性格の基本的形成図式

親子の接触の度合い　｜　極小　→　不適応へ
　　　　　　　　　　　　小　　→　攻撃的へ
　　　　　　　　　　　　普通　→　自律的へ
　　　　　　　　　　　　大　　→　依存・消極的へ
　　　　　　　　　　　　極大　→　不適応へ

ある。

　この形成が阻害される1つの方向は，子どもの攻撃性が形成される場合である。その内容は第2章で詳しく述べたが，親から子どもへの接触が間欠的になり，子どもの欲求を満たさないわけではないが，満たすためのかかわりが少なくなり，また，かかわるときは，賞罰をもって短時間に強くかかわる。この結果，子どもは，直接人に敵意をもち攻撃的になったり，また間接的には，親の愛情を得たり，自己の存在に自信をもつために，他人との競争の中でかたちある勝利や優越を得ようと精力的に活動するようになり，ここから，他人との相対的な競争の中で他人への攻撃性が高まり，他律的な性格になっていく。今一つの歪みの方向は，親が子どもの求めとは関係なく，子どもに対して自分の思うように世話をやく場合で，子どもは自分から何かを求めても無駄である，あるいは求めなくても周りは勝手に動くことを学習し，次第に依存的，消極的な性格が形成される。

　こうして，攻撃性と依存・消極性という自律性がそこなわれる性格形成への2つの道筋が確認されることになる。これらの性格を導く2種類の問題ある養育態度が極端になると，どちらの場合も，子どもは強い無気力状態になり，個人的な治療が必要な不適応状態になる。この不適応状態に陥った子どものケアはフィークスの対象とはならないが，これら2方向の歪みのうち，本書では，攻撃性の適正化から自律的でセルフ・エスティームに満ちた性格への教育方法が紹介されたのである。そして，依存・消極性の改善から自律的な性格形成へのプログラムと攻撃性適正化プログラムがセットになってフィークスの性格改善の試みは完成されることになる。攻撃性の適正化には必要だと思われる主張性訓練の要素なども依存・消極性改善プログラムに組み込まれ，プログラム全体として自律性が育成されるようになっている。

（2）生きる力と心の教育

　さて，この度の教育改革では，「生きる力」を育むことが中心になっているが，第15期中央教育審議会第一次答申（平成8年7月19日）ではこの力は次のように紹介されている。すなわち，「これからの子供たちに必要となるのは，いかに社会が変化しようと，自分で課題を見つけ，自ら学び，自ら考え，主体的に判断し，行動し，よりよく問題を解決する資質や能力であり，また，自らを律しつつ，他人とともに協調し，他人を思いやる心や感動する心など，豊かな人間性であると考えた。たくましく生きるための健康や体力が不可欠であることは言うまでもない。我々は，こうした資質や能力を，変化の激しいこれからの社会を［生きる力］と称することとし，これらをバランスよく育んでいくことが重要であると考えた」とある。この内容から，生きる力には，3つの要素が含まれていることがわかる。1つは，主体的に学習や行動を行える力，2つは，他人を思いやる心，そして3つめは，健康と体力である。

　そこで，このように定義された「生きる力」とフィークスの関係をみてみよう。上に紹介した

ように，フィークス性格改善プログラム群の最終目標は，自律的でセルフ・エスティームに満ちた性格の育成である。そこで，この自律性と生きる力の3つの要素の関係をみると，まず1つ目の，主体的に学習や行動を行えることは，自律性が備わってはじめてできることが指摘される。自律性の反対の概念が他律性であるが，人が他律的であると，他人に指示されたり，他人に受け入れられることをねらって行動することが多くなり，本人みずからの興味にしたがって主体的に行動することが少なくなる。この自律性は性格の根幹をなすもので，乳幼児期を中心として形成され，ひとたび他律的な性格形成が行われると，簡単には変容させにくい特性である。そのあたりのことに気づいてかどうかわからないが，答申には「資質」という言葉が用いられている。こうして，まず1つ目の構成要素については，フィークスが達成しようとする自律的な性格が基盤にあることがわかる。

次に2つ目の要素である他人を思いやる心との関係をみてみる。自律性が欠如する1つの方向に攻撃性格があったが，この性格は，親から子どもへの接触や愛情の間欠性からくる直接的な敵意と，他人との競争経験で生まれる他者への敵意からの攻撃性の高まりであった。ここから，攻撃的な性格をもつ者は，他人の存在を，思いやる対象というよりも自分の達成欲求を阻害する敵対視すべき対象と見ることが多くなる。また，他人を思いやるという行為は，自分に自信がないとき，余力がないときにはできないものであるが，この性格をもつ者は自分への不安や自信のなさが特徴的で，他人を思いやる余裕などない。こうして，自律的な性格は，他人を思いやる心を育てるために必要な条件となり，フィークスが達成しようとする自律的な性格は他者を思いやるための基盤になることがわかる。また同じ答申において，「[生きる力]は，……よい行いに感銘し，……他人を思いやる心や優しさ，相手の立場になって考えたり，共感することのできる温かい心，……も，[生きる力]を形作る大切な柱である」とあり，期せずして，攻撃性適正化プログラムのソーシャル・スキルとその構成内容が合致していることも指摘される。

そして最後の健康と体力との関係であるが，これは，上に紹介した資質や能力などを支える基盤として不可欠であるとされている。これはもっともなことであるが，自律的な性格がそこなわれると，同時に健康へ悪影響が出るという視点が忘れられている。自律性がそこなわれる1つの方向である攻撃性が，循環器系を中心とした身体の健康問題を生みだし，諸々の心身ストレスをもたらす可能性が高いことは第2章に紹介した。そして，今1つの自律性がそこなわれる方向である依存・消極性についても，心身のストレスに加えて，免疫機能の低下をもたらし，ガンにかかりやすくなる身体状態をつくる。実際に，この性格をもつ者を千名を越える規模で10年ほど追跡調査した研究でも，これらの者がガンにかかる割合が高いことが証明されている[1]。こういう事実を前にすると，自律的な性格は健康を守り，そしてその健康が自律的な活動を支えるという相互支持関係にあることがわかる。フィークスでは，心身の健康を目標にしていることから，生きる力のこの要素と関連していることは明らかであるが，その関連は，見た目以上に密接な関連

であると言える。

こうして,生きる力とフィークスとの関係が明らかにされ,フィークスを行うことが生きる力そのものを育成することにもつながることがわかる。フィークスは,中央教育審議会の答申をまったく参照することなく成立した経緯があるが,期せずして,その答申の中核をなす生きる力の育成とフィークスの達成目標とが合致していることは興味深い。

さて次に検討したいのが,この生きる力の育成とともに提起された「心の教育」である。その内容は,平成10年6月30日の中央教育審議会答申「新しい時代を拓く心を育てるために」に詳しいが,そこでは,心の教育として次の3つの内容が柱になっているように見受けられる。その1つ目は,生きる力を身につけ,新しい時代を切り拓く積極的な心を育てること。2つ目は,正義感・倫理観や思いやりの心など豊かな人間性を育むこと。そして3つ目が,社会全体のモラルの低下を問い直すということである。これらの内容は,やはり「生きる力」の育成そのものであり,ただ,その道徳的側面が強調されているにすぎない。第一次答申をみると,豊かな人間性は生きる力そのものの定義にも使われている言葉であり,間違った行いを憎むといった正義感や公正さを重んじる心も生きる力の内容となっていて,これはモラルの問題に関連している。生きる力とフィークスの目標が合致することは上に説明したが,心の教育が生きる力を育てることであるということは,心の教育とフィークスの目標はほぼ共通することがここに明らかとなる。

(3) 総合的学習への位置づけ

平成10年12月14日に告示された新学習指導要領では,このような生きる力を育てるために中核となる教育活動を,横断的で総合的な指導によるとしている。この指導が行われるのが総合的な学習の時間となるが,**表9-1**には,この総合的学習も含めて小学校における全授業の時間数が

表9-1 小学校の各教科,道徳,特別活動および総合的な学習の時間の年間標準授業時数 (かっこ中は旧課程)

区分	第1学年	第2学年	第3学年	第4学年	第5学年	第6学年
国語	272(306)	280(315)	235(280)	235(280)	180(210)	175(210)
社会			70(105)	85(105)	90(105)	100(105)
算数	114(136)	155(175)	150(175)	150(175)	150(175)	150(175)
理科			70(105)	90(105)	95(105)	95(105)
生活	102(102)	105(105)				
音楽	68(68)	70(70)	60(70)	60(70)	50(70)	50(70)
図画工作	68(68)	70(70)	60(70)	60(70)	50(70)	50(70)
家庭					60(70)	55(70)
体育	90(102)	90(105)	90(105)	90(105)	90(105)	90(105)
道徳	34(34)	35(35)	35(35)	35(35)	35(35)	35(35)
特別活動	34(34)	35(35)	35(35)	335(70)	35(70)	35(70)
総合的な学習			105	105	110	110
総授業時数	782(850)	840(910)	910(980)	945(1,015)	945(1,015)	945(1,015)

※この表の授業時間数の1単位時間は,45分とする。

新旧の学習要領の比較ができるように示されている。全体の授業時間が削減され，それにともない道徳以外はこれまでの授業時間が大幅に削減されている。そして，新たに総合的な学習の時間が第3学年より100時間を超えて設定され，これは道徳の授業時間の3倍弱にあたる。すなわち，第3学年から，週に3時間この学習が展開されることになる。この授業時間の多さからみても，今回の新学習指導要領の目玉がこの総合的学習であることがわかる。

さて，その総合的な学習の時間のねらいをみると，

①自ら課題を見付け，自ら学び，自ら考え，主体的に判断し，よりよく問題を解決する資質や能力を育てること。

②学び方やものの考え方を身に付け，問題の解決や探究活動に主体的，創造的に取り組む態度を育て，自己の生き方を考えることができるようにすること。

とあり，生きる力の知的側面の教育であることがわかる。さらに，このような教育の対象として現代的な課題を扱うことが推奨され，例として，国際理解，情報，環境，福祉・健康の各課題があげられている。そして，実際の学習活動に当たっては，

①自然体験やボランティア活動などの社会体験，観察・実験，見学や調査，発表や討論，ものづくりや生産活動など体験的な学習，問題解決的な学習を積極的に取り入れること。

②グループ学習や異年齢集団による学習などの多様な学習形態，地域の人々の協力も得つつ全教師が一体となって指導に当たるなどの指導体制，地域の教材や学習環境の積極的な活用などについて工夫すること。

③国際理解に関する学習の一環としての外国語会話等を行うときは，学校の実態等に応じ，児童が外国語に触れたり，外国の生活や文化などに慣れ親しんだりするなど小学校段階にふさわしい体験的な学習が行われるようにすること。

への配慮が記載されている。

このような総合的学習をみると，ある程度自律性がそなわり，主体的な学習や行動ができる子どもたちを前提とした内容であることがわかる。自律性がほとんどない子どもたちに，急にこのような学習場面に直面させても，どれほどの効果が上がるのかは疑問である。つまり，総合的な学習の効果を最大にするためには，自律性を直接的に高めるような教育を同時に並行して進める必要がある。昔のように家庭や地域で子どもたちの自律性が自然に育まれる状況にはないのであるから，学校教育こそがこの点の役割と責任をもつ必要がある。この大切な土台の直接的な教育をなおざりにして，即刻応用的な学習場面に入る総合的学習のあり方をみると，これまで幾度となく繰り返されてきた学校教育の過ちが再び行われようとしている危惧を感じる。また，児島[4]は，総合的学習に開かれた学級の風土の重要性をあげ，支持的，受容的風土が重要であり，それが総合的学習の展開をささえるとしているが，これもまた総合的学習が効果的に運営される土台となり，フィークスでは，このような風土も培え，たとえば，依存・消極性のプログラムで展開

される主張性訓練はこの風土を形成することに役立つ。総合的学習では、児童が実際に主体的に取り組む学習活動を盛り込むことはもちろん必要である。しかし、それを上からの取り組みとすれば、土台を築くように下からその学習の基本となる自律性を育成するフィークスのようなプログラムが同時に必要なのである。

また、総合的学習は現代的な課題を扱うとするが、フィークスの目標とする健康は現代的課題であることは間違いない。学習指導要領でも、福祉・健康という課題例が取り入れられていることをみてもそのことがわかる。こうして、総合的学習の目指す主体的、自律的な特性を育成し、その結果健康を守るフィークスのあり方は、総合的学習にはうってつけの教育内容になろう。

幸いにも、総合的学習の実際の内容はそれぞれの学校ごとに独自性が認められ、また独自に内容を構築することが推奨されている。2002年からの全面実施にいたる準備期間である今は、各学校で試行錯誤しながら、失敗の上により良い教育内容と方法が確立されていくことが望まれる。平成10年9月21日に出された中央教育審議会の答申「今後の地方行政の在り方について」が、地方での教育や個々の学校の独自性を後押ししていることもあわせて考えれば、学校独自にこの教育を考えることができることは明らかであろう。しかしこの趨勢は、現場の教師に大きな負担をかけることも事実である。教師こそが主体的に考え、独自の教育内容と方法をつくらなければならない。子どもの性格形成の基本は、親の性格や行動そのままに子どもが育つということである。攻撃的な親には攻撃的な子どもが、優しい親には優しい子どもが育ち、そして、主体的で、自律的な教師のもとで、主体的で自律的な子どもが育まれるのである。

ポイント！

- フィークスは、「生きる力」を育む教育でもある。
- 総合的学習では、フィークスを実践することが必要である。
- 学校裁量が拡大されるなか、多いに試行錯誤して、子どもを守る教育内容と方法を確立しよう。

3．今後の問題と発展

（1）フィークスの今後の展開

フィークスでは、とにかく実践していただくことに価値をおくので、小さな単位でプログラムを実施することも可能であるし、フィークスの理念を守りながら独自にプログラムを作成するこ

とも推奨される。このような試みの参考とするために，フィークスでは大きなプログラム群がその指導細案とともに用意されている。

性格改善教育では，フィークスの最終目標となる自律的でセルフ・エスティームに満ちた性格の達成のために，現在，攻撃性適正化プログラムと依存・消極性改善プログラムが作成されていることは先に述べた。そこで，学校においてこれらのプログラムを中心にして展開されるフィークスの最終実施プランの1つをここで紹介したい。

図9-2にそのプランのおおよそが示されている。まず，フィークスは総合的な学習の時間を利用し，小学校3年生と5年生にそれぞれ1年間実施することが望ましい（5年生のかわりに，4または6年生も可能）。各学年では，1学期に攻撃性適正化プログラム，2学期に依存・消極性改善プログラム，そして3学期に，攻撃性適正化ならびに依存・消極性改善プログラムの総括的プログラムを，それぞれ週に1時間ほどの割合で実施する。現在のところ，小学校5年生で1年間通すプログラムはほぼ完成しているが，小学校3年生で実施するプログラムはできていない。小学校3年生でのプログラムは，低い年齢の児童が参加しやすいようにゲーム性の高い方法で構築される予定である。

さらに，フィークスの将来的な展望としては，乳幼児と中学校にプログラムを発展させることを予定している。自律性，攻撃性，そして依存・消極性などの性格は，乳児期ならびに幼児期初期にそのおおよそができあがる。このことを考えれば，プログラムの実施は早ければ早いほどよい。しかし乳幼児期に実施することになると，たとえ保育所（園）や幼稚園の子どもたちが対象になったとしても，教育の中心は家庭，とくに親になることになるだろう。それほどに，子どもが幼いときは家庭での影響が大きく，その影響を正しい方向に向けることが大切である。そして最後に残るのが中学校であるが，ここでの教育がもっともむずかしくなることが予想される。それは，中学校の年齢になると性格や行動がほぼ出来上がり，変容させにくい状態になるからである。乳幼児の教育は，フィークスが目標とする性格や行動の形成過程がほぼ明らかにされているだけに，なすべきことはみえているのであるが，このような性格が固定してしまった後の教育・

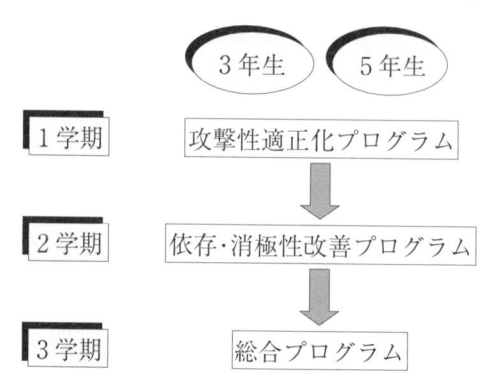

図9-2 フィークス・プログラム（性格改善教育）の運営プラン

変容についての実証的な研究はあまりにも少ない。したがって，中学校での教育プログラムの構築には，その方法論も含めて，基礎的な研究をもう一度洗い直すことから始める必要があるだろう。現在，中学校で実施するフィークスについては，基礎研究の洗い直しとともに，プログラム考案の手始めとして，対人ストレス低減プログラムを作成中であり，そこから中学校における実践について貴重な情報を得つつある。

（2）研究上の問題と発展

　フィークスは教育的実践をめざしているので，研究のレベルでみるとその課題は多い。まず第1に，プログラムの構成要素が複雑多岐に及ぶので，各要素と教育効果との関連が明らかでないことが指摘される。プログラム全体として効果が見られれば良いようなものであるが，実際には不必要な教育要素がその中に含まれていることも考えられる。この問題を解決するには，個々のプログラム要素を単独で実施し，その効果をみるという煩雑な手続きを実施する必要があり，かなりの労力と時間がかかる。第2に，教育クラスと統制クラスの数をさらに増やし，それぞれ10クラスを越える規模で研究が行われることが望まれる。1，2のクラス数では，教育クラスと統制クラスにおけるプログラム実施前の特性を等質にすることはむずかしい。心理学の実験などでは，たとえば，攻撃性の高いグループと低いグループの特徴を比べる場合，各グループに数十人ほどの者を無作為に集め，攻撃性の特徴以外は，高グループと低グループが等質になるように実験を組み立てる。教育クラスと統制クラスの関係はこの場合とまったく同じであるから，やはりそのクラスの数を無作為に十分に確保することが望まれる。しかし，これは人ひとりが単位になるのではなく，クラスひとつが単位になるだけに，たいへんな研究であり，大きな共同研究にならなければ実施はむずかしい。

　そして第3に，理論的背景の整理を行う必要がある。フィークスに類似した教育プログラムは欧米にもみられ，アールスコート・ソーシャルスキル・グループプログラム（Earlscourt Social Skills Group Program）[6]や怒りコントロールプログラム（Anger control program）[5]などはその例で，いずれも攻撃性の低減を目的にして構成されている。しかし欧米でのこのようなプログラムをみると，子どもが主体となり，クラス構成メンバー数が少ないという恵まれた教育環境のもと，過去に個別に発展してきた治療プログラムの特徴がある程度そのまま利用されているという状況がみてとれる。他方，わが国における学校教育では，最大40人の構成員からなるクラスにおいて，教師主導の他律的な教育が行われてきた。このような環境のもとで，フィークスのようなプログラムを構成し，実施するためには，わが国に独自なプログラム構成とせざるを得ない。そこで，現在のところフィークスでは，心理学や保健学領域における理論や技法を数多く参照し，利用可能な部分を柔軟に利用する立場をとっているが，この点が，モザイク的であり，1つの理論で貫かれる整合性に欠けるという批判を受ける可能性がある。このことから，理論や技法の整

146　第3部　学校における実践教育と心の健康教育の発展

理は、今後検討する必要があり、そこから限定された既存の理論や技法に行き着くのか、あるいはフィークス独自の新しい理論や技法の体系が確立されるかの、いずれかの方向で結論をみることになるであろう。しかしこの発展は、プログラムの効果が最大になる方向で行われるべきであり、理論や技法の整理がこのことに先行すべきではない。

　そして最後に教育効果の評価の問題がある。フィークスは客観的、科学的な評価方法によって、プログラムの是非が決定され、修正すべき問題が見つけられることを特徴とする。このことを考えれば、効果評価の方法がどれほど大切かがわかり、攻撃性適正化プログラムの効果評価も改善され続けている。本書では、現時点で実際に使用されている、実績ある評価方法を紹介したが、その紹介した方法にも改善の余地があり、すぐにでも改善できる点を中心にプログラム目標ごとに詳しくふれてみたい。

　まず大目標の攻撃性である。フィークスでは仲間評定がもっとも重視されるが、仲間評定では、その刺激文と回答方法に注意する必要があり、現在いくつかの問題が見いだされている。まず、現行の仲間評定では、得点の平均値が低くなりすぎ、得点の減少方向への変化がとらえにくい欠点がある。そこで、**図9-3**のようにして、中間点のチェックが平均値に近づくようにする案がある。これは、「ふつう」という言葉に安易に回答が集まりやすいという欠点があっても改善したい点である。さらに、選択範囲も5点から7点に広めると、変化を正確にとらえるということでは精度が上がることが期待される。選択範囲が広がりすぎると児童が回答しにくいという欠点が生まれるが、7点ほどであるとこの欠点よりも精度が上がることの利点のほうが大きいことが推測される。刺激文については、友だちから自分への評価が表出性攻撃性、自分から友だちへの評価が不表出性攻撃性（敵意）にあてはまることになり、これでよいと考えられるが、攻撃性の残る側面である道具的攻撃性についての評価にはならない。しかし、道具的攻撃性について仲間評

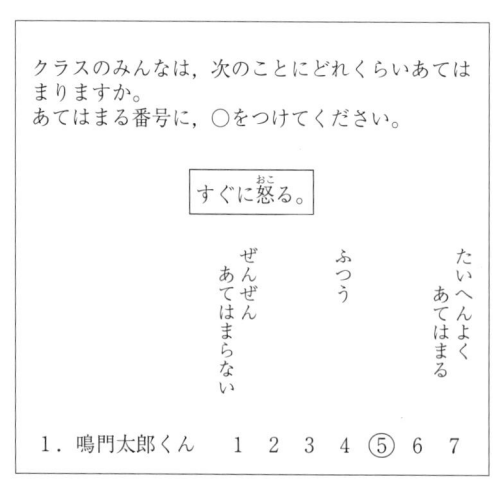

図9-3　攻撃性仲間評定の回答方法（改訂版）　　　図9-4　セルフ・エスティーム仲間評定の回答方法（改訂版）

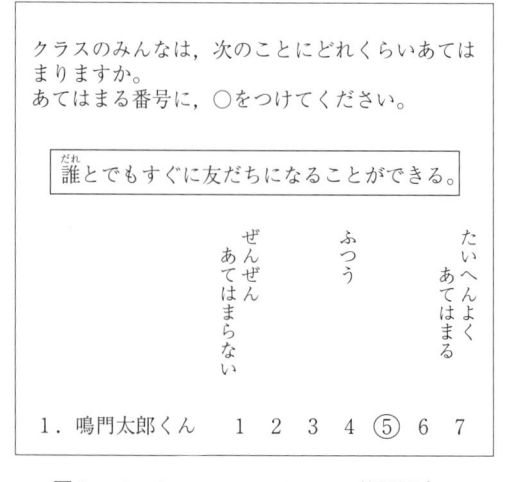

定させることが学校現場でどれほど容認されるかは疑問であり，といって，フィークスは教師に評定させることもできず，道具的攻撃性を測定する方法は今のところ考案されていない。

次に構成目標であるソーシャル・スキルである。現在の評価方法では，このスキルの直接的な評価は行わず，これが具体的な行動でもあり，また，その向上を強化操作にも利用しているので，その獲得は自明のこととしている。しかし，統制クラスとの比較を行うためにも，**図9-3**と同様の回答方法をとり，各スキルについて仲間評定をすることは，すぐにでもできる改善方法であろう。この仲間評定を採用することによって，現行の親密性仲間評定は削除してもよいだろう。次の構成目標である悪意意図帰属については，質問紙だけではなく，仲間評定を取り入れる必要があり，これも実行は容易である。そして，セルフ・エスティームについても，その概念が複雑で，正確な評定がむずかしいという障壁があっても，同様に仲間評定を取り入れることを考え，現在**図9-4**のような方法が考えられている。

また，効果評価では，余裕があれば，このような大目標や構成目標だけではなく，フィークスを実施して期待されるストレス低減などの側面を同時に評価してもおもしろい。なお，この評価方法の改訂版は，巻末の資料3に，先に紹介した評価方法（巻末資料1）から修正されたり，追加されたりした方法に限って掲載されている。また，**表9-2**には，改訂版における全教育評価方法が一覧にして示されている。この評価改訂版については研究や教育の実績はまだ少ないが，現時点でこの改訂版を用いた教育や研究が実施され始めており，その是非が実証的に検討されつつある。

表9-2 攻撃性適正化フィークス・プログラムにおける教育評価方法（改訂版）

	対象	方法	具体的方法	備考
大目標	攻撃性	質問紙	小学生用攻撃性質問紙（HAQ-C）[8]	27項目，4件回答
		仲間評定	「怒りやすい」度合いを7段階評定	
構成目標	セルフ・エスティーム	質問紙	児童用対人領域セルフ・エスティーム尺度[2]	10項目，4件回答
		仲間評定	「誰とでもすぐに友だちになることができる」度合いを7段階評定	
	帰属	質問紙	児童用意図帰属尺度[2]	8項目，4件回答
		仲間評定	「人からいやなことをされても，悪くとらない」度合いを7段階評定	
	ソーシャル・スキル	質問紙	ソーシャル・サポート尺度短縮版[7]	5項目，4件回答 友人サポート源に限定
		仲間評定	「人の良いところに気づき，よくほめる」度合いを7段階評定	

（3）教育上の問題と発展

　フィークスにおける教育上の問題と発展の一部は，前項の「学校における積極的な位置づけ」においてもふれた。しかし，フィークスが現場で円滑に実施されるためには，さらに検討すべき問題がある。

　まず，担任教師と児童を取り巻く他の人的要因の協力を確保する問題がある。現段階ではフィークスは，家庭や地域の参加を必要な条件として組み込んでいない。それは，家庭や地域の協力を得ることがむずかしいためであるが，現行のフィークスで実施されている家庭への通信（モジュールＩＰ）などに見られる家庭との接触度をさらに高め，さらには，家庭から地域全体へと協力体制を整えて，学校・家庭・地域のトライアングルで心の健康を達成することを目指す必要がある。また，学校内でも，他の教員の理解や協力は最初から欠かすことはできず，可能であれば，学年全体さらには学校全体での取り組みとしてフィークスを行うことが，実施の円滑さや効果の浸透のためにも推奨される。この点から，上に述べた総合的学習での取り組みが必要になるのである。

　次に，プログラムの実施者の確保と教育の問題が挙げられる。学校現場におけるフィークスの実践はまだまだ少なく，多くの教師がプログラムを実施できるように，また教師の実施への動機づけを高めるために，何らかの教育・指導の場を広く設定する必要がある。本書の出版もその場を提供する試みの１つでり，他にも，講演会や講習会が開かれているものの，いまだ不十分な状況にある。

　フィークスのような新しい試みを実施するときには，大きな抵抗がつきものである。この抵抗を克服するためには，教育効果の大きさを明示し，また体験してもらうことが最善の策である。そのためには，まずフィークスを実践していただくことが大切である。実際の実践の過程ではさまざまな問題が生まれることであろう。しかし，フィークスは固定し，安定してしまうプログラムではなく，変化し続ける特徴をもつのであるから，このような問題との遭遇から柔軟に発展する可能性に満ちている。また，フィークスは基礎研究から応用実践までを含む広い範囲の試みの凝集であり，この意味で研究界と教育現場が一体となって育てていくプログラムである。今後も，学校現場と研究界が実りある交互作用をしながら，フィークスが，より効果が高く，より効率の良いプログラムへと発展することが期待される。

第9章　学校教育における心の健康教育の展望――今後の発展と課題――

ポイント！

・フィークスの全体像は大きい。それは，小学校のみならず，中学生や乳幼児を対象にして拡大されていく。
・フィークスには研究上，教育上の問題も多い。しかし，フィークスは，実践の中で柔軟に改善され，発展するプログラムである。

この章のまとめ

　フィークスの全体像について明らかにしたが，プログラムの性質とその規模の大きさから，現在の教育改革の流れにそって実践できるプログラムであることがわかる。とくに，総合的な学習の時間は，フィークスに最適の場を提供することになるだろう。
　フィークスには課題が多いことも事実である。しかし，今後現場での実践にもまれながら，柔軟に発展する可能性がこのプログラムにはある。

4, 5... 1, 2, 3...

おわりに

　心の健康教育の中核を担うフィークス・プログラムの紹介が終わった。多面にわたる理論的背景と多様な方法論で構成されるプログラムをどれほど理解していただけただろうか。わが国ではこれまでにはない教育方法と視点であるので，とっつきにくいという印象を与えたかもしれない。

　本書の内容に難解な部分があったとしても，とりあえずプログラムを部分的なりとも実践してほしい。そこから，このプログラムの実践が思いのほか簡単なことと，子どもたちがみるみる変わっていく現実を前にしてほしい。実証的科学世界の中で，基礎データをもとに実践的試みを正しく構築して実施することが望ましいが，失敗をおそれず，まずは実践することである。それほどに，現実の子どもたちの心身はむしばまれ，助けを求める声は大きい。時間的な猶予はないのである。

　フィークス・プログラムは人工的な環境のもとで展開され，その人工的な設定を批判するむきもある。確かに，フィークスで達成しようとすることは，昔であれば，家庭で，あるいは，異年齢の子どもたちが交わる地域社会で，自然と育まれるものであっただろう。しかし，子どもの数は減り，外で遊びほうける子どもたちの姿がみかけられなくなった昨今，このことが自然な状況で達成されることはむずかしい。また，昔は良かったというノスタルジックな想いだけでは，何も達成されない。栄養の不足や偏りを錠剤でもって補う世の中である。とにかく，今いる子どもたちを現代という時代環境の中で救うことを目指さなければならない。それが，学校教育に課せられた使命であろう。

　フィークスのような科学的教育プログラムが契機となって，現代社会において子どもを健全にはぐくむ教育姿勢が広まることを願っている。教育は多面的に実践されるべきであるが，この種の教育がわが国の学校現場でほとんど行われていない現実を前に，なおさら，その想いがつのるのである。

　最後に，本書の出版を快諾していただき，編者らの要望をくまなく取り入れてくださった星和書店の石澤雄司社長，そして，最後まで丁寧な編集の労をとられた岡部浩氏に厚く御礼申し上げる。

平成12年3月9日
春間近い海峡を望み，研究室にて
編者　山崎　勝之

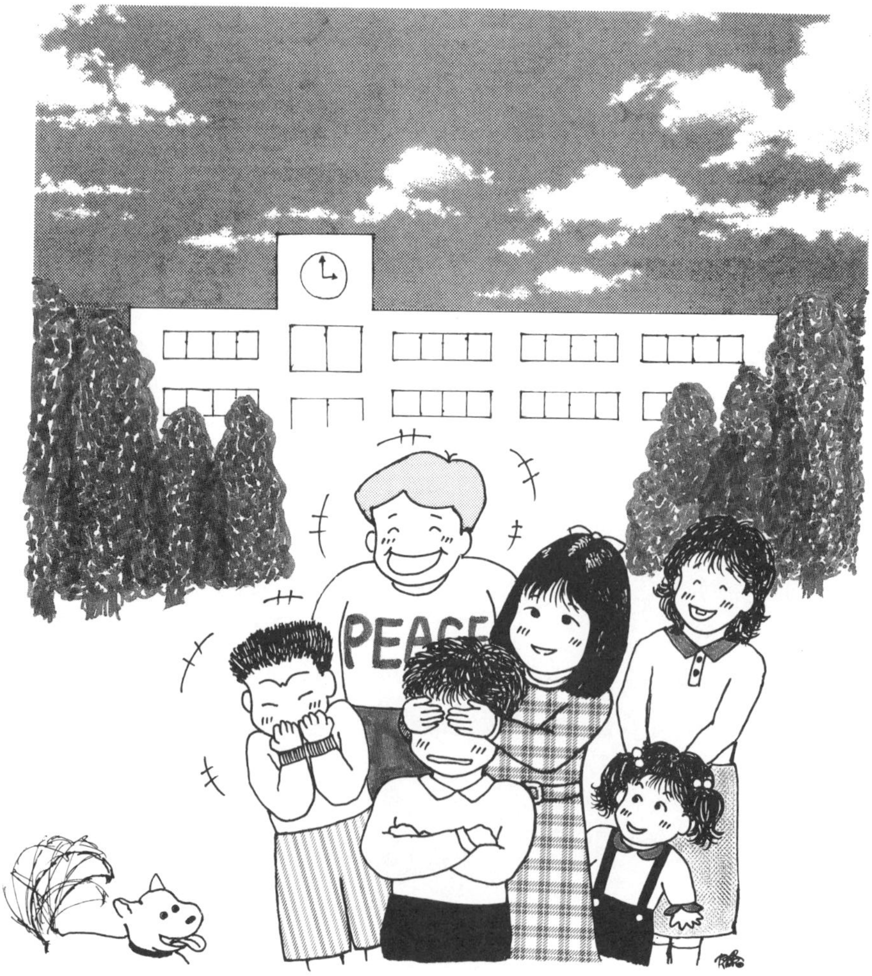

引用文献

●第1章

1) 荒木紀幸(1990)ジレンマ資料による道徳授業改革―コールバーグ理論からの提案―. 明治図書.
2) 荒木紀幸(編)(1991)道徳教育はこうすればおもしろい. 北大路書房.
3) 荒木紀幸(編)(1997)続 道徳教育はこうすればおもしろい. 北大路書房.
4) Barefoot, J.C., Dahlstrom, W.G., & Williams, R.B.(1983) Hostility, CHD incidence, and total mortality : A 25-year follow-up study of 255 physicians. *Psychosomatic Medicine*, **45**, 59-63.
5) Bluen, S.D., Barling, J., & Burns, W.(1990) Predicting sales performance, job satisfaction and depression by using the achievement strivings and impatience-irritability dimensions of Type A behavior. *Journal of Applied Psychology*, **75**, 212-216.
6) Green, L.W., & Kreuter, M.W.(1991) *Health promotion planning: An educational and environmental approach*. Toronto: Mayfield.
7) 伊東博(1983)ニュー・カウンセリング. 誠信書房.
8) 伊東博(1999)身心一如のニュー・カウンセリング. 誠信書房.
9) 伊東博, 藤岡完治(1988)こころとからだの体験学習. 明治図書.
10) 片上宗二(編)(1995)オープンエンド化による道徳授業の創造. 明治図書.
11) 川畑徹朗(編)(1996)「健康教育とライフスキル学習」理論と方法. 明治図書.
12) 木村龍雄(1985)学校における健康生活指導の現状と問題点. 学校保健研究, **27**, 509-513.
13) Kohlberg, L. (1969) Stage and sequence: The cognitive-developmental approach to socialization. In D.A. Goslin (Ed.), *Handbook of socialization theory and research* (pp.347-480). Chicago: Rand Mcnally. 永野重史(監訳)(1987) 道徳性の形成. 新曜社.
14) 國分康孝(1980)カウンセリングの理論. 誠信書房.
15) 國分康孝(1981)エンカウンター. 誠信書房.
16) 國分康孝(編)(1992)構成的グループ・エンカウンター. 誠信書房.
17) Lichona, T. (1991) *Educating for character: How our schools can teach respect and responsibility*. New York: Robin Straus. 三浦正(訳)(1997)リコーナ博士のこころの教育論. 慶応義塾大学出版会.
18) Raths, L.E., Harmin, M., & Simon, S.B. (1978) *Values and teaching: Working with values in the classroom* (2nd Ed.). Columbus, Ohio: Charles E. Merrill. 遠藤昭彦(監訳). 福田弘, 諸富祥彦(訳)(1991) 道徳教育の革新. ぎょうせい.
19) 竹中晃二(編)(1996)子どものためのストレス・マネジメント教育. 北大路書房.
20) Williams, C.L., Arnold, C.B., & Wynder, E.L. (1977) Primary prevention of chronic disease beginning in childhood. *Preventive Medicine*, **6**, 344-357.
21) Yamasaki, K. (1998) The effects of social support on depression in Type A or hostile individuals. *Research Bulletin of Educational Sciences* (*Naruto University of Education*), **13**, 1-5.

●第2章

1) Alexander, F. (1950) Psychosomatic medicine: Its principles and applications. New York: Norton. Cited from Friedman, H.S. (1990) Personality and disease: Overview, review, and preview. In H.S. Friedman(Ed.), *Personality and disease* (pp.3-13). New York: Wiley.
2) Andrew, J.M. (1981) Delinquency: Correlating variables. *Journal of Clinical Child Psychology*, **10**, 136-140.
3) Antonovski, A. (1990) Personality and health: Testing the sense of coherence model. In H.S. Friedman(Ed.), *Personality and disease* (pp.155-177). New York: Wiley.
4) Ballard, M.E., & Wiest, J.R. (1996) Mortal Kombat(tm): The effects of violent videogame play on males' hostility and cardiovascular responding. *Journal of Applied Social Psychology*, **26**, 717-730.
5) Bandura, A. (1973) *Aggression: A social learning analysis*. Engelwood Cliffs, NJ: Prentice-Hall.
6) Barefoot, J.C., Dahlstrom, W.G., & Williams, R.B. (1983) Hostility, CHD incidence, and total mortality: A 25-year follow-up study of 255 physicians. *Psychosomatic Medicine*, **45**, 59-63.
7) Berkowitz, L. (1989) The frustration-aggression hypothesis: An examination and reformulation. *Psychological Bulletin*, **106**, 59-73.
8) Buss, A.H., & Durkee, A. (1957) An inventory for assessing different kinds of hostility. *Journal of Consulting Psychology*, **21**, 343-349.
9) Coie, J.D., Dodge, K.A., & Kupersmidt, J. (1990) Group behavior and social status. In S.R. Asher & J.D. Coie(Eds.), *Peer rejection in childhood: Origins, consequences, and intervention* (pp.17-59). New York: Cambridge University Press.
10) Cook, W.W., & Medley, D.M. (1954) Proposed hostility and pharisaic-virtue scales for the MMPI. *Journal of Applied Psychology*, **38**, 414-418.
11) Crick, N.R., & Dodge, K.A. (1994) A review and reformulation of social information-processing mechanisms in children's social adjustment. *Psychological Bulletin*, **115**, 74-101.
12) Crick, N.R., & Dodge, K.A. (1996) Social information-processing mechanisms in reactive and proactive aggression. *Child Development*, **67**, 993-1002.
13) Dodge, K.A. (1980) Social cognition and children's aggressive behavior. *Child Development*, **51**, 162-170.
14) Dodge, K.A. (1986) A social information processing model of social competence in children. In M.Perlmutter(Ed.), *Minnesota symposia on child psychology* (pp. 77-125). Hillsdale, NJ: Lawrence Erblaum.
15) Dodge, K.A. (1991) The structure and function of reactive and proactive aggression. In D.J. Pepler & K.H. Rubin(Eds.), *The development and treatment of childhood aggression* (pp.201-218). Hillsdale, NJ: Erlbaum.
16) Dodge, K.A., & Coie, J.D. (1987) Social-information-processing factors in reactive and proactive aggression in children's peer groups. *Journal of Personality and Social Psychology*, **53**, 1146-1158.
17) Dodge, K.A., & Frame, C.L. (1982) Social cognitive biases and deficits in aggressive boys. *Child Development*, **51**, 620-635.
18) Dodge, K.A., Lochman, J.E., Harnish, J.D., Bates, J.E., & Pettit, G.S. (1997) Reactive and proactive aggression in school children and psychiatrically impaired chronically assaultive youth. *Journal of Abnormal Psychology*, **106**, 37-51.
19) Dodge, K.A., Murphy, R.R., & Buchsbaum, K. (1984) The assessment of intention-cue detection skills in children: Implications for developmental psychopathology. *Child Development*, **55**, 163-173.
20) Dodge, K.A., & Newman, J.P. (1981) Biased decision making processes in aggressive boys.

Journal of Abnormal Psychology, **90**, 375-379.
21) Dodge, K.A., & Tomlin, A. (1983) The rols of cue-utilization in attributional biases among aggressive children. Presented at the Second Invitational Conference on Social Cognition, Nagshead, North Carolina. Cited from Pepler, D.J., King, G., & Byrd, W. (1991) A social-cognitively based social skills training program for aggressive children. In D.J. Pepler & K. Rubin, *The development and treatment of childhood aggression* (pp.361-379). Hillsdale, NJ: Lawrence Erlbaum.
22) Dollard, J., Doob, L., Miller, N.E., Mowrer, O.H., & Sears, R.R. (1939) Frustration and aggression. New Haven: Yale University Press. 宇津木保(訳)(1959)欲求不満と暴力. 誠信書房.
23) Dominick, J.R. (1984) Videogames, television violence, and aggression in teenagers. *Journal of Communication*, Spring, 136-147.
24) Dunbar, F.H. (1943) *Psychosomatic diagnosis*. New York: Hoeber. Cited from Friedman, H.S. (1990) Personality and disease: Overview, review, and preview. In H.S. Friedman(Ed.), *Personality and disease* (pp.3-13). New York: Wiley.
25) Eron, L.D., Huesmann, L.R., Dubow, E., Romanoff, R., & Yarmel, P.W. (1987) Aggression and its correlates over 22 years. In D.H. Crowell, I.M. Evans, & C.R. O'Donnell(Eds.), *Childhood aggression and violences* (pp.249-262). New York: Plenum.
26) Eron, L.D., Huesmann, L.R., & Zelli, A. (1991) The role of parental variables in the learning of aggression. In D.J. Pepler, & K.H. Rubin, *The development and treatmen of childhood aggression* (pp.169-188). Hillsdale, NJ: Lawrence Erlbaum.
27) Eysenck, H.J., & Nias, D.K.B. (1978) *Sex, violence and the media*. London: Carol Heaton. 岩脇三良(訳)(1982)性, 暴力, メディア. 新曜社.
28) Farrington, D.P. (1983) Offending from 10 to 25 years. In K.T. Von Desen & S.A. Mednick (Eds.), *Prospective studies of crime and delinquency* (pp.17-37). Boston: Kluver-Nijhoff.
29) Farrington, D.P., & West, D.J. (1971) A comparison between early delinquents and young aggressives. *British Journal of Criminology*, **11**, 341-358.
30) Freud, S. (1933) *Warum Krieg?* Gesammelte Werke. Bd. XVI. London: Imago. 土井 正徳, 吉田正己(訳)(1955)何故の戦争か. フィロド選集 8 宗教論：幻想の未来. (pp.296-319). 日本教文社.
31) Friedman, H.S. (1990) Personality and disease: Overview, review, and preview. In H.S. Friedman(Ed.), *Personality and disease* (pp.3-13). New York: Wiley.
32) Friedman, M., & Rosenman, R.H. (1959) Association of specific overt behavior pattern with blood and cardiovascular findings. *Journal of the American Medical Association*, **169**, 1286-1296.
33) Gagnon, C. (1988) Self-concept of aggressive boys. Paper presented at the University of Waterloo Conference on Child Development, Waterloo. Cited from Pepler, D.J., King, G., & Byrd, W. (1991) A social-cognitively based social skills training program for aggressive children. In D.J. Pepler & K. Rubin, *The development and treatment of childhood aggression* (pp.361-388). Hillsdale, NJ: Lawrence Erlbaum.
34) Gouze, K.R. (1987) Attention and social problem-solving as correlates of aggresssion in preschool males. *Journal of Abnormal Child Psychology*, **15**, 181-197.
35) Hoffman, M.L. (1971) Father absence and conscience development. *Developmental Psychology*, **4**, 400-406.
36) 堀哲郎(1991)脳と情動―感情のメカニズム. 共立出版.
37) Houston, B.K., & Vavak, C.R. (1991) Cynical hostility: Developmental factors, psychosocial correlates, and health behaviors. *Health Psychology*, **10**, 9-17.
38) Huesmann, L.R., Eron, L.D., Lefkowitz, M.M., & Walder, L.O. (1984) The stability of aggression over time and generations. *Developmental Psychology*, **20**, 1120-1134.
39) Irwin, A.R., & Gross, A.M. (1995) Cognitive tempo, violent video games, and aggressive behav-

ior in young boys. *Journal of Family Violence*, **10**, 337-350.
40) Kaplan, J.R., Botchin, M.B., & Manuck, S.B. (1994) Animal models of aggression and cardiovascular disease. In A.W. Siegman & T.W. Smith (Eds.), *Anger, hostility, and the heart* (pp.127-148). Hillsdale: Lawrence Erlbaum.
41) Latane, B., & Rodin, J. (1969) A lady in distress: Inhibiting effects of friends and strangers on bystander intervention. *Journal of Experimental Social Psychology*, **5**, 189-202.
42) Lochman, J.E., Lampron, L.B., & Rabiner, D.L. (1989) Format and salience effects in the social problem-solving of aggressive and nonaggressive boys. *Journal of Clinical Child Psychology*, **18**, 230-236.
43) Lorenz, K. (1963) *Das sogenannte Böse: Zur Naturgeschichte der Aggression*. Wien: Dr. G. Borotha-Schoeler Verlag. 日高敏隆, 久保和彦(訳) (1970) 攻撃—悪の自然誌—. みすず書房.
44) McCord, J. (1979) Some child rearing antecedents of criminal behavior in adult men. *Journal of Personality and Social Psychology*, **37**, 1477-1486.
45) Milgram, S. (1965) Some conditions of obedience and disobedience to authority. *Human Relations*, **18**, 57-76.
46) Milich, R., & Dodge, K.A. (1984) Social information processing patterns in child psychiatric populations. *Journal of Abnormal Child Psychology*, **12**, 471-489.
47) Moreno, J.L. (1957) *The first book on group psychotherapy*. 3rd ed. New York: Beacon House.
48) 森田洋司, 清水賢二(1994)いじめ—教室の病—. 金子書房.
49) Nasby, W., Hayden, B., & DePaulo, B.M. (1980) Attributional bias among aggressive boys to interpret unambiguous social stimuli as displays of hostility. *Journal of Abnormal Psychology*, **89**, 459-468.
50) Neapolitan, J. (1981) Parental influences of aggressive behavior: A social learning approach. *Adolescence*, **16**, 831-840.
51) Olweus, D. (1980) Familial and temperamental determinants of aggressive behavior in adolescent boys: A causal analysis. *Developmental Psychology*, **16**, 644-660.
52) Olweus, D. (1991) Bully/victim problems among schoolchildren: Basic facts and effects of a school-based intervention program. In D.J. Pepler & K. Rubin, *The development and treatment of childhood aggression* (pp.411-448). Hillsdale, NJ: Lawrence Erlbaum.
53) 大渕憲一(1993)人を傷つける心—攻撃性の社会心理学—. サイエンス社.
54) 大沢博(1995)犯罪・非行と食生活. 刑政, **106**, 48-55.
55) Patterson, G.R., & Stouthamer-Loeber, M. (1984) The correlation of family management practices and delinquency. *Child Development*, **55**, 1299-1307.
56) Pedersen, N.L., Lichtenstein, P., Plomin, R., DeFaire, U., McClearn, G.E., & Matthews, K.A. (1989) Genetic and environmental influences for Type A-like measures and related traits: A study of twins reared apart and twins reared together. *Psychosomatic Medicine*, **51**, 428-440.
57) Pepler, D.J., King, G., & Byrd, W. (1991) A social-cognitively based social skills training program for aggressive children. In D.J. Pepler & K. Rubin, *The development and treatment of childhood aggression* (pp.361-388). Hillsdale, NJ: Lawrence Erlbaum.
58) Perry, D.G., & Bussey, K. (1977) Self-reinforcement in high- and low-aggressive boys following acts of aggression. *Child Development*, **48**, 653-658.
59) Perry, D.G., Perry, L.C., & Rasmussen, P. (1986) Cognitive social learning mediators of aggression. *Child Development*, **57**, 700-711.
60) Perry, D.G., Perry, L.C., & Weiss, R.J. (1989) Sex differences in the consequences that children anticipate for aggression. *Developmental Psychology*, **25**, 312-319.
61) Rabiner, D.L., Lenhart, L., & Lochman, J.E. (1990) Automatic vs. reflective social problem-solving in relation to sociometric status. *Developmental Psychology*, **26**, 1010-1016.
62) Richard, B., & Dodge, K. (1982) Social maladjustment and problem solving in school-aged chil-

dren. *Journal of Consulting and Clinical Psychology*, **50**, 226-233.
63) Slaby, R.G., & Guerra, N.G. (1988) Cognitive mediators of aggression in adolescent offenders: 1. Assessment. *Developmental Psychology*, **24**, 580-588.
64) Smith, T.W., McGonigle, M., Turner, C.W., Ford, M.H., & Slattery, M.L. (1991) Cynical hostility in adult male twins. *Psychosomatic Medicine*, **53**, 684-692.
65) Spielberger, C.D., Johnson, E.H., Russell, S.F., Crane, R.J., Jacobs, G.A., & Worden, T.J. (1985) The experience and expression of anger: Construction and validation of an anger expression scale. In M.A. Chesney & R.H. Rosenman, *Anger and hostility in cardiovascular and behavioral disorders* (pp.5-30). New York: Hemisphere.
66) 鈴木雅子, 羽原富江(1981)健康と食生活の関連性. 学校保健研究, **23**, 169-173.
67) Tedeschi, J.T. (1983) Social influence theory and aggression. In R.G. Geen & E. Donnerstein (Eds.), *Aggression: Theoretical and empirical reviews. Vol. 1. Theoretical and methodological issues* (pp.135-162). New York: Academic Press.
68) Wadsworth, M. (1979) *Roots of delinquency: Infancy, adolescence, and crime*. New York: Harper and Row.
69) Watkins, P.L., Ward, C.H., Southard, D.R., & Fisher, E.B. (1992) The Type A belief system: Relationships to hostility, social support, and life stress. *Behavioral Medicine*, **18**, 27-32.
70) West, D.J., & Farrington, D.P. (1973) *Who becomes delinquent? Second report of the Cambridge study in delinquent development*. London: Heinemann.
71) 山崎勝之(1995)タイプA性格の形成過程. 心理学評論, **38**, 1-24.
72) Yamasaki, K. (1998) The effects of social support on depression in Type A or hostile individuals. *Research Bulletin of Educational Sciences* (Naruto University of Education), **13**, 1-5.
73) 山崎勝之, 坂井明子, 宇津木成介, 曽我祥子(1998)小学生用攻撃性質問紙(HAQC)の作成(3)―表出性攻撃と敵意の2尺度構成への分析―. 日本心理学学会第62回大会発表論文集, p.929.

●第3章

1) Abramson, L., Seligman, M., & Teasdale, J. (1978) Learned helplessness in humans: Critique and reformation. *Journal of Abnormal Psychology*, **87**, 49-74.
2) Bandura, A. (1977) *Social learning theory*. Englewood cliffs, NJ: Prentice Hall.
3) Bandura, A. (1986) *Social foundations of thought and action*. Englewood Cliffs, NJ: Prentice Hall.
4) Becker, M.H. (1974) The health belief model and sick role behavior. *Health Education Monographs*, **2**, 409-419.
5) Becker, M.H., Drachman, R.H., & Kirscht, J.P. (1974) A new approach to explaining sick-role behavior in low-income populations. *American Journal of Public Health*, **64**, 205-216.
6) Gochman, D.S. (1972) The organizing role of motivation in health belief and intentions. *Journal of Health and Social Behavior*, **13**, 285-293.
7) Green, L.W., & Kreuter, M.W. (1991) *Health promotion planning: An educational and environmental approach*. Toronto: Mayfield.
8) Hull, C.L. (1943) *Principles of behavior: An introduction to behavior theory*. New York: Appleton-Century-Crofts. 能見義博, 岡本栄一(訳)(1960)行動の原理. 誠信書房.
9) Köhler, W. (1925) *The mentality of Apes*. New York: Harcourt Brace.
10) 國分康孝(1979)カウンセリングの技法. 誠信書房.
11) 國分康孝(編)(1992)構成的グループ・エンカウンター. 誠信書房.
12) Lewin, K. (1935) A dynamic theory of personality. New York: McGraw Hill.
13) Michelson, K., Sugai, D.P., Wood, R.P., & Kazdin, A.E. (1983) *Social skills assessment and training with children*. New York: Plenum. 高山巌, 佐藤正二, 佐藤容子, 園田順一(訳)(1987)子ども

の対人行動—社会的スキル訓練の実際—. 岩崎学術出版社.

14) Ogilvy, C.M. (1994) Social skills training with children and adolescents: A review of the evidence on effectiveness. *Educational Psychology*, **14**, 73-83.

15) Pellegrini, D.S., & Urbain, E.S. (1985) An evaluation of interpersonal cognitive problem-solving training with children. *Journal of Child Psychology and Psychiatry*, **26**, 17-47.

16) Pope, A.W., McHale, S.M., & Craighead, W.E. (1988) *Self-esteem enhancement with children and adolescentes*. New York: Pergamon. 高山巌(監訳)佐藤正二, 佐藤容子, 前田健一(訳)(1992) 自尊心の発達と認知行動療法. 岩崎学術出版社.

17) Rosenstock, I.M. (1966) Why people use health services. *Milbank Memorial Fund Quarterly*, **44**, 94-127.

18) Skinner, B.F. (1938) *The behavior of organisms*. New York: Appleton-Century-Crofts.

19) Skinner, B.F. (1969) *Contingencies of reinforcement*. Englewood Cliffs, NJ: Prentice-Hall.

20) Stipek, D.J. (1983) A developmental analysis of pride and shame. *Human Development*, **26**, 42-54.

21) Thorndike, E.L. (1898) Animal intelligence: An expreimental study of the associative processes in animals. *Psyhological Monographs*, **2**(Whole No.8).

22) Tolman, E.C. (1932) *Purposive behavior in animals and men*. New York: Appleton-Century-Crofts.

●第4章

1) Bornstein, M., Bellack, A.S., & Hersen, M. (1977) Social skills training for unassertive children: A multiple-baseline analysis. *Journal of Applied Behavior Analysis*, **10**, 183-195.

2) 古市裕一(1995)児童用主張性検査の開発. こころの健康, **10**, 69-76.

3) Gresham, F.M. & Elliott, S.N. (1984) Assessment and classification of children's social skills: A review of methods and issues. *School Psychology Review*, **13**, 292-301.

4) 濱口佳和(1994)児童用主張性尺度の構成. 教育心理学研究, **42**, 463-470.

5) 秦一士(1990)敵意的攻撃インベントリーの作成. 心理学研究, **61**, 227-234.

6) 今川恵美子, 笠井裕子, 山崎勝之(1999)小学校における攻撃性適正化教育プログラムの評価方法の検討—児童用対人領域セルフ・エスティーム尺度及び児童用意図帰属尺度の標準化—. 日本健康心理学会第12回大会発表論文集, pp.244-245.

7) Ishihara, K., Honma, Y., & Miyake, S. (1990) Investigation of the children's version of the morningness-eveningness questionnaire with primary and junior high school pupils in Japan. *Perceptual and Motor Skills*, **71**, 1353-1354.

8) Maag, J.W. (1989) Assessment in social skills training: Methodological and conceptual issues for research and practice. *Remedial and Special Education*, **10**, 6-17.

9) 森和代, 堀野緑(1992)児童のソーシャルサポートに関する一研究. 教育心理学研究, **40**, 402-410.

10) 中川伸子, 祐宗省三, 曽我祥子, 堂野恵子, 大元誠(1987)日本語版STASに関する研究(1). 日本教育心理学会29回大会総会発表論文集, pp.446-447.

11) Pope, A.W., McHale, S.M., & Craighead, W.E. (1988) Self-esteem enhancement with children and adolescentes. New York: Pergamon. 高山巌(監訳). 佐藤正二, 佐藤容子, 前田健一(訳)(1992) 自尊心の発達と認知行動療法. 岩崎学術出版社.

12) 桜井茂男(1991)攻撃性と共感による攻撃行動と向社会的行動の予測—児童用の新攻撃性尺度を用いて—. 奈良教育大学紀要(人文・社会), **40**, 223-231.

13) 嶋田洋徳, 岡安孝弘, 坂野雄二(1992)小学生用ソーシャルサポート尺度短縮版作成の試み. ストレス科学研究, **8**, 1-12.

14) 嶋田洋徳, 戸ヶ崎泰子, 坂野雄二(1994)小学生用ストレス反応尺度の開発. 健康心理学研究, **7**, 46-58.

15) 山崎勝之(印刷中)質問紙法. 長谷川芳典(編)医療の行動科学のためのリサーチテクニック. 第6章, 北大路書房.
16) 山崎勝之, 坂井明子, 宇津木成介, 曽我祥子(1998)小学生用攻撃性質問紙(HAQC)の作成(3)—表出性攻撃と敵意の2尺度構成への分析—. 日本心理学学会第62回大会発表論文集, p.929.

●第5章

1) Bierman, K.L., & Furman, W. (1984) The effects of social skills training and peer involvement in the social adjustment of preadolescents. *Child Development*, **55**, 151-162.
2) Deci, E.L. (1975) Intrinsic motivation. New York: Plenum Press. 安藤延男, 石田梅男(訳)内発的動機づけ—実験社会心理学的アプローチ—. 誠信書房, 1980.
3) DeVries, R., & Kohlberg, L. (1987) *Programs of early education: The constructivist view*. New York: Longman. 加藤泰彦(監訳)(1992)ピアジェ理論と幼児教育の実践. 上下巻, 北大路書房.
4) Dodge, K.A. (1986) A social information processing model of social competence in children. In M.Perlmutter(Ed.), Minnesota symposia on child psychology (pp.77-125). Hillsdale, NJ: Lawrence Erblaum.
5) Jacobson, E. (1929) *Progressive relaxation*. The University of Chicago Press.
6) Moreno, J.L. (1957) *The first book on group psychotherapy*. 3rd ed. New York: Beacon House.
7) Osborn, A.F. (1957) *Applied imagination*. New York: Scrbner.
8) Schultz, J.H. (1932) *Das Autogene Training—Konzentrative Selbstentspannung—*. 18 Aufl. Georg Thieme, Stuttgart. 山口正二(1998)リラクセーション. 日本文化科学社より引用.
9) 高橋浩之(1996)健康教育への招待. 大修館書店.
10) 竹田隆(1998)小学校クラス集団における生活習慣改善のための健康教育. 鳴門教育大学大学院文学研究科修士学位論文.
11) 竹中晃二(編)(1996)子どものためのストレス・マネジメント教育. 北大路書房.
12) 堤広幸(1998)小学校クラス集団における対人ストレスの低減を目的とした心の健康教育. 鳴門教育大学大学院文学研究科修士学位論文.

●第6章

1) 今川恵美子, 笠井裕子, 山崎勝之(1999)小学校における攻撃性適正化教育プログラムの評価法の検討—児童用対人領域セルフ・エスティーム尺度及び児童用意図帰属尺度の標準化—. 日本健康心理学会第12回大会発表論文集, pp.244-245.
2) Lochman, J.E., Burch, P.R., Curry, J.F., & Lampron, L.B. (1984) Treatment and generalization effects of cognitive-behavioral and goal-setting interventions with aggressive boys. *Journal of Consulting and Clinical Psychology*, **52**, 915-916.
3) Lochman, J.E., Dunn, S.E., & Klimes-Dougan, B. (1993) An intervention and consultation model from a social cognitive perspective: A description of the anger coping program. *School Psychology Review*, **22**, 458-471.
4) Pope, A.W., McHale, S.M., & Craighead, W.E. (1988) *Self-esteem enhancement with children and adolescentes*. New York: Pergamon. 高山巌(監訳)佐藤正二, 佐藤容子, 前田健一(訳)(1992)自尊心の発達と認知行動療法. 岩崎学術出版社.
5) 嶋田洋徳, 岡安孝弘, 坂野雄二(1992)小学生用ソーシャルサポート尺度短縮版作成の試み. ストレス科学研究, **8**, 1-12.
6) Stipek, D.J. (1983) A developmental analysis of pride and shame. *Human Development*, **26**, 42-54.
7) 山崎勝之, 坂井明子, 宇津木成介, 曽我祥子(1998)小学生用攻撃性質問紙(HAQC)の作成(3)—表出性攻撃と敵意の2尺度構成への分析—. 日本心理学学会第62回大会発表論文集, p.929.

●第8章

1) 中川伸子, 祐宗省三, 曽我祥子, 堂野恵子, 大元誠(1987)日本語版STASに関する研究(1). 日本教育心理学会29回大会総会発表論文集, pp.446-447.

●第9章

1) Grossarth-Maticek, R., Eysenck, H.J., & Vetter, H. (1988) Personality type, smoking habit and their interaction as predictors of cancer and coronary heart disease. *Personality and Individual Differences*, **9**, 479-495.
2) 今川恵美子, 笠井裕子, 山崎勝之(1999)小学校における攻撃性適正化教育プログラムの評価方法の検討—児童用対人領域セルフ・エスティーム尺度及び児童用意図帰属尺度の標準化—. 日本健康心理学会第12回大会発表論文集, pp.244-245.
3) 今川恵美子, 笠井裕子, 山崎勝之(未発表)攻撃性適正化プログラム短縮版の実践とその教育効果.
4) 児島邦宏(1998)総合的学習. ぎょうせい.
5) Lochman, J.E., Burch, P.R., Curry, J.F., & Lampron, L.B. (1984) Treatment and generalization effects of cognitive-behavioral and goal-setting interventions with aggressive boys. *Journal of Consulting and Clinical Psychology*, **52**, 915-916.
6) Pepler, D.J., King, G., & Byrd, W. (1991) A social-cognitively based social skills training program for aggressive children. In D.J. Pepler & K. Rubin, *The development and treatment of childhood aggression* (pp.361-388). Hillsdale, NJ: Lawrence Erlbaum.
7) 嶋田洋徳, 岡安孝弘, 坂野雄二(1992)小学生用ソーシャルサポート尺度短縮版作成の試み. ストレス科学研究, **8**, 1-12.
8) 山崎勝之, 坂井明子, 宇津木成介, 曽我祥子(1998)小学生用攻撃性質問紙(HAQC)の作成(3)—表出性攻撃と敵意の2尺度構成への分析—. 日本心理学学会第62回大会発表論文集, p.929.

巻末資料1　攻撃性適正化プログラムで実際に使用される効果評価のための検査群

以下の順に評価を実施する。
① 小学生用攻撃性質問紙
② 児童用意図帰属尺度
③ 攻撃性仲間評定
④ 児童用対人領域セルフ・エスティーム尺度
⑤ 小学生用ソーシャル・サポート質問紙短縮版
⑥ 親密性仲間評定
　※④〜⑥は別の日に実施するのが望ましい

採点方法（数字のない選択肢はすべて、左から1, 2, 3, 4点）

①小学生用攻撃性質問紙
以下の6つの尺度得点を、選択肢得点をそのまま構成項目について加算して算出する。

　　　構成項目番号　　言語的攻撃　　1　3　7　10　23
　　　　　　　　　　　身体的攻撃　　4　12　15　20　22　26
　　　　　　　　　　　短気　　　　　5　11　13　18　27
　　　　　　　　　　　敵意　　　　　6　14　17　19　24　25
　　　　　　　　　　　表出性攻撃　　4　10　11　12　13　15　20　22
　　　　　　　　　　　不表出性攻撃　2　6　8　14　17　19　24　25

なお、2, 8, 26番は逆転項目で、4は1、3は2、2は3、1は4点とする。

②児童用意図帰属尺度
悪意意図帰属得点を次の項目の得点を加算して算出する。

　　構成項目番号　　1の①　1の②　2の②　3の①　3の②　4の①　4の②（2の①を除く）

ただし、1の②, 3の②, 4の①番は逆転項目。

③攻撃性仲間評定
仲間評定では、一人の子どもが同性の他のクラスメイトに対して行った評定を平均した値（友だちへの評定）と一人の子どもが同性の他のクラスメイトから受けた評定を平均した値（友だちからの評定）の2つの値を算出する。
仲間評定での値の算出方法は、他の評定においても同じ。

④児童用対人領域セルフ・エスティーム尺度
　全10項目の得点をそのまま加算する。
　ただし，1，2，4，6，7番は逆転項目。

⑤小学生用ソーシャル・サポート質問紙短縮版
　全5項目の得点をそのまま加算する（逆転項目なし）。

以下に続く実際の評価方法は，男子を例に紹介する。

①

次のページをあけるといくつかの質問がならんでいます。
　あなたは，その質問の1つ1つを順番に読んで，書かれたことが，あなたにどれほどあてはまるか考えてみてください。
　そして，
　　「とてもよくあてはまる」
　　「よくあてはまる」
　　「あまりあてはまらない」
　　「まったくあてはまらない」
のうち，あなたにぴったりするものを一つ選んで，○をつけてください。
　ここでは正しいとかまちがっているとかは関係ありません。
　気軽にどんどん○をつけてください。
　どの質問もとばさないで，全部の質問に答えてください。

◆◆◆ れい ◆◆◆

	とてもよくあてはまる	よくあてはまる	あまりあてはまらない	まったくあてはまらない
1．テレビやビデオを見るのが好きだ			○	
2．夜は 9時までに ねるようにしている		○		
3．わたしは 寒がりな方だ と思う				○

	とてもよくあてはまる	よくあてはまる	あまりあてはまらない	まったくあてはまらない
1．友だちと 考えが合わないとき 自分の考えを通そうとする				
2．わたしはとても 幸せだ と思う				
3．いやな時は いやだと はっきり 言う				
4．たたかれたり けられたりしたら 必ず やりかえす				
5．友だちと けんかをすることがある				
6．友だちに ばかにされているかもしれない				
7．友だちの考えに賛成できないときは はっきり言う				
8．わたしのまわりは みんな親切な人ばかりだ				
9．同じことをしていても 友だちの方がよくほめられる				
10．じゃまをする人がいたら 文句を言う				
11．すぐにおこる方だ				
12．からかわれたら たたいたり けったりするかもしれない				
13．すぐにけんかをしてしまう				
14．人からばかにされたり いじ悪された ことがある				
15．自分を守るためなら 暴力をふるうのも しかたない				
16．かっとなっても すぐにおさまる				
17．友だちのなかには いやな人が多い				
18．ちょっとしたことで 腹が立つ				
19．ふだん仲良くしていても 本当に困ったとき助けてくれない 友だちもいる と思う				
20．人に 乱暴なことを したことがある				
21．大事なときになると じゃまをしにくる 人がいる				
22．たたかれたら たたき返す				
23．やりたいと思ったことは やりたいと はっきり言う				
24．本気で いやだ と思う人がたくさんいる				
25．わたしの悪口を言う人が 多い と思う				
26．どんなことがあっても 人をたたいたり けったりしては いけない と思う				
27．よく口げんかをする				

②

> 次のようなことがおこったとき，あなたはその理由をどのように考えますか。
> れいをみて，こたえてください。

◆ ◆ ◆ れい ◆ ◆ ◆

Xくんが鉛筆を忘れたので，あなたは鉛筆を貸してあげようとしました。

ところが，Xくんは「いいよ」と断りました。

なぜ断ったのでしょう。
このようなことがおこったとき，あなたはその理由をどのように考えますか。

	きっとそうだ	たぶんそうだ	たぶんちがう	ぜったいにちがう
① Xくんはボールペンをもっていたから			○	

1．あなたは，先生が黒板に書いた字が見えにくかったので，となりのAくんにノートをみせてほしいとたのみました。

しかし，Aくんはあなたにノートをみせてくれませんでした。

なぜみせてくれなかったのでしょう。
このようなことがおこったとき，あなたはその理由をどのように考えますか。

	きっとそうだ	たぶんそうだ	たぶんちがう	ぜったいにちがう
① Aくんがあなたに意地悪をしようとしたから				
② 字がきたなくてAくんがはずかしがったから				

2．あなたは，歩いているとき，うっかりしてBくんにぶつかってしまいました。

そのとき，Bくんはあなたに「何してるの！」ときつく怒鳴りました。

なぜそのようにきつく怒鳴ったのでしょう。
このようなことがおこったとき，あなたはその理由をどのように考えますか。

	きっとそうだ	たぶんそうだ	たぶんちがう	ぜったいにちがう
① Bくんにおもしろくないことがあったから……………………				
② Bくんはあなたのことを嫌っているから………………………				

3．あなたはCくんの意見がまちがっていると思ったので，Cくんに自分が正しいと思う意見を説明しました。

しかし，Cくんはあなたの意見をなかなか聞き入れてくれませんでした。

なぜそのように聞き入れなかったのでしょう。
このようなことがおこったとき，あなたはその理由をどのように考えますか。

	きっとそうだ	たぶんそうだ	たぶんちがう	ぜったいにちがう
① Cくんは自分の意見だけが正しいといつも思っているから………				
② あなたの説明のしかたが足りないから………………………				

4．あなたはDくんと遊びたかったので，学校が終わったら「遊ぼう」といった。
　　しかし，Dくんは「きょうは勉強があるから遊べない」と言いました。

ところが，近くの公園で，Dくんが別の子と遊んでいました。

なぜあなたと遊ばなかったのでしょう。
このようなことがおこったとき，あなたはその理由をどのように考えますか。

	きっとそうだ	たぶんそうだ	たぶんちがう	ぜったいにちがう
① Dくんの勉強がはやく終わったから……………………				
② Dくんはあなたとは遊びたくなかったから……………				

③

クラスのみんなは、どのくらい怒りやすいですか。
あてはまる番号に、○をつけてください。

◆ ◆ ◆ れ い ◆ ◆ ◆

	ぜんぜんおこらない			すぐにおこる
1. 鳴門太郎くん	1 　 2 　 3 　 ④ 　 5

	ぜんぜんおこらない			すぐにおこる
1. (　　　　)くん	1　2　3　4　5
2. (　　　　)くん	1　2　3　4　5
3. (　　　　)くん	1　2　3　4　5
4. (　　　　)くん	1　2　3　4　5
5. (　　　　)くん	1　2　3　4　5

※この部分、( )中には実際の名前が入り、同性クラスメイトの人数分だけ番号が続く。仲間評定ではこの部分は同じなので、他の仲間評定ではこの部分は省略する。

④

> これから、あなたたちが、いろいろなことについてどのように考えているのか、たずねたいと思います。これからたずねる質問の答えは、自分の考えですから、正しい答えとか、まちがった答えというものはありません。
>
> 他のだれかが、あなたのことをどのように考えているかということではなく、あなたが本当に自分で思っていることをこたえてください。

◆ ◆ ◆ れ い ◆ ◆ ◆

	いつもそうだ	だいたいそうだ	だいたいそんなことはない	まったくそんなことはない
1．私は本を読むのが好きです……………………………………			○	

	いつもそうだ	だいたいそうだ	だいたいそんなことはない	まったくそんなことはない
1．他の友だちが私のことを好きだと思ってくれているかどうか気になります。………………………………………………				
2．他の友だちをみていると、自分がよい子ではないように感じます。………………………………………………………				
3．私の友だちは私の考えをよく聞き入れてくれます。…………				
4．私は一人ぼっちだと思います。………………………………				
5．私は友だちといるとき、自分がよい子だと感じます。………				
6．私はもっと友だちをつくるのがじょうずだったらと思います。……				
7．私は本当に私のことを好きに思ってくれる友だちがいたらいいのにと思います。……………………………………				
8．私は自分が友だちになりたいと思う人とうまく友だちになれます。………………………………………………………				

9．私にはたくさんの友だちがいます。⋯⋯⋯⋯⋯⋯⋯⋯⋯⋯⋯⋯⋯⋯
10．私はよい友だちだと思います。⋯⋯⋯⋯⋯⋯⋯⋯⋯⋯⋯⋯⋯⋯⋯

⑤

> あなたは，あなたの友だちが，ふだん，どのくらいあなたの助けになっていると感じていますか。いちばんあてはまるところに，1つだけ○をつけてください。

◆ ◆ ◆ れ い ◆ ◆ ◆

	ぜったいにちがう	たぶんちがう	たぶんそうだ	きっとそうだ
① あなたが病気になったとき，はげましてくれる。			○	

　たとえば，あなたが，病気になったとき，友だちが，あなたのことを，たぶん，はげましてくれるときには，「たぶんそうだ」のところに，○をつけます。
　このようにして，あてはまるところに，1つだけ，○をつけます。

	ぜったいにちがう	たぶんちがう	たぶんそうだ	きっとそうだ
① あなたに元気がないと，すぐに気づいてはげましてくれる。				
② あなたが，なやみやふまんを言っても，いやな顔をしないで，聞いてくれる。				
③ あなたが，何かしっぱいをしても，そっと助けてくれる。				
④ ふだんから，あなたの気もちを，よくわかってくれている。				
⑤ あなたが，何か，なやんでいる時に，どうしたらよいか，おしえてくれる。				

⑥

> クラスのみんなと，どのくらい　いっしょに遊びたいですか。
> あてはまる番号に，○をつけてください。

◆ ◆ ◆ れ　い ◆ ◆ ◆

	ぜんぜんあそびたくない			とてもあそびたい

1．鳴門太郎くん　　　　　　1　2　3　④　5

※この評定においては，状況によって，「ぜんぜんあそびたくない」の言葉をのぞき，選択を0～4にすることができる。

巻末資料2　攻撃性適正化プログラムにおける教育細案と教材

以下の順で細案と教材が紹介されている。

- フレーム1のモジュールＧＡ（小グループ活動）＆モジュールＲＰ（ロール・プレイング）における教育細案
- フレーム1のモジュールＧＡ（小グループ活動）＆モジュールＲＰ（ロール・プレイング）における教材（掲示用資料他）
- フレーム3のモジュールＫＡ（知識の獲得）の教育細案
- フレーム3のモジュールＥＡ（エクササイズ活動）の教育細案
- フレーム3のモジュールＫＡ（知識の獲得）の教材（掲示用資料他）
- フレーム3のモジュールＥＡ（エクササイズ活動）の教材（掲示用資料他）

他のフレームやモジュールについては本文を参照されたい。

この資料では，詳細な記述がなされているが，準備物などに具体的に提示できなかったものがいくつかある。その詳細については，編者まで問い合わせてください。

●フレーム1　グループワーク　　　　　　　　　　　　　　　○児童の活動内容　●教師の支援　◆教師の発問・働きかけ
　　　　　　　　　　　　　　　　　　　　　　　★うまく進みにくい児童・グループへの支援　☆早く進む児童・グループへの手だて
　　モジュールＧＡ（小グループ活動）＆モジュールＲＰ（ロール・プレイング）

セッションⅠ－1　友達のよいところを見つけ，暖かいメッセージを送ろう　－話し合い－

目標　・シナリオづくりのための題材・内容を集める。
　　　・友達の良いところを見つけ，暖かいメッセージを送ることの役割や重要性に気づく。

時間	学習活動	学習内容とその詳細	教師の働きかけ	教師の個への対応	準備物と環境設定
8分	1.モジュールの説明を聞く。 2.テーマの説明を聞く	●このグループ活動は，友達とより仲良くなりうまくやっていくための方法を学ぶために行うことを伝える。 ●友達のよいところを見つけて，好意的で暖かいメッセージを伝えることの利点（送った方も送られた方も気持ちがよくなる）について，好意的で暖かいメッセージと非好意的で冷たいメッセージを比較しながら理解を深めていく。 ・簡単な例を挙げて説明する。 (例)友達がさりげなく教室に落ちているゴミを拾っている場面 Ａ「あっ。こんなところにゴミが落ちている。拾おう」 Ｂ「そんなのほっとけばいいのに」 Ａ「でも，気持ちがいいよ」 Ｂ「いいかっこするなあ」 Ａ「いいことしてるのになあ…」 ａ「あっ，こんなところにゴミが落ちている。拾おう。」 ｂ「すごいね。よく気がつくね」 ａ「有り難う。拾ったら気持ちがいいんだよ」 ｂ「そうだね。私も今度拾おう」 ａ「いいことをすると気持ちいいよ」	◆これから，10回にわたって，友達と仲良くし，うまくやっていくための方法を学ぶためにグループ活動をしていきます。このグループ活動では，友達と仲良くしていくための方法を話し合い，それをシナリオ（台本）にして，簡単な劇にしていきます。 ◆みなさんは友達から何か良いことを言われたことがありますか？そのことばでどんなふうに感じましたか？（児童発表） 反対に誰かからいやなことをいわれたことがありますか？その言葉でどんな気持ちがしましたか？（児童発表） ◆こんなことを経験した人はいないですか？ 少々大げさに動作も入れて例話を演じる（冷たいメッセージの吹き出しを黒板に貼りながら）。 今の会話を聞いてどう感じましたか？（児童発表） 今のは嫌な感じの言葉でしたね。それを気持ちがいい言葉にできないかな？ａを教師がｂは児童が即興で発表する。 これは友達がゴミを拾っている（よいことをしている）ところの例です。友達にはたくさんよいところがあります。それをこのように見つけてあげて，励ましてあげたり，ほめてあげたりするとお互いに気持ちがいいですね。 ◆このように心が暖かくなるような言葉かけのことを暖かいメッセージと言います。反対に最初のように言われて嫌な気持ちになる言葉を冷たいメッセージと言います。 ◆みなさんは，友達のよいところを見つけて暖かいメッセージを送っていますか？		・プログラムの目標 ・話し合いの手順 ・ブレイン・ストーミングの説明 ・せりふの吹き出し ・暖かいメッセージ，冷たいメッセージの言葉カード
		友達のよいところを見つけて暖かいメッセージを送るためにの話し合いをしよう			
10分	3.話し合いをする。 (1)友達のよいところについて話し合う。 (2)それに対する暖かいメッセージについて話し合う。 (3)友達に対しての冷たいメッセージについて話し合う。	○まず，友達のよいところを考え，その後それに対する暖かいメッセージについて続けて話し合う。 ○自分の経験をもとに，自分が言われてうれしかった言葉，気持ちがよかった言葉を述べる。 ○自分が言ってしまった嫌な言葉，言われてつらかった冷たい言葉を述べる。	◆これから，友達のよいところを見つけ，心の中が暖かくなるメッセージを送る方法について話し合いましょう。 ◆友達のよいところってどんなところでしょう？（詳しく板書）友達の学校での様子を思い浮かべてみましょう。それに対する暖かいメッセージにはどのようなものがあるでしょうか？（何人かの児童に発表してもらう） ◆友達を嫌な気持ちにしたり，友達から嫌な気持ちにさせられたりしたことはないでしょうか。それはどんなときですか？ 私たちは，暖かいメッセージだけでなく，冷たいメッセージも多く送っているのですね。	★友達のよいところのイメージがよく浮かぶように詳しく板書していく。 ★友達の名前を出したり，特定の友達がいやな気持ちしたりしないように配慮しておく。	
15分	4.友達のよいところをみつけ，暖かいメッセージ，冷たいメッセージカードを書く。	○友達のよいところを想定し，暖かいメッセージ，冷たいメッセージをカードに書く。	◆今話し合ったことをもとに，実際に友達のよいところにどんなメッセージを送るかを思い浮かべて，暖かいメッセージ，冷たいメッセージをカードに書いてみましょう。暖かいメッセージはピンクのカードに4枚，冷たいメッセージはブルーのカードに2枚書きましょう。「どんなよいところに」，「どんなメッセージを送るか」について書きましょう。	★カードが書きにくい児童には自分が言われてうれしかった言葉，気持ちがよかった言葉を思い出してみるとよいことを助言する。 ヒントカードを渡し，参考になるようにする。	・カードの書き方の例 ・メッセージカード（ピンクカード・ブルーカード） ・ヒントカード

時間	学習活動	学習内容とその詳細	教師の働きかけ	教師の個への対応	準備物と環境設定
5分	5. グループ内でメッセージカードを読む。	○メッセージカードを読み、発表する。	◆グループの人にメッセージカードを読んで聞かせてあげましょう。		
5分	6. 全体で発表する。	○代表のグループが発表する。（1,2班）	◆1,2班の人に発表してもらいましょう。		
2分	7. 次時の予告	●普段の自分たちの行動を振り返りながら、よい面に対してのメッセージだけでなく、冷たいメッセージも多く送っていることを再認識できるよう話しかける。	◆自分たちの経験からたくさんの意見が出ましたね。次の時間には、今日学習したことをもとにシナリオづくりに挑戦してみましょう。		

●フレーム1　グループワーク　　　　　　　　　　　　　　　　　　○児童の活動内容　●教師の支援　◆教師の発問・働きかけ
　　　　　　　　　　　　　　　　　★うまく進みにくい児童・グループへの支援　☆早く進む児童・グループへの手だて
　　　モジュールGA（小グループ活動）＆モジュールRP（ロール・プレイング）

セッションI-2　友達のよいところを見つけ、暖かいメッセージを伝えよう　− シナリオづくり −
目標　・ロール・プレイングのためのシナリオをつくる。

時間	学習活動	学習内容とその詳細	教師の働きかけ	教師の個への対応	準備物と環境設定
8分	1. シナリオづくりの説明を聞く。	●場面に合った暖かいメッセージ、冷たいメッセージを考えること、2人組でロールプレイングするときに使えるものであること、1場面5、6行程度で書くことを告げる。●例を挙げて説明する。せりふの例を黒板に貼付し、シナリオの書き方のイメージがわくようにする。	◆今日は、前の時間に話し合ったことをもとにシナリオを作っていきます。シナリオというのは劇をするときに使うせりふを書いたものです。（シナリオの例を見せる）まず、友達のよいところを見つけ、暖かいメッセージを送る場面を1つ考えます。2人でする劇と考えてください。次に2人がどんな会話をするか考えてカードに書いていきます。1場面5、6行程度で書きます。まず、冷たいメッセージ（ブルーカード）について考えます。その後、それを変身させて、暖かいメッセージを考えていきます。最後に、カードを貼って完成させます。		・シナリオづくりの手順・シナリオの例
		友達のよいところを見つけ、暖かいメッセージを送るシナリオをつくろう			
35分(5)(20)	2. シナリオづくりをする。(1)場面を考える。(2)場面にあった暖かいメッセージ、冷たいメッセージの両方のシナリオを考えて、カードに書く。	○前時の話し合いカードを参考に考える。できるだけ、日常の学校生活場面で考えるようにする。○考えた場面について暖かいメッセージと冷たいメッセージをそれぞれ考えてカードに書く。（暖かいメッセージはピンクカード、冷たいメッセージはブルーカードに色分けする）	◆それではシナリオづくりを始めましょう。前の時間に考えたことをもとに友達のよいところを1つ選びましょう。◆それでは、その場面にあったせりふを考えて、カードに書いていきます。まず、冷たいメッセージを考えて、それをどう変身させれば相手が喜んだり、うれしくなったりするかを考えながら暖かいメッセージを書いていきましょう。◆ロール・プレイング（簡単な劇）をすることを考えて、できるだけふだん自分が使っている言葉を使って、言いやすいように書きましょう。司会者、記録者さんはシナリオづくりの進め方のアドバイスカードをお渡ししますから取りに来てください。	★手順がスムーズにいっているか支援していく。★各グループを机間巡視し、シナリオの出来具合をみていく。☆早くできたグループはもう一場面のシナリオを考えるよう助言する。	・シナリオ記録カード（A3上質紙、ポストイット大判ピンクカード・ブルーカード）・司会者・記録者用アドバイスカード
(7)	(3)シナリオを読み合い修正、追加して、完成させる。	○シナリオができたら、読み合わせをして修正・追加し、完成させる。○記録者はワークシートにシナリオを書いておく。	◆シナリオができたらグループで読み直して、修正していきましょう。せりふをふくらませたり、よりよい言葉に直したりしていって完成させてください。記録者さんは個人用のシナリオをシナリオシートに書いておいてください。	★進みにくいグループは、一緒に考えたり、例を提示しながら進めていく。	・記録者用シナリオシート
(3)	(4)ロール・プレイングでの役割を決める。・ペアを決める。・順番を決める。	○ペアをつくり、ABの順番を決めておく。	◆それでは、次回のロール・プレイングのペアを決めて、どちらから始めるか順番も決めておきましょう。記録者さんは、決まったことをメモしておいてください。		
2分	3. 次時の予告	●次時は、本時に作ったシナリオを使ってロール・プレイングすることを知らせる。暗記してせりふが言えるように復習しておくとロール・プレイングがしやすいことを告げておく。	◆シナリオもでき、ペアも決まりました。次の時間には、今日作ったシナリオを使ってロール・プレイングしましょう。記録者さんが書いてくれたシナリオは印刷して配りますので、もう一度よく読み直して、自分がせりふを言うときに言いやすいように直して、メモしておいて、次のロール・プレイングの時間までに覚えておいてください。		※シナリオを印刷し帰りまでに配布しておく。

●フレーム1　グループワーク　　　　　　　　　　　　　　　　　　　○児童の活動内容　●教師の支援　◆教師の発問・働きかけ
　　　　　　　　　　　　　　　　　　　　　　　★うまく進みにくい児童・グループへの支援　☆早く進む児童・グループへの手だて
モジュールGA（小グループ活動）＆モジュールRP（ロール・プレイング）

セッションⅠ-3　友達のよいところを見つけ、暖かいメッセージを伝えよう　－　ロール・プレイング　－					
目　標 ・ロール・プレイングを行い、他人の演技を見ることにより、ソーシャル・スキルの役割を理解し、実行力をつける。					
時間	学習活動	学習内容とその詳細	教師の働きかけ	教師の個への対応	準備物と環境設定
8分	1.ロール・プレイングの手順・方法の説明を聞く。	●場面に合った暖かいメッセージ・冷たいメッセージそれぞれ役割を交代しながらロール・プレイングすること、シナリオ通り行わずにアドリブを入れてもよいこと、そして時間の目安を告げて活動を開始する。 ●セッション2での例を挙げて、1組にロール・プレイングを実際にしてもらいながら説明する。 ●恥ずかしがったり、笑ったりしては、効果がなく、身に付かないので真剣に行うように注意する。 ●暗記できていない場合には、シナリオをみながらしてもよいことを伝える。 ●どちらの役をしているのか明確にするために名札（プレート）をつけておく。	◆今日は、前の時間にみなさんが作ったシナリオを使ってロール・プレイングをします。ロール・プレイングは、演劇とは少し違うところがあります。それは、上手に演じることが目的ではないということです。その役になって、その人の気持ちが分かる、一緒に登場した人の気持ちを共感できるということが大切なのです。ですから、恥ずかしがったり、笑ったりせずに役になりきってやってみましょう。あまり自信のない人は、シナリオメモをちらっと見ながらしてもかまいませんがだんだん見ずにできるようにしていってください。 ◆前時に決めたペアでロール・プレイングをしてください。 時間の目安は15分です。後で、グループのメンバーにロール・プレイングを見てもらいましょう。 ◆グループで見てもらうときには、プレートをつけて行います。 （プレートの説明） 1組のペアにやってもらいますからよく見ていてください。		＊広めの教室（机、いすなし） ・ロール・プレイングの説明カード ・個人用シナリオ ・プレート
	友達のよいところを見つけ、暖かいメッセージを送るロールプレイをしよう				
15分	2.ロール・プレイングをする。 (1)2人組で場面1から順にロール・プレイングをする。 (2)役割を交代する。	○手本を見せた後、注意事項を確認する。 ○冷たいメッセージの方から始める。 ○はじめは恥ずかしくてしにくいと思うのでうまく堂々とロール・プレイングできているペアを紹介して、手本とする。 ○再度注意事項を確認する。	◆～ペアのように、まず、「～場面のロール・プレイングをします」とつげてから始めます。冷たいメッセージ・暖かいメッセージを順にやっていきます。2人で会話するように向かい合ったり、体を斜めに向けたりしてしましょう。役になりきって、せりふには書いていないけれど自分が思いついたこと（アドリブの説明）を言ったり、自分の言いやすい言葉に直していったりしてくると思います。ふだん友達と話しているように自然に言えるといいですね。 ◆それでは、ロール・プレイングを始めましょう。冷たいメッセージの方から始めましょう。 ◆～ペアが堂々と役になりきって気持ちを込めてロール・プレイングできているのでやってもらいましょう。（注意事項の確認・2組のペアにやってもらう）	★やりにくいペアには、教師が一緒にプレイする。 ☆早く終わっても、時間内は何回も繰り返して行うよう助言する。 ★ロール・プレイングの意義について再度確認し、真剣にロール・プレイングするよう声かけをする。	
15分	3.グループの中で発表する。 (1)各ペアが発表する。 (2)ロール・プレイングを見て、感想を発表する。	○順に発表していく。 ○ロール・プレイングをしてみた感想を発表する。 ○2種類のメッセージを送ってみた（両方の立場に立ってみた）感想を発表する。	◆ロール・プレイングをグループの人にも見てもらいましょう。ほかの班の人と声が重ならないように離れてやりましょう。発表するペアは、プレートをつけてやりましょう。見る人は、しっかり見てあげてください。終わったら少し時間をとりますから感じたことのうち印象に強いものについて発表しましょう。 それでは司会者さんは、進行係をして進めてください。（司会者用アドバイスカードを渡す）	★うまくいきにくいペアについて、励ましながら行う。終了後よく頑張ったと賞賛する。	・ロール・プレイングの見方 ・司会者用アドバイスカード
5分	4.全体で発表する。	○グループの代表者がロール・プレイングを発表する。（3,4班を中心に何ペアかに）	◆グループの代表者にみんなの前で発表してもらいましょう。 ◆今のロール・プレイングを見て何を感じましたか？（児童発表）	★司会者の進行の仕方が難しいと予想されるので、事前に司会の仕方について指導しておく。	
2分	5.次時の予告		◆この時間に学んだことを生かして、みなさんもいろいろな人のよいところを見つけて、暖かいメッセージを伝えてみましょう。 ◆次の時間からは、友達とうまくいくための秘訣の一つである友達の気持ちが分かり、暖かいメッセージを送る学習をしていきましょう。		

巻末資料２　175

●フレーム１　グループワーク　　　　　　　　　　　　　　　○児童の活動内容　●教師の支援　◆教師の発問・働きかけ
　　　　　　　　　　　　　　　　　　　　　　　　　　　　★うまく進みにくい児童・グループへの支援　☆早く進む児童・グループへの手だて
モジュールＧＡ（小グループ活動）＆モジュールＲＰ（ロール・プレイング）

セッションⅡ－１　友達に共感（感情を分かち合う）し，暖かいメッセージを送ろう　－話　し　合　い－

目　標　・シナリオづくりのための題材を集める。
　　　　・共感し，暖かいメッセージを送ることの役割や重要性に気づく。

時間	学習活動	学習内容とその詳細	教師の働きかけ	教師の個への対応	準備物と環境設定
8分	1.テーマの説明を聞く (1)写真を見て，人の感情やそのときの言葉かけについて考える (2)感情・共感についての教師の説明を聞く (3)例話を聞く。	○悲しんでいる人，喜んでいる人の顔の写真・絵をみて，その人の感情を識別し，そのときどんなメッセージを送るか考える。 ○共感とは，人の気持ちを理解し，それらの感情を分かち合うことであることを知る。 ●簡単な例を挙げて説明する。 (例)鉄棒で必死になって逆上がりの練習をしている場面 Ａ「なかなかできないよー。でも頑張るぞ」 Ｂ「よく頑張っているね。もう少しだよ」 Ａ「やったあ。できるようになったぞ」 Ｂ「すごいね。よくがんばったね」 Ａ「有り難う。君が応援してくれたからだよ」 ａ「なかなかできないよー。でも頑張るぞ」 ｂ「下手だなあ。逆上がりもできないのか」 ａ「やったあ。できるようになったぞ」 ｂ「できないのがおかしいんだ」 ａ「せっかくがんばったのに」	◆みなさん友達のよいところを見つけ，暖かいメッセージを伝えてみましたか？ ◆この絵のような顔をした友達は今どんな気持ちなのでしょうか。みなさんはこんな友達を見たらどんな感じがしますか？ ◆今日は，共感ということについて話し合います。共感とは，人がどのように感じ，考えているかを理解し，これらの感情を分かち合う（同じように感じる）ことなのです。例えば，悲しんでいる友達を見ていっしょに悲しくなったり，うれしい友達を見ていっしょに喜んだりすることです。 ◆みなさんは，何らかの共感する能力を持っているので，それをどうやって正しく使うかを学ぶことが大切です。みなさんはうまく使えているでしょうか？ ◆それでは，ある共感の場面の例をお話しましょう。まずは，こんなメッセージから。（冷たいメッセージの例）こういわれたらどう思う？　こんな風に言われるとやる気をなくしてしまいますね。それでは，こんなメッセージならどうでしょう？　（暖かいメッセージの例）一緒になって励ましてくれて，できたときには一緒になって喜んでくれる。こんなメッセージだと，うれしい気持ちが２倍にも３倍にもなりますね。悲しい・困っているときにはみなさん声かけをよくしてあげていますが，友達が喜んでいるとき，うれしいときはどうですか？ ◆掃除をしていて花瓶を割ってしまう例。みなさんならどう言う？　言葉をちょっと変身させるだけで全然受ける感じが違いますね。１組のペアに即興でロール・プレイングしてもらいましょう。	★悲しい・困っている場面のメッセージは考えやすいがうれしいときの暖かいメッセージについてはイメージがわきにくいので，具体的に助言する。	・悲しい，うれしい表情の絵 ・共感についての説明カード ・紙芝居 ・暖かいメッセージ・冷たいメッセージの言葉カード
30分	友達に共感し，暖かいメッセージを送るための話し合いをしよう 2.話し合いをする。 (1)友達が悲しい・困っているときのメッセージについてカードに書く。 (2)友達がうれしい場面のメッセージについてカードに書く。 (3)カードに書いたものをグループの中で発表する。	○いろいろな場面を想定して考える。 ○かけてほしい言葉，言われて嫌な言葉をカードに書き，画用紙に貼る。 ○自分の嫌だった経験を振り返ってどんな言葉かけで，どんな気持ちだったかを考える。 また，その言葉をどう変えれば暖かいメッセージに変身するかを書く。 ○悲しい，困惑だけでなく，喜び，幸せな感情を分かち合うことも大切である。そうすることでより相手を，うれしい気分，幸せな気分にさせることになることに気づく。	◆さあそれでは，みなさんなら，どんなときに悲しかったり，困ったりする？　どんなときにうれしかったり，喜んだりする？　そんなときどんな言葉をかけられると嫌ですか？（児童発表） 反対にどんな言葉を言われるとうれしいですか？　自分の経験を思い出しながら，どんなときどんな言葉をかけてほしいかカードに書きましょう。画用紙を２枚渡します。１枚には悲しい，困っている場面のメッセージについて，もう１枚にはうれしい場面のメッセージについて書きましょう。言われて嫌な冷たい言葉をブルーカードに２枚書き，その言葉をどのように変身させれば暖かいメッセージになるか２枚ずつ書いて貼っていきましょう。 ◆どんなとき，どんな言葉をかけてほしいか具体的に書きましょう。（板書） ◆カードに書いたものをグループの中で発表しましょう。 ◆司会者，記録者の人はよろしくお願いします。	★共感することの具体例を発表し，イメージがわきやすいよう配慮する。 ★司会がうまくいっているか机間巡視し，話し合いがうまくいくよう助言する。	・ポストイットカード（ピンクカード・ブルーカード） ・四つ切りの画用紙 ・司会者・記録者のアドバイスカード
5分	3.全体で発表する。	○グループで深まった考えを全体で発表する。（5，6班）	◆それでは，グループで話し合った考えを全体に発表してください。他のグループの人はよく話を聞いて，付け加えることがあれば後で発表してください。	★進みにくいグループには，教師も話し合いに参加し，	

時間	学習活動	学習内容とその詳細	教師の働きかけ	教師の個への対応	準備物と環境設定
2分	4.次時の予告	●本時に話し合った内容については,話し合いカードに書き,まとめておき,次時の参考にする。	◆友達がうれしいとき,悲しいときどんなメッセージを送ればいいかたくさんの意見が出ましたね。次の時間には今日話し合ったことをもとにシナリオを作っていきましょう。	一緒に意見を出し合う。「こんな時はどんな言葉をかける?」などといろいろな場面の例を提示し,考えやすくする。	

●フレーム1　グループワーク　　　　　　　　　　　　　　　○児童の活動内容　●教師の支援　◆教師の発問・働きかけ
　　　　　　　　　　　　　　　　　　　　　　★うまく進みにくい児童・グループへの支援　☆早く進む児童・グループへの手だて
モジュールGA（小グループ活動）＆モジュールRP（ロール・プレイング）

セッションⅡ-2　友達に共感し,暖かいメッセージを送ろう　－　シナリオづくり　－
目　標　・ロール・プレイングのためのシナリオをつくる。

時間	学習活動	学習内容とその詳細	教師の働きかけ	教師の個への対応	準備物と環境設定
3分	1.本時の学習計画を確認する。	●セッションⅠ-2と同様,本時の参考になり,イメージがわきやすいように例を黒板に貼っておく。	◆今日のシナリオづくりでは,前の時間に話し合ったことをもとに,「悲しい・困っている場面」,「うれしい・喜んでいる場面」のどちらかを選んで,シナリオを作っていきましょう。前回同様2人組でロール・プレイングできるようにし,1場面5,6行程度で考えましょう。作り方の手順,書き方の例は黒板に貼っておきますからわかりにくいグループの人は確認しにきてください。		・悲しい,困っている顔・うれしい,喜んでいる顔の絵 ・シナリオの例（うれしい場面・悲しい場面）
		友達に共感し,暖かいメッセージを送るシナリオを考えよう			
40分 (5)	2.シナリオづくりをする。(1)悲しい,困っている場面または,うれしい,喜んでいる場面のどちらか1場面を考える。	●前時の話し合いカードを参考にして,日常の学校生活場面で考える。悲しい場面,困っている場面,うれしい,喜んでいる場面のどちらか1つ考える。メンバーで話し合い,その中から選択する。	◆まず場面を考えて決めましょう。前の時間に話し合った中からグループみんなで選ぶといいですね。	★話し合いが進みにくいグループには,ヒントカードをわたし,いくつかの例の中から選んだり,教師が一緒に考えたりする。	・ヒントカード
(27)	(2)場面にあった両方の立場（肯定的,否定的）のシナリオを考えて書く。	●考えた場面について,友達のせりふと自分のせりふを考える。暖かいメッセージと冷たいメッセージをそれぞれ考えてカードに書く。(暖かいメッセージはピンクカード,冷たいメッセージはブルーカードに書く) ○場面の様子がよくわかるように詳しく文章で書いておく。	◆場面が決まったら,シナリオを作っていきましょう。メッセージについては,前の時間に考えたたくさんのカードがそろっていると思うので,その中から選んでせりふを考えます。シナリオの作りやすいものを選ぶとやりやすいですね。グループのメンバーと話し合いながら,友達のせりふ,自分のせりふを考えましょう。そして,自分のせりふは,暖かいメッセージ（ピンク）,冷たいメッセージ（ブルー）をそれぞれに作っていきましょう。場面の様子が分かるように,このように（シナリオカードを例に）書いておきましょう。◆せりふを考えるときには,ロール・プレイングをすることを考えて,自分たちが言いやすい言葉を使って考えましょう。（司会者・記録者にアドバイスカードを渡す）		・シナリオ記録カード（A3上質紙,ポストイット大判ピンク・ブルー） ・司会者・記録者アドバイスカード
(5)	(3)シナリオを読み直し完成させる。	○シナリオができたら読み合わせをして修正しながらカードを貼り完成させていく。	◆シナリオができたらグループのみんなで読み合って修正箇所がないか話し合いましょう。それが終わったら,なおして完成させましょう。記録者さんはシナリオシートに記録しておいてください。	☆早くできたグループには,別の感情の場面も考え,シナリオを作るよう助言する。	・記録用シナリオシート
(3)	(4)ロール・プレイングでの役割を決める。 ・ペアを決める。 ・順番を決める。	○前回とは異なるペアで行う。 ○記録者は決まったペアと順番をメモしておく。	◆それでは,次回のロール・プレイングのペアを決めて,どちらから始めるか順番も決めておきましょう。前回とは違うペアで行いましょう。◆記録者は,決まったペアと順番をメモしておいてください。	★「共感から暖かいメッセージへ」の流れになっているか,冷たいメッセージが適切であるか机間巡視しながらチェックしていく。この時間内にできるだけ修正しておく。	
2分	3.次時の予告	●次時は,本時に作ったシナリオを使ってロール・プレイングすることを知らせる。	◆共感の場面のシナリオができましたね。次は,前回とは違うペアでロール・プレイングしていきましょう。帰りまでに印刷しておきますので,次の時間ロール・プレイングがスムーズに堂々とできるようによく覚えてきてください。		

巻末資料2　177

●フレーム1　グループワーク　　　　　　　　　　　　　　　　　○児童の活動内容　●教師の支援　◆教師の発問・働きかけ
　　　　　　　　　　　　　　　　　　　　　　　　　　★うまく進みにくい児童・グループへの支援　☆早く進む児童・グループへの手だて
モジュールGA（小グループ活動）＆モジュールRP（ロール・プレイング）

セッションⅡ-3　友達に共感し，暖かいメッセージを送ろう　－　ロール・プレイング　－
目　標　・ロール・プレイングを行い，他人の演技を見ることにより，ソーシャル・スキルの役割を理解し，実行力をつける。

時間	学習活動	学習内容とその詳細	教師の働きかけ	教師の個への対応	準備物と環境設定
3分	1.本時の学習計画を確認する。	○暖かいメッセージ・冷たいメッセージそれぞれ役割を交代しながらロール・プレイングする。シナリオ通り行わず，アドリブを入れてもよい。 　2人組でロール・プレイング　　15分 　グループ内で交流　15分 という時間の目安を告げて活動を開始する。 ●前回のロール・プレイングを思い出しながら，恥ずかしがったり，笑ったりしては，効果がなく，身に付かないので真剣に行うことを注意する。	◆今日は，前の時間にみなさんが作ったシナリオを使ってロール・プレイングをしましょう。ロール・プレイングは，演劇とは少し違うところがあります。それは，上手に演じることが目的ではないということです。その役になって，その人の気持ちが分かる，一緒に登場した人の気持ちを共感できるということが大切なのです。ですから，前回同様，恥ずかしがったり，笑ったりせずに役になりきってやってみましょう。自信のない人は，シナリオシートを見ながらしてもかまいませんが，少しずつ見なくてもできるようにしていきましょう。 ◆前時に決めたペアでロール・プレイングしていきましょう。ブルーカードの方から始めてください。時間の目安は15分です。2回目は役割を交代しましょう。次に，グループのメンバーにロール・プレイングをみてもらいましょう。最後にロール・プレイングの感想を話し合いましょう。		※広めの教室 ・ロール・プレイングについての説明 ・シナリオシート
		友達に共感し，暖かいメッセージを送るロール・プレイングをしよう			
15分	2.ロール・プレイングをする。 (1)2人組でロール・プレイングする。 (2)役割を交代する。	○冷たいメッセージの方から始める。 ●はじめは恥ずかしくてやりにくいと思うので役になりきって，堂々とロール・プレイングできているペアを紹介して，手本になるようにする。 ○どちらの役をしているのかを明確にするために名札をつけておく。	◆それでは，ロール・プレイングを始めましょう。～ペアにやってもらいましょう。（ロール・プレイングの注意事項の確認） ～ペアが堂々とできているのでやってもらいましょう。（2組のペア）　大きい声で，動作も入れて，表情豊かにできていますね。	★なかなかロール・プレイングしにくいペアには，教師が一緒にする。 ★堂々とロール・プレイングしているペアをみて，手本にする。 ・大きい声で ・動作も入れて ・相手を見て表情豊かに	・名札（プレート） ・ロール・プレイングの見方
15分	3.グループの中で発表する。 (1)順に発表する。 (2)感想を発表する。	 ○2種類のメッセージを送ってみて（両方の立場に立ってみて）の感想を発表する。（暖かいメッセージは送っても送られても気持ちがよいが，冷たいメッセージは嫌な気持ちになったなど）	◆みなさんその役になりきってできているので，グループの人にもみてもらいましょう。見ている人がよくわかるようにプレートをつけてやってください。友達のロール・プレイングを見るときは自分だったらどうするかな？どんな風に言うかな？などと考えながら見てください。司会者さんが進めてください。（アドバイスカードを渡す） ◆みなさん気持ちを込めてロール・プレイングできましたね。それでは自分がロール・プレイングをしての感想，暖かいメッセージと冷たいメッセージの両方の役をしてみてどうだったか？どんな気持ちがしたかを発表しましょう。また，友達のロール・プレイングを見てどう感じたか印象の強いものを思い出して発表しましょう。司会者さん進行してください。		・司会者用アドバイスカード
10分	4.全体に発表する	○全体の場でロール・プレイングし，その感想を言い合う。（1，2班，代表のペア）	～ペアにやってもらいましょう。 どんな感じがしましたか？感想を発表してもらいましょう。		
2分	5.次時の予告	○感情を分かち合っている人と同じような気持ちになったかどうか振り返る。	◆みなさんロール・プレイングをしてみてどうでしたか？友達に共感できたでしょうか？ ◆友達がどのように感じているかをわかってあげて，その人のことを気にしていると知らせてあげる。そうすれば，相手は，自分のことをわかってもらえ，気遣ってくれていると感じられるのです。ですから，共感は，友達との関係をよくするのにとても大切なことなのです。この時間に学んだことを生かして，みなさんも，人の気持ちをよく理解して，共感し，暖かいメッセージを送ってみましょう。 ◆次の時間からは，今までの総まとめとして友達とうまくやっていくために，よいところみつけ，共感（感情を分かち合う）から暖かいメッセージを送る学習をしていきましょう。		

●フレーム１　グループワーク　　　　　　　　　　　　　　　　　　○児童の活動内容　●教師の支援　◆教師の発問・働きかけ
　　　　　　　　　　　　　　　　　　　　　　　　　　　　★うまく進みにくい児童・グループへの支援　☆早く進む児童・グループへの手だて
モジュールGA（小グループ活動）＆モジュールRP（ロール・プレイング）

セッションⅢ－１　友達に共感し，よいところを見つけ，暖かいメッセージを送ろう　－　話し合い・シナリオづくり　－					
目　標　　・ロール・プレイングのためのシナリオをつくる。					
時間	学習活動	学習内容とその詳細	教師の働きかけ	教師の個への対応	準備物と環境設定
10分	1.本時の学習活動を確認する。 (1)本時の学習内容を知る。 (2)例話を読み，3つのスキルを見つけ，線を引く。	●「友達のよいところを見つける」「共感（気持ちを分かち合う）する」「暖かいメッセージを送る」の3つのスキルを用いて，グループでロール・プレイングするシナリオを作ることを告げる。 ●3つのスキルが含まれている話をする。 ○3つのスキルを見つけて線を引く。	◆みなさんは「友達のよいところを見つける」「共感（気持ちを分かち合う）する」「暖かいメッセージを送る」の3つのことを学んできましたね。今日は，それらを使って，グループ全員でするロール・プレイングのシナリオを作りましょう。 ◆今からあるお話をします。例話「となりのひろきくん」 このお話の中に今までに学習してきたどんな内容が含まれていますか？線を引いてみましょう。（児童発表） ●これは，ある女の子の書いた作文です。この登場人物の広木くんは，友達に共感し，いいところを見つけ，暖かいメッセージを送っていますね。でも，林さんもそんな広木くんの素敵なところを見つけ，見方を少しずつ変えていったところがすばらしいですね。友達をこのように広く，優しい心で見ることができたらいいですね。 今回のシナリオづくりは，このように，今まで学んできたものを使って作ってください。		・3つのスキルの言葉カード ・「となりの広木くん」（小さな親切作文コンクール作品集より）の作文
		友達のよいところを見つけたり，共感したりして，暖かいメッセージを送るシナリオを作ろう			
33分 (3)	2.シナリオを作る。 (1)手順の説明を聞く。	●シナリオづくりの説明 ・グループ全員が登場すること ・今まで学んだことをもとに1つのシナリオを作ること ・流れがよくわかるように工夫すること	◆前回までは，2人でロール・プレイしてきましたが，今回はグループ全員で行います。グループ全員が登場する場面をきめて，それぞれ（ABCDEF）のせりふも考えていきましょう。1つの場面の中に暖かいメッセージを入れたものを作りましょう。 ◆今回のシナリオは，少し長いので場面の前後のつながり，流れがよくわかるように考えましょう。どんな人物が登場し，どんな場面で，どんな様子でというト書き（紫色）も入れてください。 それでは，グループで相談して，シナリオを作っていきましょう。	★3つのスキルを全部入れるのが難しいようなら，2つになってもよいことを助言する。	・シナリオづくりの手順 ・シナリオの例 ・名前の例
(5)	(2)場面を決め，登場人物を考える。	○メンバー全員が登場する場面を考える。	◆まず，場面を決めましょう。今までの話し合いで出てきた中から探すといいですね。（記録者は決まった場面について詳しく書く）	★場面が決まりにくい場合は，いくつかの場面の例を提示しそこから選べるようにする。それにあわせて登場人物を決める。	・記録者用シナリオシート
(15)	(3)シナリオを作る。	○見ている人にもわかるようにシナリオカードの中には，どんな場面で，どんな様子で，どんな人物であるかを始めに書き，ト書きも入れる。	◆次にどんな人物が登場するか決めましょう。（グループの人数分，名前の例カードの中から選択する） ◆登場人物が決まったらそれぞれのせりふを考えましょう。		
(5)	(4)ロール・プレイングの役割分担をする。	○役割を決める。	◆シナリオがだいたいできましたね。次は役割分担を決めていきます。 記録者さんは，シナリオシートに記入しておいてください。		
(5)	(5)シナリオを完成させ読み合わせをする。	○自分の役割のせりふ部分について読み直し修正する。	◆役が決まったら，それぞれ自分の分担のところを読み，自分が言いやすいように自分の言葉に直していきましょう。完成したら，清書して，全員で読み合わせをしてください。	★自分がそんな場面に居合わせたらどうするか，どんな言葉をかけるか考え，せりふにしていくよう助言する。	
2分	3.次時の予告		◆グループのシナリオが完成しましたね。次は，これを使ってロール・プレイしましょう。シナリオを印刷して配りますからせりふを覚えておいてください。	※帰りまでにシナリオを印刷して渡す。	

巻末資料2

●フレーム1　グループワーク　　　　　　　　　　　　　　　　　　　○児童の活動内容　●教師の支援　◆教師の発問・働きかけ
　　　　　　　　　　　　　　　　　　　　　　　　　　　　　　　　★うまく進みにくい児童・グループへの支援　☆早く進む児童・グループへの手だて
モジュールGA（小グループ活動）＆モジュールRP（ロール・プレイング）

セッションⅢ-2	友達に共感し，よいところを見つけ，暖かいメッセージを送ろう　－　ロール・プレイング　－				
目標	・前時に考えたシナリオを修正する。 ・ロール・プレイングを行い，他人の演技を見ることにより，ソーシャル・スキルの役割を理解し，実行力をつける。				
時間	学習活動	学習内容とその詳細	教師の働きかけ	教師の個への対応	準備物と環境設定
20分	1.本時の学習活動を確認する。 (1)シナリオを読み合い修正し，完成させる。 (2)自分の役のプレートを作る。 (3)グループでのロール・プレイングのやり方を確認する。	●グループで行うロール・プレイングについて説明をする。 ○ロール・プレイングできるようにシナリオを読み合い，完成させる。 ○それぞれ名札（プレート）をつくる。 ●1つのグループにロール・プレイングの一部をしてもらい，注意事項を確認する。	◆前の時間から役割を決めて，シナリオを作っていますね。今日は，そのシナリオをグループで読み合わせをして，完成させましょう。そして，それを使ってロール・プレイングしましょう。次の時間には，クラスのみんなにもみてもらう発表会をするので，しっかり練習しましょう。 ◆それでは，まず，グループでシナリオを読み合って，せりふの言いにくいところをなおしたり，言葉が足りないところをふくらませたりしてください。 ◆シナリオが完成したら，自分の役の名前を書いたプレートを作りましょう。 ◆さあそれでは，完成したシナリオを使ってロール・プレイングをしましょう。自信のないところは，シナリオを見ながらしてかまいませんが，だんだん覚えていってくださいね。それぞれプレートをつけてしましょう。 ◆1つのグループに出てきてもらいましょう。みんなの前で発表することを意識して，グループ全員の立つ場所，待っている場所も考えてしてください。 ロール・プレイングの注意事項（ふざけない・アドリブをいれてもよい・役になりきって）を思い出しながら，心で感じるロール・プレイングができるように心がけてください。	★グループ活動がうまくいくように読み合わせの時から，司会者を励まし，リードしていけるよう声かけをする。	※広めの教室（机，いすなし） ・個人用シナリオ ・プレート ・ロール・プレイングの説明
	友達のよいところを見つけ，共感し，暖かいメッセージを送るロール・プレイングをしよう				
23分	2.ロール・プレイングをする。 (1)グループでロール・プレイングをする。 (2)ロール・プレイングをしながら話し合い，それをもとに追加，修正していく。 (3)完成したロール・プレイングを行う。	○グループでロール・プレイングをする。 ロール・プレイング　　5分 話し合い　　　　　　5分 ロール・プレイング　　5分 話し合い　　　　　　5分 修正してロール・プレイング完成　　　　　　　　3分 ○ロール・プレイングの改良点を述べる。 ・登場人物の気持ちがこもっているか ○次回発表することを意識してもう一度まとめとしてロール・プレイングをする。見る側のことも考えて，簡単な紹介を入れる。	◆それではグループで協力してロール・プレイングを始めましょう。できるだけシナリオを見ないでできるように練習しましょう。 （グループごとにまわっていき，アドバイスをしながら完成へと支援していく） ◆グループのロール・プレイングをどのように変えれば，よりよくなるか話し合いながらしていきましょう。自分の役について，どう直すか，友達の役についてどう直すか意見を出し合って，完成させていってください。 ◆ロール・プレイングについて，話し合ってみたことを参考にして，最後にまとめのロール・プレイングをしましょう。次回はみんなに見てもらうので，司会者さんは，場面の様子「～しているところのロール・プレイングを始めます。」と説明をしてから始めてください。 ◆ロール・プレイングは，演劇とは少し違うところがあります。それは，上手に演じることが目的ではないということです。その役になって，その人の気持ちが分かる，一緒に登場したひとの気持ちを共感できるということが大切なのです。	★声の大きさ・位置・動作・目線・表情など助言していき，のびのびとロール・プレイングできるよう励ます。 ★うまく表現できない児童もいると予想されるので，気を楽にして，行えばよいことを告げ，励ましたり，うまくできている部分を賞賛しながら自信を持たせていく。 ★アドリブで思ったことを入れたり，もっと自分の言いやすい自然な言葉でせりふが言えるように声かけをする。	・司会者用アドバイスカード
2分	3.次時の予告		◆次の時間は，このプログラムの最後となりました。みんなの前でしっかり発表しましょう。まだせりふがあやふやな人は，覚えて堂々とできるようにしておいてくださいね。		

●フレーム1　グループワーク　　　　　　　　　　　　　　　　　　　　　　○児童の活動内容　●教師の支援　◆教師の発問・働きかけ
　　　　　　　　　　　　　　　　　　　　　　　　　　　　　　　　　　　★うまく進みにくい児童・グループへの支援　☆早く進む児童・グループへの手だて
モジュールＧＡ（小グループ活動）＆モジュールＲＰ（ロール・プレイング）

	セッションⅢ－3　友達に共感し，よいところを見つけ，暖かいメッセージを送ろう　－　全体発表・まとめ　－				
目　標	・ロール・プレイングを行い，他人の演技を見ることにより，ソーシャル・スキルの役割を理解し，実行力をつける。				
時間	学習活動	学習内容とその詳細	教師の働きかけ	教師の個への対応	準備物と環境設定
3分	1.本時の学習計画を確認する。	●本時は，全プログラムのまとめであること，グループでのロール・プレイングを発表し，みんなに見てもらうことを伝える。 ●ロール・プレイングの趣旨を確認する。 （上手に演じるのではなく，役になりきること，いろいろな立場・場面を経験すること，気持ちが分かることが大切。）	◆今日は，前の時間にグループでロール・プレイングしたものを他のグループの人たちにも見せてあげましょう。 ◆前の時間にも言いましたが，ロール・プレイングは，役になりきって，いろいろな立場を経験し，その役の人の気持ちを理解することが大切なのです。だから，見ている人も，自分がその人になったようなつもりで見てください。「今この人はどんな気持ちなのだろう」「自分だったらどうするだろう」「どんな言葉をかけるだろう」などと考えながら見てください。 ◆発表するグループは，見ている人が様子がよくわかるように，場面と登場人物を簡単に説明してから始めてください。		※広めの教室 ・3つのスキルカード ・見るときの観点
15分	2.ロール・プレイングのリハーサルをする。	●ロール・プレイングのリハーサルをして，緊張感をほぐす。	◆それでは，発表会の前に15分時間をとりますから何回かリハーサルをしてください。		
	グループで考えたロール・プレイングを全体に発表し，3つのスキルについて話し合おう				
25分	3.ロール・プレイングの全体発表をする。 (1)グループごとにロール・プレイングを2回ずつ発表する。 (2)発表終了後，ロール・プレイングの感想について意見交換をする。	○自分のグループの発表をするときには，場面の様子，登場人物を始めにわかりやすく紹介してから始める。 ○どんな登場人物の役をしているかよくわかるように名札（プレート）をつける。 ○各グループの発表を見て感じたこと，わかったことを述べ合う。	◆さあそれでは，今まで学習してきたことの総まとめです。これまでの時間を振り返りながらしっかりロール・プレイングしてください。しっかり見れるように2回ずつ発表してもらいます。 ◆各グループのロール・プレイングを見ながら，今までに学習した「よいところみつけ」「友達の気持ちを理解する」「暖かいメッセージ」を見つけながら，自分がその人になったつもりでしっかり見て，心で感じてくださいね。 それでは，～グループからお願いします。 ◆（発表終了後拍手） ◆ロール・プレイングを見て感じたことやわかったことを，印象に残っているものでかまいませんから発表しましょう。 自分がやってみて感じたことや，友達の発表を見て感じたことでもかまいません。 ◆各グループのロール・プレイングを見てどう感じましたか？ 今まで学んだどんな内容が入っていましたか？それについてどう感じましたか？（児童発表） ◆どのグループも今まで学習したことを生かして，相手の気持ちをよく考えた暖かいメッセージを送っていましたね。	☆各グループの発表に対して感じたことや賞賛の言葉をかける。 ★発表中頑張ってできるように励ましながら行う。 ★感想を言うときには，友達のよいところを見つけて発表すること，3つのスキルについて心に残ったせりふを思い出すことなどポイントをしぼって児童になげかける。	
2分	4.プログラム終了の話を聞く。	●このグループ学習で学んだことを今後に生かしていけるように話をする。	◆これで，このプログラムは終わります。この学習は，ただ勉強するだけでなく，この学習で学んだことを日常生活の中でどれだけ生かせるかが大切なのです。ぜひ，ここで学んだことを思い出して，たくさんの人のよいところを見つけたり，友達の気持ちに共感して，どんどん暖かいメッセージを送ってあげてほしいと思います。そうすれば，友達も増え，周りの人にも気持ちのよい感じを与えると思います。 みなさん。言葉を大切にして友達に接していけるすてきな人になってくださいね。		・メッセージ

巻末資料2　181

●フレーム1（グループワーク）

|モジュールGA&RPセッションⅠ-1|

●掲示用資料　☆児童配布用資料　◎グループ活動用紙
＊教師用資料　★一部の児童に配布　○板書

※板書＆掲示（黒板）

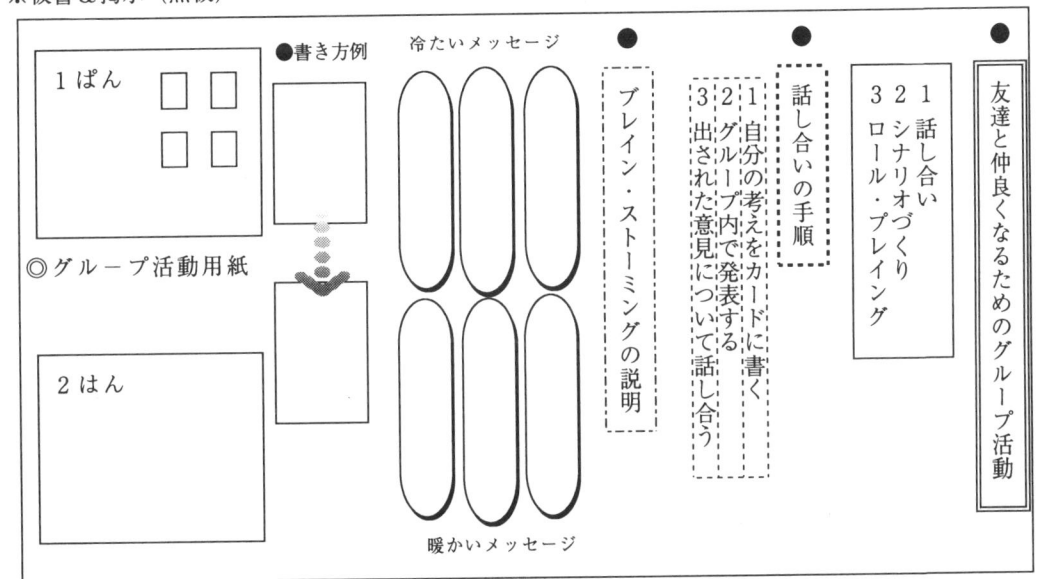

- 1ぱん
- ●書き方例
- 冷たいメッセージ
- ◎グループ活動用紙
- 2はん
- 暖かいメッセージ

- ブレイン・ストーミングの説明
- 話し合いの手順
  1 自分の考えをカードに書く
  2 グループ内で発表する
  3 出された意見について話し合う
- 1 話し合い
  2 シナリオづくり
  3 ロール・プレイング
- 友達と仲良くなるためのグループ活動

●書き方の例

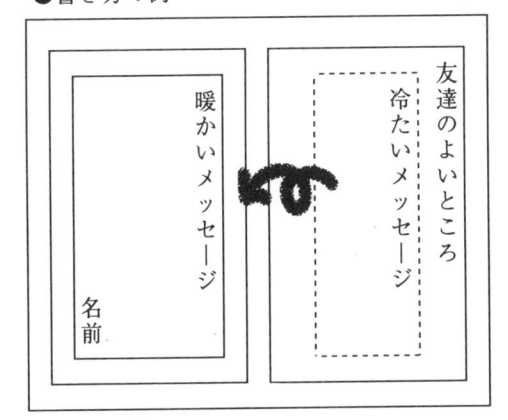

暖かいメッセージ　友達のよいところ
冷たいメッセージ
名前

◎カード添付

冷たいメッセージ
暖かいメッセージ

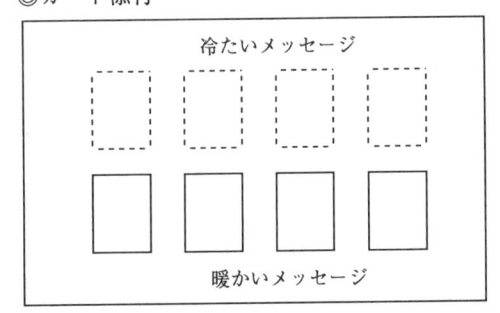

★ヒントカード（A4判）

ヒントカード

友達のよいところを見つけて，暖かいメッセージを送ろう

★友達にはどんなよいところがあるかな？
　友達の学校生活でのいろいろな場面を思いうかべてみましょう。

　◎友達から何かしてもらってうれしかったことはないですか？
　　・困っていたときにやさしく助けてくれた。

　◎友達の目立たないけれどもいいなあと思うところはありませんか？
　　・落ちていたゴミをひろう。
　　・人がいやがることを進んでする。

◎その人らしいすてきなところがきっとあるはずです。

その人も気づいていないようなよいところを見つけて
暖かいメッセージをおくってみましょう。
どんな言葉をかけてあげるとうれしいかな？

セッションⅠ-2

●掲示用資料　☆児童配布用資料　◎グループ活動用紙
★一部の児童に配布　＊教師用資料

★司会者用アドバイスカード（A4判）

シナリオづくりのしかた（司会者用）

ブレイン・ストーミングの方法（できるだけたくさん考えを出し合い，友達のいろいろな考え方をわかっていく。考えにはまちがいはないので友達の意見に耳をかたむけ，否定しないように話し合いをする）をいつも思い出しながら協力して話し合いシナリオを作っていきましょう。

◎司会者さんはグループの話し合いがうまくいくように進めてくださいね。

1　話し合いで出た意見の中から場面を選びましょう
　・前の時間の話し合いカードを見て，そこからシナリオを作りやすそうな場面を選ぼう。

2　場面にあったメッセージを考えましょう
　・冷たいメッセージから考えてみよう。
　・友達がうれしくなるような暖かいメッセージを考えよう。

3　できたシナリオを読み合って，修正しましょう。
　・せりふを読み直そう。
　・自分がふだん使っている言葉で，言いやすいように直そう。

4　ロール・プレイングの役割を決めましょう。

★記録者用アドバイスカード（A4判）

グループ活動の手順（記録者用）

シナリオづくり

　1　グループで考えた場面を書く

　2　せりふを考えてカードに書き，
　　シナリオ記録カードにはる

　　　　暖かいメッセージ・・・ピンクカード
　　　　冷たいメッセージ・・・ブルーカード

　3　グループで読み合って書き直していく

　4　シナリオシートに清書する

　5　ロール・プレイングのペアが決まったらメモしておく

※板書＆掲示（黒板）

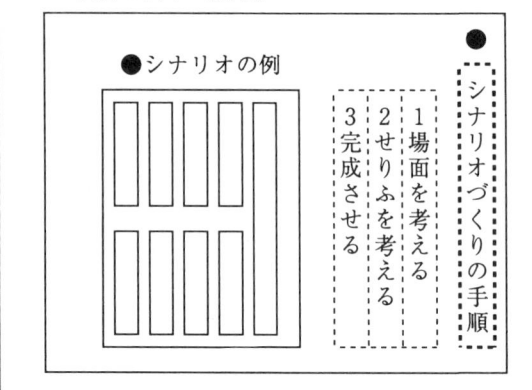

●シナリオの例

シナリオづくりの手順
1　場面を考える
2　せりふを考える
3　完成させる

◎シナリオ記録カード（A3判）

シナリオを作ろう
冷たいメッセージ
暖かいメッセージ

◎記録者用シナリオシート（A4判）

自分	友達	自分	友達	自分	友達
—	—	—	—	—	—

シナリオ
冷たいメッセージ
暖かいメッセージ
はん（　）
場面（　）

巻末資料2　183

| セッションⅠ－3 |

●掲示用資料　☆児童配布用資料　◎グループ活動用紙
★一部の児童に配布　＊教師用資料

※板書＆掲示（黒板）

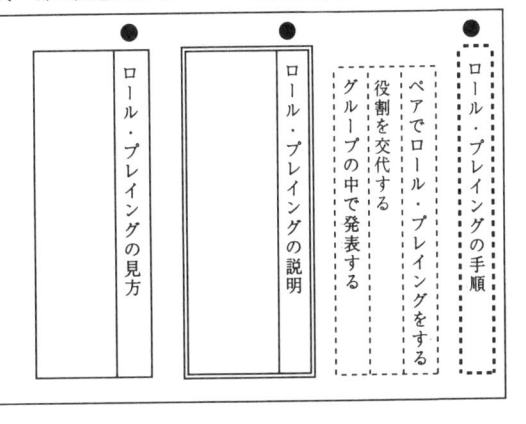

掲示内容（右から左）：
- ロール・プレイングの手順
- ペアでロール・プレイングをする／役割を交代する／グループの中で発表する
- ロール・プレイングの説明
- ロール・プレイングの見方

●ロール・プレイングの説明カード

　ロール・プレイングは，演劇とは少し違うところがあります。上手に演じることが目的ではなく，その役になって，その人の気持ちが分かる，一緒に登場した人の気持ちが分かるということが大切なのです。

☆個人用シナリオ（A4判）

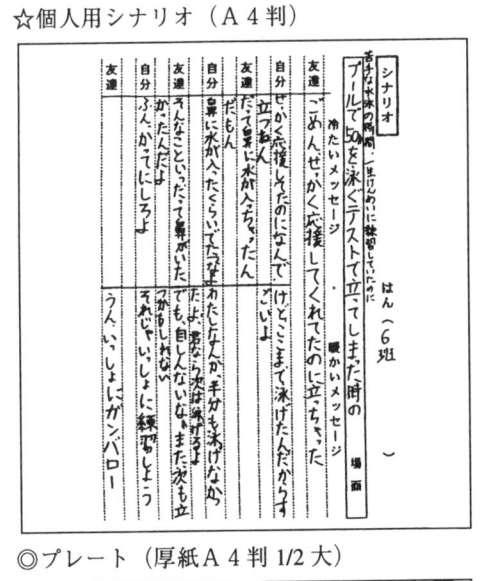

シナリオ
はん（　6班　）
場面　プールで50ｍを泳ぐテストで立ててしまった時の
　　　　　冷たいメッセージ　暖かいメッセージ

（シナリオ本文：苦手な水泳の時間。まじめに練習していたのにプールで立ってしまった。友達と自分の会話が続く。）

●ロール・プレイングの見方

・自分だったらどうするだろう，どんな言葉かけをするかな？と考えながら見ましょう。

★司会者用アドバイスカード（A4判）

ロール・プレインググループ発表のしかた

ロール・プレイングでは，その役になってみてその人の気持ちが分かること，友達のロール・プレイングを見て友達に対する接し方を学ぶことが大切です。

※グループで友達のロール・プレイングを見るとき司会者さんが次のように進めてくださいね。

司会の手順
1　各ペアのロール・プレイングを順に見る。
　○「～ペア発表してください」
　○拍手

2　全員の発表が終わったらロール・プレイングを見て感じたことを発表し合う。

　○「ロール・プレイングを自分がして感じたこと，友達のを見て感じたことを発表してください」

　○「冷たいメッセージを言ったり，言われたりしてどうでしたか？」「暖かいメッセージを言ったり，言われたりしたときはどうでしたか？」

※絶対に友達の発表を見て笑ったり，けなしたりしないように気をつけてくださいね。

★グループのメンバーがのびのびと発表できるように励ましてあげてくださいね。

◎プレート（厚紙A4判1/2大）

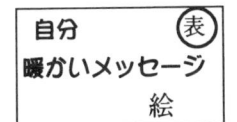

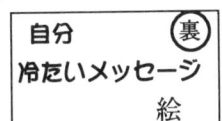

自分　（表）	自分　（裏）
暖かいメッセージ	冷たいメッセージ
絵	絵

| 友達 |
| 絵 |

セッションⅡ-1

●掲示用資料　☆児童配布用資料　◎グループ活動用紙
★一部の児童に配布　＊教師用資料　○板書

※板書＆掲示（黒板）

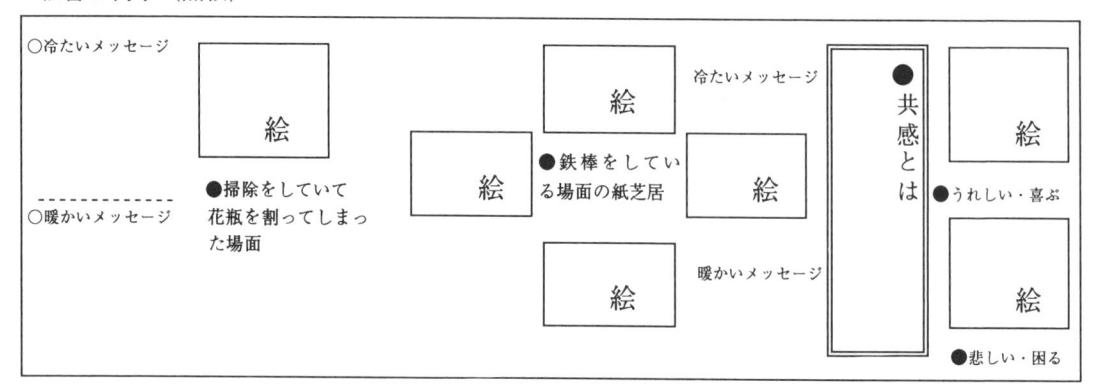

```
○冷たいメッセージ                          冷たいメッセージ        ●           絵
        絵                       絵                            共
                                                               感      ●うれしい・喜ぶ
------------        ●掃除をしていて   絵  ●鉄棒をしてい    絵     と
○暖かいメッセージ    花瓶を割ってしまっ       る場面の紙芝居             は
                   た場面                                               絵
                                  絵          暖かいメッセージ
                                                                      ●悲しい・困る
```

●共感についての説明カード

　共感とは，人がどのように感じ，考えているのかを理解し，同じように感じることです。たとえば，悲しんでいる友達を見て一緒に悲しくなったり，うれしい友達を見て一緒に喜んだりすることです。

★司会者アドバイスカード（A4判）

グループでの話し合いのしかた

　ブレイン・ストーミングは，できるだけたくさん考えを出し合い，友だちのいろいろな考え方を分かっていく話し合いです。考えにはまちがいはありませんから友達の意見に耳を傾け，否定しないようにしましょう。

1　自分の考えをもとう。
　・自分の考えをカードに書く。

2　順番に自分の考えを発表しよう。

　司会者
　　◎みんなが発表できるように取り組もう。
　　「今から～について発表してください」
　　「～さんから発表してください」
　　「発表しながら，カードを画用紙に貼ってください」

　※みんなが言いにくそうにしている場合は，司会者さんから発表していくといいね。
　※グループのメンバーからたくさんの意見が出るといいですね。

3　グループの考えがまとまっていくように仲間分けをしよう。
　・同じ考えのものはまとめていく。

4　グループの中で出た意見を全体の場で発表しよう。

◎メッセージカード（四つ切画用紙）

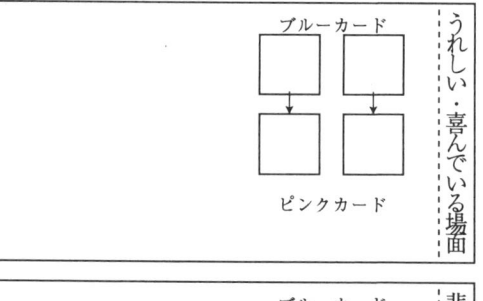

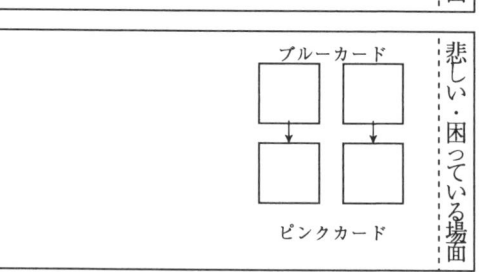

```
  ブルーカード          うれしい
 □    □              ・
  ↓   ↓              喜んでいる場面
 □    □
  ピンクカード

  ブルーカード          悲しい
 □    □              ・
  ↓   ↓              困っている場面
 □    □
  ピンクカード
```

★記録者アドバイスカード（A4判）

グループ活動の手順

　<u>話し合い</u>

　カードに書いた考えを発表し，仲間分けするとき

　・同じ考えは重ねる。
　・よく似た考えの時は並べる。
　・つけ加えることがあれば記入していく。

巻末資料2　185

セッションⅡ-2

●掲示用資料　☆児童配布用資料　◎グループ活動用紙
★一部の児童に配布　＊教師用資料　○板書

※板書＆掲示（黒板）

```
●シナリオの例     [絵]          ●シナリオの例     [絵]         共
                                                               感
                                                               と
              ●うれしい                    ●悲しい              は
               喜んでいる絵                 困っている絵
                 ○○○                      ○○○
                 ほめる                     心配する
                                            応援する
                                            励ます
```

●シナリオ例

困っている場面

掃除をしていて花びんを割ってしまった
〈暖かいメッセージ〉
A「どうしよう。花瓶割ってしまった」
B「だいじょうぶ？けがしてない？」
A「先生に怒られるかな？」
B「わざとじゃないしおこられないよ」
A「でも・・・」
B「いっしょに先生の所にあやまりにいこう」
A「ありがとう」

〈冷たいメッセージ〉
「何してるの。だめだなあ」
「しかたがないよ。自分が悪いんだから」
「さっさと割れたものかたづけろよ」
「うるさい！」

うれしい場面

絵のコンクールで金賞をとった
A「うれしい！　金賞だ」
B「すごいじゃない。おめでとう」
A「こんな賞とったの初めてよ」
B「前から絵がうまいと思っていたのよ」
A「そういってくれるとうれしいわ」

「そんなのまぐれよ！　じまんしないで」
「私なんか何回ももらってるよ」
「そんなふうに言わなくてもいいのに」

★ヒントカード（A4判）

ヒントカード

共感は，友達の気持ちを分かってあげて，同じように感じることです。友達が悲しいときにはいっしょに悲しみ，うれしいときにはいっしょに喜んであげることです。そして，励ましたり，ほめてあげたりすることが大切です。

☺自分の経験を思い出して場面を考えてみましょう。
どんなとき，どんな気持ちだった場面にしますか？

例　友達とけんかして悲しい
　　図工で使う材料を忘れて困っている
　　算数の問題がなかなかできなくてつらい
　　逆上がりができるようになって喜んでいる
　　サッカーの試合に勝ってうれしい

●考えが浮かばない場合には上の例から選んでね。

☺_____場面
☹_____場面

セッションⅡ-3

●掲示用資料　☆児童配布用資料　◎グループ活動用紙
★一部の児童に配布　＊教師用資料

◎板書&掲示（黒板）

● ロール・プレイングの見方
● ロール・プレイングの説明
　グループの中で発表する
　役割を交代する
　ペアでロール・プレイングをする
● ロール・プレイングの手順

☆個人用シナリオ（A4判）

シナリオ　　　　　　　　　はん（6班　）

高跳びで初めて1m15cm跳べた
冷たいメッセージ　　暖かいメッセージ　　場面

友達「やったー！1m15cmがやっと跳べた」
自分「冷たいメッセージ」／「すっげー！ずっと練習してきたけど、私に15cm跳べたよ！」
友達「でも私にしてはすごいんだよ」
自分「そんなの私なんか五年生の時に跳べたよ」
友達「わかってる。そんなの自まんしてないよ」
自分「ふん。自きんしてたくせに」

自分「やったー！1m15cmがやっと跳べた」
友達「暖かいメッセージ」／「すっげー！ずっと練習してきたね」
自分「でもあなたにはまだ追いつけないよ」
友達「そんなことないよ。私はずっと前からなれたんだから。練習したら跳べるようになれたんだよ」
自分「やっぱり練習しかないね」
友達「うん。もっと跳べるように一しょに練習しよっか」
自分「うん。もっと跳べるようにがんばろう」

★司会者用アドバイスカード（A4判）

ロール・プレインググループ発表のしかた

ロール・プレイングでは，その役になってみてその人の気持ちが分かること，友達のロール・プレイングを見て友達に対する接し方を学ぶことが大切です。

※**グループで友達のロール・プレイングを見るとき司会者さんが次のように進めてくださいね。**

司会の手順
1　各ペアのロール・プレイングを順に見る。
　○「～ペア発表してください」
　○拍手

1　全員の発表が終わったらロール・プレイングを見て感じたことを発表し合う。
　○「ロール・プレイングを自分がして感じたこと，友達のを見て感じたことを発表してください」

　○「冷たいメッセージを言ったり，言われたりしてどうでしたか？」「暖かいメッセージを言ったり，言われたりしたときはどうでしたか？」

※**絶対に友達の発表を見て笑ったり，けなしたりしないように気をつけてくださいね。**

★グループのメンバーがのびのびと発表できるように励ましてあげてくださいね。

巻末資料2　187

セッションⅢ-1

●掲示用資料　☆児童配布用資料　◎グループ活動用
★一部の児童に配布　＊教師用資料　○板書

◎板書＆掲示（黒板）

●名前の例
田中・岡・川田
上野・鈴木・井上

●シナリオ例

シナリオづくりの手順
1　場面を決める
2　・せりふを考える
　・自分の役の名前を決める
　・暖かいメッセージ
3　グループで読み合わせをし、修正する

○板書
共感する ─ 暖かいメッセージを送る
友達のよいところを見つける

●シナリオ例

ロールプレイシナリオ
かぜをひいて欠席し、クラスマッチに出られなかった次の日

木村「昨日休んでしまったけどクラスマッチどうなったかな？」
木田中「あっ木村君、かぜだいじょうぶ？」
篠原「まだしんどそうだなあ」
鈴木「みんな心配してたのよ」
安部「ごめんごめん。みんなで一生懸命練習したのに本番に出られなくて。クラスマッチどうだった？」
中井「みんなも頑張ったけど2対1で負けたよ」
木村「あんなに頑張っていたのに出られなくて残念だったね」
篠原「きみの力はすごいよ」
安部「今回は残念だったけど、次のクラスマッチで頑張ろうぜ」
中井「朝は学校にきたくなかったけど、きてよかった。みんな心配してくれてありがとう」
田中「そんなこと、気にしなくていいよ」

◎シナリオシート（B4判）

シナリオ　はん（　）　場面

188

| セッションⅢ-2 | ●掲示用資料 ☆児童配布用資料 ◎グループ活動用紙
★一部の児童に配布 ＊教師用資料 ○板書 |

※板書＆掲示（黒板）

○
動作
表情　を考えて
目線
立つ場所

● ロール・プレイングの説明

● 1 ロール・プレイングの手順
2 シナリオを完成させる
3 プレートに名前を書く
4 グループでロール・プレイングをする
5 グループで話し合いながら完成させていく

☆シナリオ

シナリオ　　4はん（　　）　場面

そうじでおくれて来た

服井　あー　そうじおくれちゃった、ごめんな。
（といいながら、急いで来た）
高川　いいよ、いいよ。私もおくれて来たことあったもん。
中貝　おくれて来ることはよくあることだよ。
中部　急がしかったんでしょ。それならしょうがないよ。
服井　ありがとう。金管クラブの練習でおくれてしまったんだ。次はおくれないようにするね。
増島　服井君、気にしんとき。はい？ほうきとっといたから、そうじしよ。
岩田　さっ帰ってきたことだしパッパとすまそうじゃ。
服井　（もくもくとそうじをやり出す）
　　　（音楽を鳴らす）あっそうじ時間終わっちゃった。ちょっとしかできなくて、ゴメンな。
高川　そんなことないない。もう気にしないでって、言ったじゃん。
中部　そうだよ。服井君、金管でガンバッてるもん。
中貝　うんうん。その通りだよ。
増島　あやまらなくてもいいよ。
岩田　そうだ、そうだ。あと五分あるしガンバろう。
服井　明日はゼッタイおくれないようにするよ。

☆プレート

田中

巻末資料2　189

セッションⅢ-3

●掲示用資料　☆児童配布用資料　◎グループ活動用紙
★一部の児童に配布　＊教師用資料　○板書

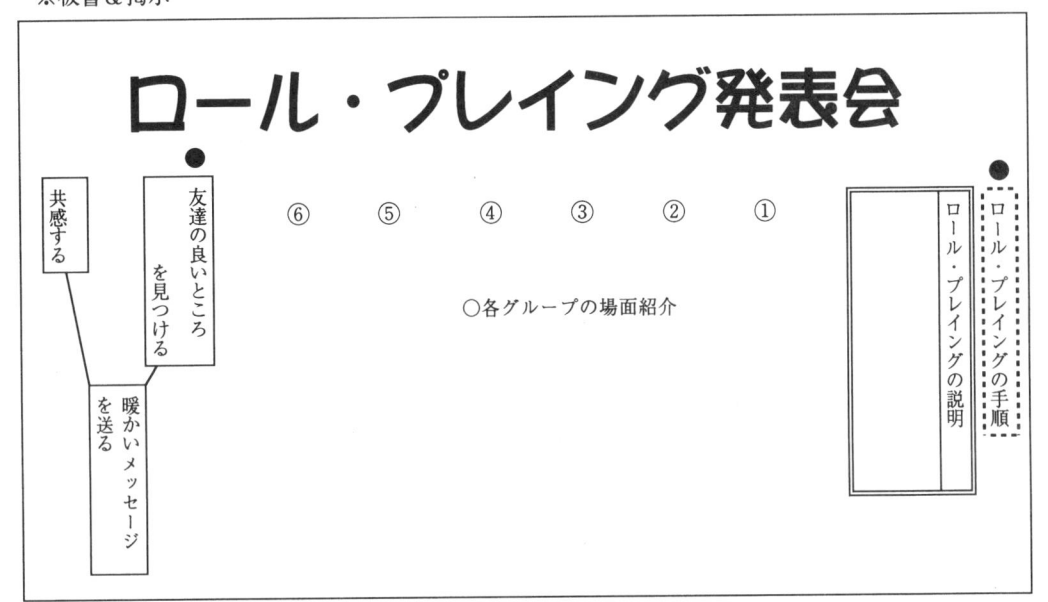

※板書＆掲示

ロール・プレイング発表会

⑥　⑤　④　③　②　①

○各グループの場面紹介

共感する

友達の良いところを見つける

暖かいメッセージを送る

ロール・プレイングの説明

ロール・プレイングの手順

●フレーム3　リレーション＆説明ワーク　　　　　　　　　　　　　○児童の活動内容　●教師の支援　◆教師の発問・働きかけ
　　　　　　　　　　　　　　　　　　　　　　　　　　　★うまく進みにくい児童・グループへの支援　☆早く進む児童・グループへの手だて

モジュールEA　エクササイズ活動　－グループで協力してゲームをしよう－					
目　標	・グループ内のリレーション，教師対児童のリレーションを高める。 ・グループ活動の中で，ソーシャル・スキルへ注意を喚起し，その実行を促す。				
時間	学習活動	学習内容とその詳細	教師の働きかけ	教師の個への対応	準備物と環境設定
3分	1.グループごとに集合し，プログラムの目標を確認する。	●事前にグループメンバー表を配布しておき，素早くグループで集合できるようにしておく。 ●友達との関係をよりよくするための活動であることを簡単に紹介する。	◆今から心の学習を始めます。グループメンバー表の通り，グループごとに集まってください。司会者さんと記録者さんについては先生が決めさせてもらいました。これからグループで協力して活動してくださいね。 ◆これから始める学習は，みなさんが友達と仲良くなるための心の学習です。いっしょに活動しながら，心でいろいろなことを感じてほしいと思います。		・教室（机・いすなし） ・グループメンバー表 ・プログラムの目標
20分	2.グループ対抗のゲームをする。 (1)ゲームの説明と注意を聞く。	○消しゴムはどこだゲームの説明を聞く。 ・ルールとゲームの順番 ・対戦表 ・得点 ・話し合いの仕方	◆今から"消しゴムはどこだゲーム"を始めます。このゲームは，グループで協力して行うゲームです。まずルールを説明します。最初に，グループを大きくAブロック1～3班とBブロック4～6班の2つのグループに分かれます（対戦表を見せながら）。まず，Aブロックを例に説明します。このように並びます（並び方の図を見せながら）。まず1班が男女男女の順にここに並びます。スタートの合図で先生が消しゴムを渡します。消しゴムをだれが持っているか2班の人に分からないように回していきます。ですからできるだけくっついていないといけません。回し方は自由ですから相手にわからないようにうまく工夫してください。 　2班の人はだれが持っているかよく様子を見ていてください。ストップの合図で，手を前に出します。2班の人はグループで2分間相談できます。グループで輪になって相談し，みんなが納得できる話し合いをしてください。話し合いが煮詰まったら，一番あやしい人から3人…1位Aさん，2位Bさん，3位Cくんというように選んで，記録者さんがカードに書いてください。 　1位が見事に当たれば10点，2位7点，3位3点です。このとき3班さんが審判の役をします。お互い正々堂々とできているか様子を見ていてください。 　それではこの対戦表をもとにゲームを始めていきます。先ずブロックごとに対戦した後，得点が一番高いチームは決勝戦に出場できます。同点の場合はじゃんけんで決めます。さあ優勝チームはどこでしょうか？　相手チームの様子をよく観察してグループで話し合い，決めてください。それでは始めます。	★素早く並べるよう声かけする。 ★2分間しっかり話し合えるよう，声かけする。	・ストップウオッチ ・消しゴム（小） ・テープ（並ぶときの印を事前につけておく） 〈板書用〉 ・対戦表 ・並び方図 ・得点表 〈各グループに〉 ・話し合いカード ・バインダー ・鉛筆
	(2)ゲームをする。		◆ゲーム開始 ◆結果発表！○○チーム優勝！ どんなところに気をつけて優勝したのでしょうか？（答えてもらう）	★うまく相談しながら決定できているか助言する。	
20分	3.ゲームの感想をグループで話し合う。 (1)グループで話し合う	○話し合いのポイント ・友達のことをよく見る。 ・コミュニケーションの取り方 ・人の気持ちを推し量ることなど感じたことを自由に発表する。	◆"消しゴムはどこだゲーム"をしてみてどうでしたか？○○チームがお話してくれたように「どんなところに気をつけて，だれがもっているかわかったか？」「グループでうまく話し合いできたか？　話し合いで工夫したところ」などについて話し合いましょう。この話し合いは，ブレイン・ストーミングという話し合いです。ブレインとは脳のこと，ストーミングとは嵐のことです。脳の嵐…みなさん自分の考えをどんどん言い合う。そして，グループの人は，相手の意見を否定しないでしっかり聞いてあげるという話し合いです。司会者さんを中心に協力し，進めてください。		・話し合いのポイント ・ブレイン・ストーミングの説明
	(2)全体に発表する。		◆話し合い ◆児童全体発表	★グループでの話し合いがスムーズに進んでいるか机間巡視しながら援助する。	
2分	4.次時の予告		◆ゲームやブレイン・ストーミングをして，みなさんいろいろなことを感じたようですね。ゲーム中にじっくり友達のことを見たように友達のことをよく見ること，グループの友達みんなの意見をよく聞いて話し合いをすること，自分が気がついていないことにも気づいていた友達の良さに気づき，ほめてあげることなど，友達と仲良くなるためにはすべて大切なことですね。（友達関係の3つのスキルが話し合いの中から出てこない場合には，教師が見て気づいたよいところを紹介する） 　素敵な友達を作り，より仲良くなるために，これから先生と心の学習をしていきましょう。		

巻末資料2　191

●フレーム3　リレーション＆説明ワーク　　　　　　　　　　○児童の活動内容　●教師の支援　◆教師の発問・働きかけ
★うまく進みにくい児童・グループへの支援　　☆早く進む児童・グループへの手だて

	モジュールKA　知識の獲得　－　友達と仲良くするためには？　－				
目標	・プログラムの目標の意味と重要性を理解し、プログラム参加への意欲を高める。 ・VTRを見て、友達とうまくいくためのスキルや考え方について知る。 ・攻撃性が健康に及ぼす影響について知る。				
時間	学習活動	学習内容とその詳細	教師の働きかけ	教師の個への対応	準備物と環境設定
2分	1.本時の学習活動を確認する。	●友達との接し方について学習していくことを確認する。	◆前の時間にゲームをして、友達をよく見ること、良さに気づきほめてあげることなど友達と仲良くなるためにはいくつかありました。でも、友達と喧嘩をしてしまったり、うまくいかなかったりするのはどうしてなのでしょうか？		※各教室 (TV・VTR)
5分	2.攻撃性と健康についての話を聞く。	○攻撃性と健康についての話を聞く。 ・人間と攻撃性 ・攻撃性と健康の関連性について	◆動物は食物を捕るために、そして、身を守るために攻撃的になります。人間も動物なので同じような本能を持っています。だから、だれでも攻撃的な心になったり、攻撃的な行動をとったりする可能性はあるのです。しかし、その攻撃的な心や行動をコントロールできるのはわたしたち人間だけなのです。 ◆攻撃的になる(友達と喧嘩をする)とかっとして怒ったり、嫌な気持ちになったり、不安になったりします。顔が真っ赤になり、心臓がどきどきします。そして、血圧が上がり、胃や腸などが痛くなったりします。このように、攻撃的になり、友達とうまくいかなくなるというのは、心も体も調子が悪くなり、恐ろしいことなのです。		
33分	3.VTRを見て、登場人物のすばらしい点や問題点について話し合う。	○人と人との交流場面のVTRを見て、適切な対人関係の取り方を学ぶ。	◆今から『小公女セーラ』というビデオを流します。小公女というお話を知っていますか？簡単に登場人物を紹介します。主人公セーラ、友達のアーメンガード、ラビニアです(絵を見せながら説明)。全部見せたいのですが、時間がないので今から3つの場面をお見せします。登場人物のすばらしいところ、問題のところを見つけながら見てください。		・登場人物の絵 ・ビデオテープ(小公女セーラ編集) ・説明用の文
(8)	(1)ビデオを見る。				
(20)	(2)登場人物の行動について話し合う。	○話し合いのポイント ・友達に対する帰属の仕方(悪意帰属と善意帰属) ・友達の良いところを見つけて暖かいメッセージを送る。 ・共感して暖かいメッセージを送る。	◆①登場人物のどんなところがすばらしかったですか？また、②どんなところが問題だと思いましたか？それでは、③どうして問題なのでしょうか？原因を考えてください。④どう直せばよい友達になれるのでしょうか？①～④についてグループで話し合ってください。記録者さんはワークシートにグループで出た意見を書いてください。(児童話し合い) ◆話し合ったことを発表してください。 ◆セーラは、友達のアーメンガードが友達に嫌なことを言われて落ち込んでいるときに心温まるような言葉をかけてあげていましたね。反対にラビニアは、友達がいやがる言葉を次々と言って、相手を傷つけていましたね。 　またラビニアは、友達の行動に対して、悪くとらえる見方ーマイナスイメージを持っていますね。でも、ビデオの中のアーメンガードのように友達は、本当は何か悪いことをしようと思ってしたのではないかもしれませんね。そのときの様子・行動だけでその人を悪いと決めつけてしまっているのかもしれません。その人にも何か理由があるのかもしれません。その人のことをよく考えてあげて、その人の良い面を見てあげるとプラスのイメージに変わっていくのではないでしょうか。ビデオのように、ちょっとした誤解から友達とうまくいかなくなってしまうこともあります。 　セーラは、友達に対して暖かく、また悪く考えずに行動していたので、最後にはラビニアとも仲良くなれたのですね。みなさんが考えてくれたように、友達とのつきあい方、接し方、友達に対する考え方を変えていくと素敵な友達関係になれるのです。	★ブレイン・ストーミング的話し合いを行っていくので、友達の意見を否定しないように声かけする。	・記録用紙(A3判)
(5)	(3)ビデオの中の友達との接し方についての話を聞く。				
5分	4.プログラム内容について説明を聞く。	●プログラムの内容 ・スキルの効用 ・原因帰属の問題 ・トレーニング	◆今日話し合ってもらったように、この友達作りの学習では、友達とうまくいくようにするための方法、スキルを学びます。スキルは、学習したり、練習したりしてうまくなります。自転車に乗れるようになった時のことを覚えていますか？転びながら何回も練習したでしょう？最初からスイスイ乗れる人はいないのです。ですから、友達への接し方も友達に対する考え方も自分で変えるように練習して、努力していくことが大切です。 　まず、友達の良いところを見つけて暖かい言葉をおくってあげる、そして困っていたら励ましてあげたり、勇気づけてあげたりすることができればすばらしいですね。友達に優しく話しかけることができればトラブルもなくなるのです。こういったスキルを身につけると、友達とのコミュニケーションがうまくとれるようになり、友達と仲良くなります。また、気分が良くなり、楽しい気持ちになります。そして不安やいらいらがなくなり、自信がついてきます。これから、友達とより仲良くなり、仲良しのクラスにしていきましょう。		・3つのスキル、帰属に関する言葉カード

●フレーム3（リレーション＆説明ワーク）

モジュールEA

●掲示用資料　☆児童配布用資料　◎グループ活動用紙
＊教師用資料　★一部の児童に配布　○板書

☆グループメンバー表

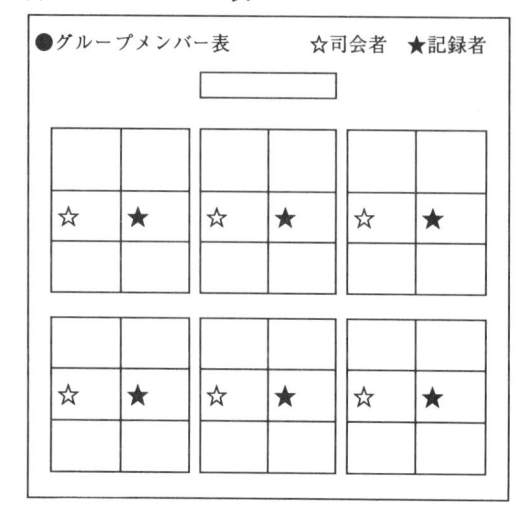

●グループメンバー表　　☆司会者　★記録者

●対戦表

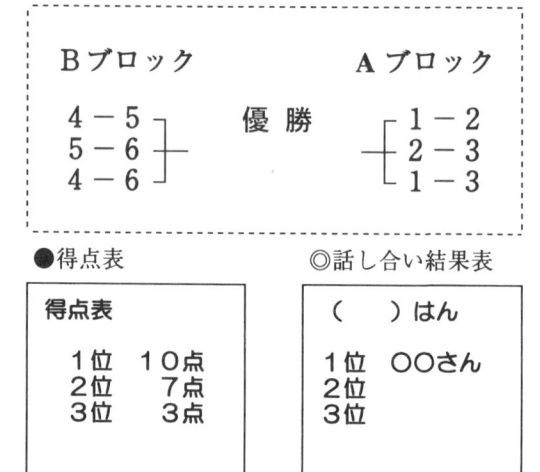

Bブロック　　　　　Aブロック
4－5 ┐　　　　　┌ 1－2
5－6 ├ 優勝 ┤ 2－3
4－6 ┘　　　　　└ 1－3

●得点表

得点表

1位　10点
2位　　7点
3位　　3点

◎話し合い結果表

（　）はん

1位　○○さん
2位
3位

●並び方図

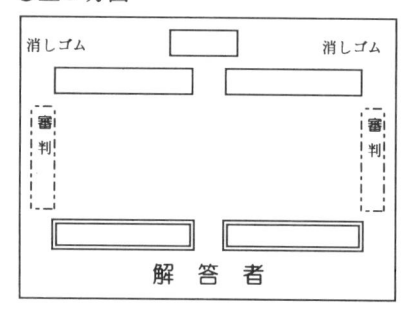

（消しゴム／審判／解答者の配置図）

●話し合いのポイント
　◎だれが消しゴムを持っているかはどんなことに気をつけてわかりましたか？
　◎グループでどのような話し合いをしましたか？
　（話し合いで工夫したところ）

●ブレイン・ストーミングの説明
　◎ブレイン・ストーミングは何かを決めるための話し合いでなく，できるだけたくさんの意見をどんどん発表していくものです。そして，友達の考えを否定せず，いろいろな考え方があるということを受け入れていくものなのです。

※板書＆掲示（黒板）

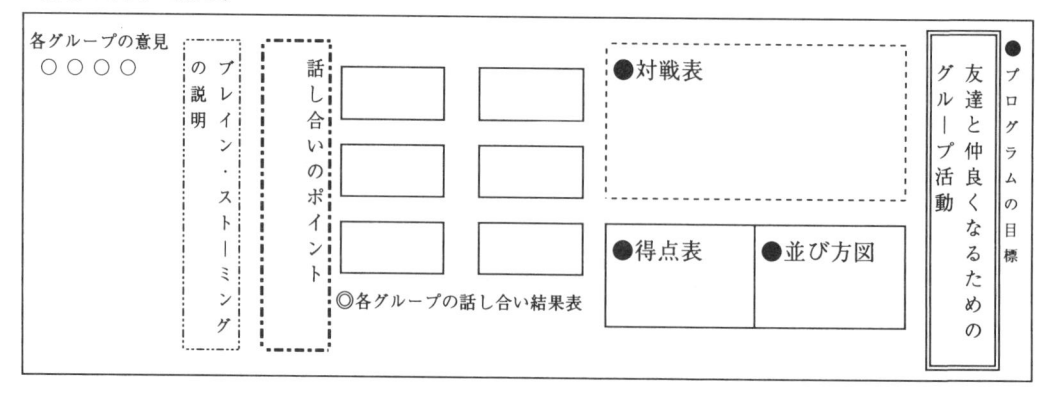

各グループの意見　○○○○　｜ブレイン・ストーミングの説明｜話し合いのポイント｜◎各グループの話し合い結果表｜●対戦表｜●得点表　●並び方図｜●プログラムの目標　友達と仲良くなるためのグループ活動

巻末資料2　193

モジュールKA

●掲示用資料　☆児童配布用資料　◎グループ活動用紙
＊教師用資料　★一部の児童に配布　○板書

＊小公女セーラVTRを見ながらの説明

　今から小公女セーラというビデオを流します。このお話はとても長くて，みなさんに全部お見せしたいのですが，時間がないので今日はその中から3つの場面を今から流します。
　まず，登場人物について簡単な説明をしておきましょう。主人公セーラです（絵を提示しながら）。セーラは大好きなお父さんと離れてイギリスのロンドンという町のミンチン女子学院に入学しました。ここは，寄宿学校といって学校と寮がいっしょになっている所です。主な登場人物は，一番に友達になったアーメンガード（絵）となかなか仲良しになれないラビニア（絵）です。
　ある日のフランス語の授業の時のことです（ビデオを流しながら）。アーメンガードはフランス語が苦手でした。
　こんなことがあってから，セーラとアーメンガードは大の仲良しになりました。
　4年後のある日，セーラはこの学院の生徒でいられなくなり，屋根裏部屋に追いやられ，一日中働かなくてはならなくなりました。そんなつらい毎日でしたが，屋根裏部屋にもかわいいお友達がいました。それはメルという名前のネズミです。お腹をすかしているときには餌をあげていたのです。
　そんなある日の食事の時，アーメンガードがネズミにあげようと思って食べ残しのパンを持っていこうとしたとき‥
　こんな風にいろいろなつらいことがありながらもセーラは他の人に対して温かく接します。
　ある日，セーラはまたもとの幸せな生活に戻れるようになります。つらかったミンチン女学院から一度は出ていったのですが，勉強したいという希望でまたみんなといっしょに勉強することになりました。
　みんな大喜びです（VTR）。セーラはだれにでも暖かく接していたので，なかなか仲良しになれなかったラビニアとも仲良くなれ，周りの人も変わっていったのです。

◎記録用紙

※小公女セーラ
グループで協力して話し合いましょう。

☆すばらしいところはどんなところ？

★問題なところはどんなところ？

★なぜ問題なのかな？

◎どう直せばいい？

スキル

●3つのスキル，帰属に関する言葉カード

◇友達の良いところを見つけて，暖かい言葉をかけてあげよう

◇困っている友達がいたら，優しく声をかけて，はげましてあげよう

◇友達の良い面を見てあげて，プラスのイメージを持とう。

※板書＆掲示（黒板）

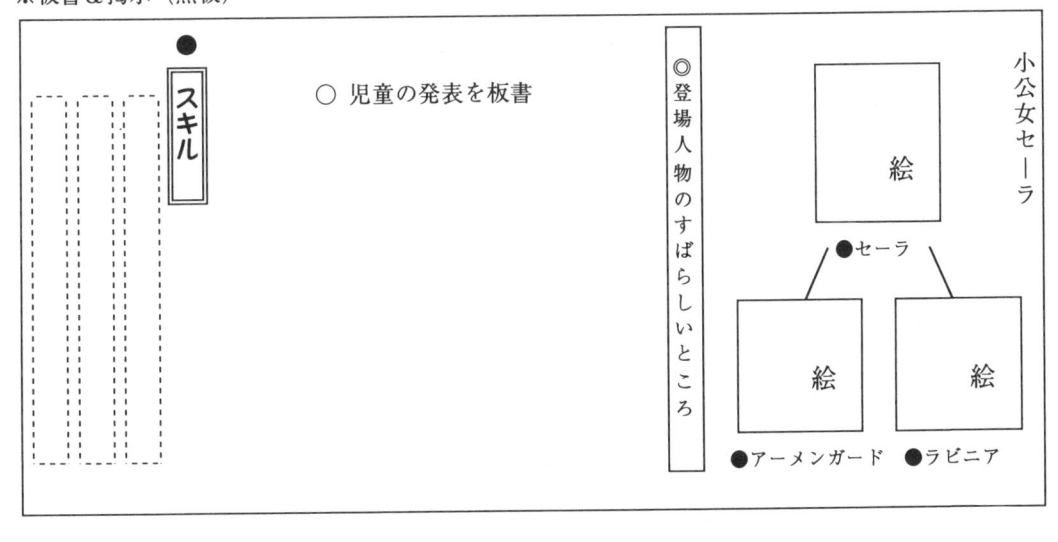

●　スキル　　　○ 児童の発表を板書

◎登場人物のすばらしいところ

小公女セーラ

絵
　●セーラ

絵　　絵
●アーメンガード　●ラビニア

巻末資料 3　攻撃性適正化プログラムにおける効果評価の検査群の改訂版

以下の順に評価を実施する。
① 小学生用攻撃性質問紙
② 悪意意図帰属仲間評定
③ 攻撃性仲間評定
④ 児童用意図帰属尺度
⑤ 児童用対人領域セルフ・エスティーム尺度
⑥ ソーシャル・スキル仲間評定
⑦ セルフ・エスティーム仲間評定
⑧ 小学生用ソーシャル・サポート質問紙短縮版

※⑤～⑧は別の日に実施するのが望ましい

次ページに続く実際の評価方法は，男子を例に紹介する。
なお，すでに紹介した評価方法は省略したので，巻末資料1を参照のこと。

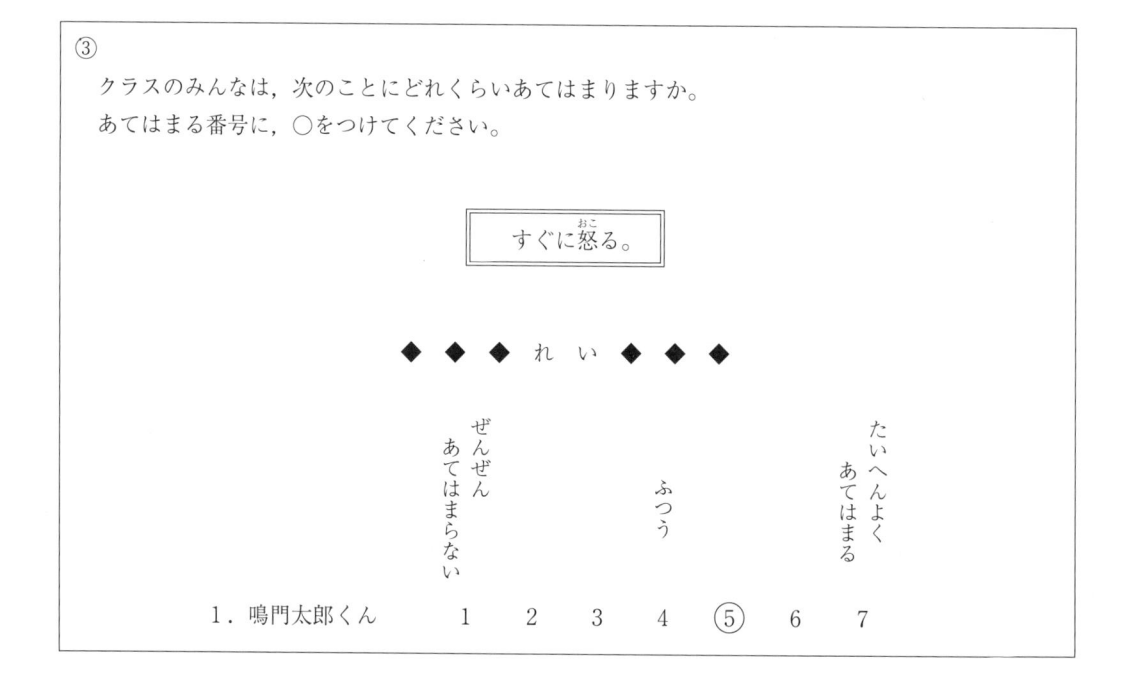

②
　クラスのみんなは，次のことにどれくらいあてはまりますか。
　あてはまる番号に，○をつけてください。

人からいやなことをされても，悪（わる）くとらない。

◆ ◆ ◆ れ い ◆ ◆ ◆

	ぜんぜんあてはまらない		ふつう			たいへんよくあてはまる
1．鳴門太郎くん　　1	2	3	4	⑤	6	7

③
　クラスのみんなは，次のことにどれくらいあてはまりますか。
　あてはまる番号に，○をつけてください。

すぐに怒（おこ）る。

◆ ◆ ◆ れ い ◆ ◆ ◆

	ぜんぜんあてはまらない		ふつう			たいへんよくあてはまる
1．鳴門太郎くん　　1	2	3	4	⑤	6	7

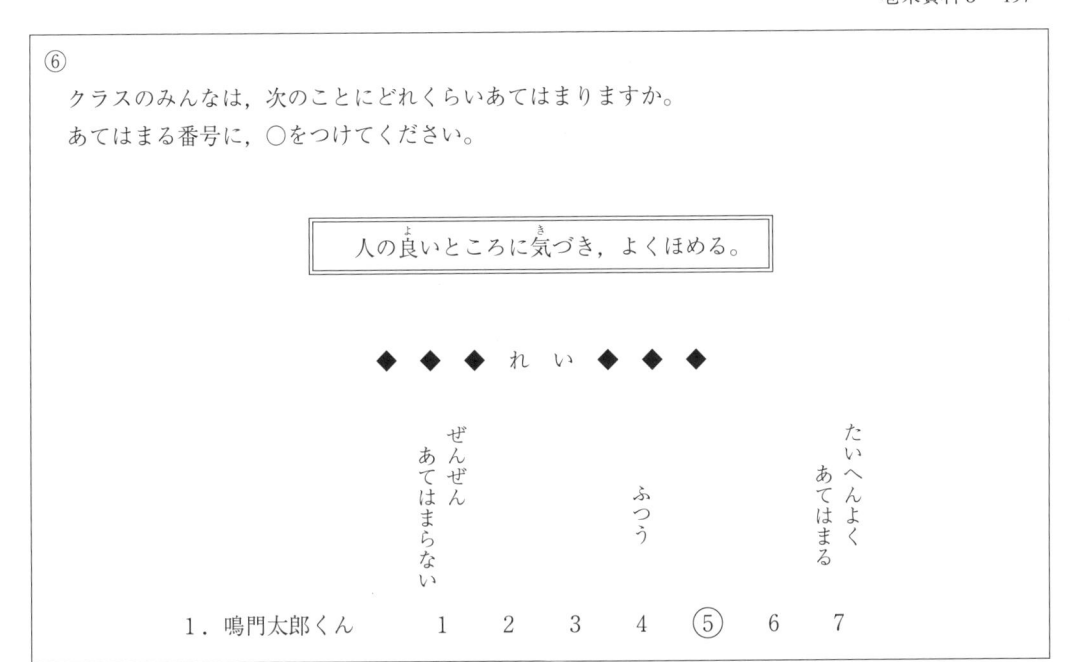

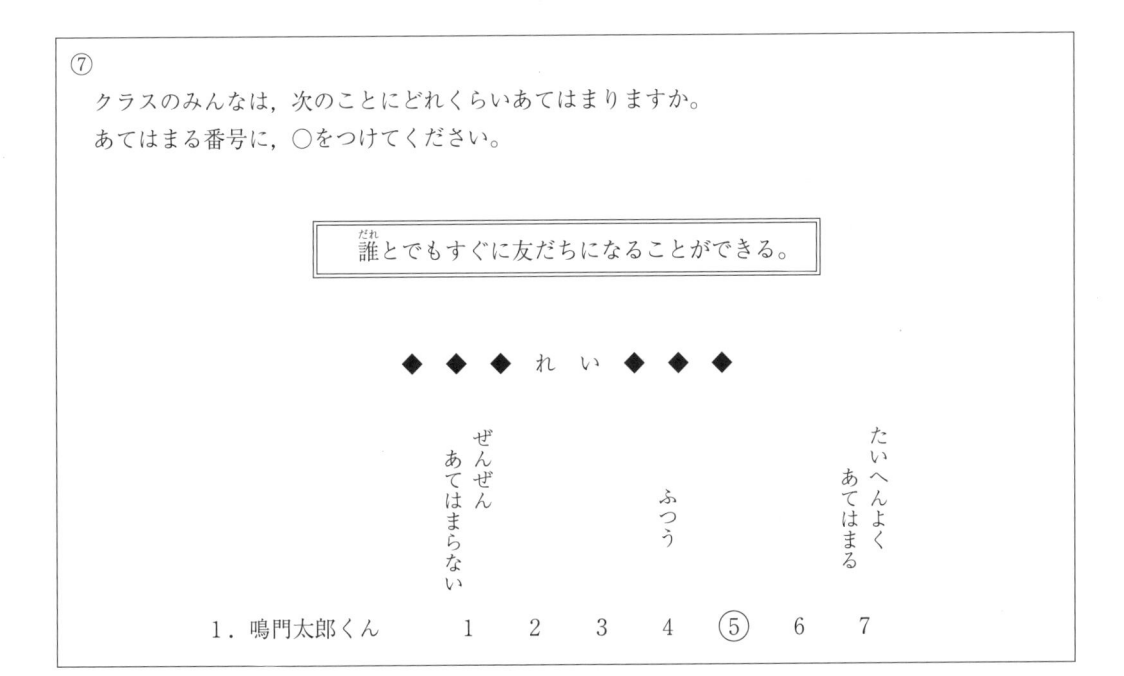

⑥
クラスのみんなは，次のことにどれくらいあてはまりますか。
あてはまる番号に，○をつけてください。

| 人の良いところに気づき，よくほめる。 |

◆ ◆ ◆ れ い ◆ ◆ ◆

ぜんぜん
あてはまらない　　　　ふつう　　　　たいへんよく
あてはまる

1．鳴門太郎くん　　1　2　3　4　⑤　6　7

⑦
クラスのみんなは，次のことにどれくらいあてはまりますか。
あてはまる番号に，○をつけてください。

| 誰とでもすぐに友だちになることができる。 |

◆ ◆ ◆ れ い ◆ ◆ ◆

ぜんぜん
あてはまらない　　　　ふつう　　　　たいへんよく
あてはまる

1．鳴門太郎くん　　1　2　3　4　⑤　6　7

事項＆人名索引（50音順）

あ行

- アールスコート・ソーシャルスキル・グループプログラム……145
- 悪意意図帰属……39
- アサーティブ行動（→主張的行動）……67, 68
- 朝型―夜型検査……53
- 朝型睡眠習慣……15
- 荒木紀幸……12, 13
- α係数……50
- アレキサンダー（Alexander, F.）……18
- 怒り……20
- 怒りコントロールプログラム……145
- 怒り制御……21
- 怒り表出……20
- 怒り抑制……20
- 生きる力……139
- いじめ……22, 28
- いじめの4層構造論……28
- 依存・消極性……14
- 依存・消極性改善プログラム……138
- 遺伝要因……24
- 伊東博……11
- 意図帰属……28, 69
- うつ病……5
- エクササイズ……10, 41, 65
- NDSU式生活習慣調査……53
- エンカウンター……10
- 応用行動分析……37, 38
- 大渕憲一……20
- オズボーン（Osborn, A.F.）……63
- オペラント水準……38

か行

- 開発的カウンセリング……10
- 外発的動機づけ……72
- カウンセリング……40
- 価値―期待理論……33
- 価値の明確化……12
- 環境要因……24
- 冠状動脈性心臓疾患……22
- 期待……33
- 教育クラス（グループ）……47
- 教育職員免許法……137
- 強化……31
- 強化子……31
- 強化スケジュール……32
- 共感的感情……13
- 拒絶……24, 25
- キレる……21
- クック・メドリィ敵意尺度……22
- クリック（Crick, N.R.）……27
- グリーン（Green, L.W.）……9
- グループ・ワーク……62, 78, 94
- 掲示用印刷プロンプト……67
- KYB……9
- ゲーム……65
- 原因帰属……39, 52
- 言語・社会的強化子……72
- 言語的説得……34
- 講義形式……64
- 攻撃……20
- 向社会的反応（行動）……26
- 構成概念……49
- 構成概念的妥当性……50
- 構成的グループ・エンカウンター……10, 41
- 構成目標……76
- 行動……5, 18
- 行動リハーサル……63
- 行動療法……37, 38
- コーチング……42
- コールバーグ（Kohlberg, L.）……12
- 国語……81
- 國分康孝……10, 11, 40
- 心の教育……137, 141
- 心の健康教育……5
- 児島邦宏……142
- 個人強化……66, 72
- 個人ワーク……62, 68
- コンピュータゲーム……25

さ行

- サイコエデュケーション……10
- 再帰属（帰因）法……39
- 再検査法……50
- G-P（Good-Poor）分析……50
- シェアリング……10
- シェイピング……38
- ジェイコブソン（Jacobson, E.）……71
- JKYB……10
- 刺激―反応理論……32
- 刺激―反応連鎖……33
- 自己概念……41
- 自己強化……40
- 自己効力感（→セルフ・エフィカシー）……33, 34, 35
- 自己実現……41
- 自己理論……41
- 支持……40

自尊心（→セルフ・エスティーム）	25, 34, 35, 52
質問紙法	49
児童用意図帰属尺度	52
児童用主張性尺度	52
児童用主張性調査票	52
児童用対人領域セルフ・エスティーム尺度	52
シナリオ	99, 101
社会的学習（認知）理論	33
社会的機能説	20
社会的情報処理モデル	26
集団強化	66
主張性	27, 52
主張的行動	67, 68
受容（カウンセリングの）	40
受容（養育態度の）	24, 25
シュルツ（Schultz, J.H.）	71
上位-下位分析（→G-P分析）	50
小学生用ストレス反応尺度	53
小学生用ソーシャル・サポート質問紙短縮版	52
小学生用攻撃性質問紙（HAQ-C）	51
消去	32
条件づけ	31
省察・コメント指導	69
省察ワーク	78, 104
情動発散説	20
情報ワーク	80, 110
自律訓練法	41, 71
自律性	14
ジレンマ討論法	12
新学習指導要領	141
親密性仲間評定	84
信頼性	50
随伴性	31
睡眠習慣改善プログラム	15
ストレス	5, 53
ストレス・マネジメント	14
ストレス低減プログラム	15
性格	5, 18
性格改善プログラム	138
生理的反応の体験	34
セルフ・エスティーム	25, 34, 35, 52
セルフ・エフィカシー	33, 34, 35
セルフ・コントロール	33, 70
セルフ・モニタリング	40, 70
セロトニン	19
漸進的筋弛緩法	41, 71
相関係数	124
総合的な学習の時間	142
操作目標	76
双生児研究	24
ソーシャル・サポート	52
ソーシャル・スキル	42, 70
ソーシャル・スキル・トレーニング（SST）	42
ソシオメトリック・テスト	55

た 行

タイプA性格・行動	18
対人的なストレスの低減プログラム	15
大脳新皮質	19
大脳辺縁系	19
大目標	76
代理経験	34
竹中晃二	14, 71
妥当性	50
ダンバー（Dunbar, F.H.）	18
チェイニング	38
遅延強化	32
注意	13, 26
中央教育審議会	139, 143
直後強化	32
ディスカッション	64
ディベート	64
敵意	20, 21
道具的（オペラント）条件づけ	31
道具的攻撃	21, 25, 28
統計的分析	48
統制クラス（グループ）	47
洞察療法	40, 69
道徳	6, 11, 81, 136
トークン	38
トークン・エコノミー法	38, 72
特別活動	81
ドッジ（Dodge, K.A.）	26, 27, 69

な 行

内発的動機づけ	72
仲間指名法	55
仲間評定法	54
ニュー・カウンセリング	11
認知	13, 18
認知行動療法	39
認知理論	32
認知療法	39

は 行

バスーダーキィ敵意インベントリー	20
罰	24
パッケージ療法	7
発問形式	64
バンデューラ（Bandura, A.）	33
般化	32
反応的攻撃	21, 25, 28
ピアジェ（Piaget, J.）	12
表出性攻撃	21
標準化	51
フィークス	6
フォローアップ評価	49
物的強化子	72
不登校	4

不表出性攻撃……………………………………21
部分強化………………………………………32
プリシード／プロシード・モデル ……9, 36
フレーム………………………………………78
ブレイン・ストーミング……………………63
フロイト（Freud, S.）…………………………20
プロンプト……………………………………39
ベアフット（Barefoot, J.C.）…………………22
併存的妥当性…………………………………50
ヘルス・ビリーフ・モデル（HBM）………35
弁別……………………………………………32
弁別刺激………………………………………39
扁桃体…………………………………………19
ポープ（Pope, A.W.）………………34, 52, 77
保健……………………………………5, 6, 81, 137

ま 行

ミルグラム（Milgram, S.）……………………28
モジュール……………………………………78
モジュールEA（エクササイズ活動）……80, 90
モジュールGA（小グループ活動）………78, 94
モジュールIP（親への連絡）………………80, 111
モジュールIT（担任との打ち合わせ）……80, 111
モジュールKA（知識の獲得）………………80, 91
モジュールPP（掲示用印刷プロンプト）…80, 92
モジュールRC（省察・コメント指導）……79, 106
モジュールRO（強化操作）…………………79, 107
モジュールRP（ロールプレイング）………78, 94
モジュールRX（リラクセーション）………79, 105
モデリング……………………………24, 25, 33
森田洋司………………………………………28
モレノ（Moreno, J.L.）………………………62

や 行

山崎勝之………………………………18, 21, 51
養育態度………………………………………24
養護教員………………………………………137
抑うつ感情……………………………………5
夜型睡眠習慣…………………………………15

ら 行

ライフスキル…………………………………10
来談者（クライエント）中心療法……………40
ラターネ（Latane, B.）…………………………28
リコーナ（Lickona, T.）………………………12
リラクセーション……………………………14, 41
リレーション…………………………………40
リレーション・説明ワーク…………………89
レスポンス・コスト法………………………38, 72
連続強化………………………………………32
ロール・プレイング…………………………55, 62
ローレンツ（Lorenz, K.）……………………20
ロジャーズ（Rogers, C.R.）…………………10, 40

わ 行

ワークシート…………………………………68

編著者略歴

山崎勝之（やまさき　かつゆき）

1955年　兵庫県生まれ
1982年　関西学院大学大学院
　　　　博士課程修了
現　在　鳴門教育大学
　　　　学校教育学部教授
　　　　博士（文学）

発達健康心理学を専門とし，子どもたちの心身の健康を守る教育について研究・実践中。特に最近では，学校クラス集団を対象にした予防的健康教育が活動の中心となり，大学外の教育活動にも力を入れている。専門の研究書のほか，「やる気ではじまる子育て論」（北大路書房），「ハートをむしばむ性格と行動」（星和書店）など一般向けの著書も多く，これまでにない斬新な視点で子育てや教育の方法を説いている。

心の健康教育

2000年4月7日　初版1刷発行

編著者　山　崎　勝　之
発行者　石　澤　雄　司
発行所　㈱　星　和　書　店
　　　　東京都杉並区上高井戸1-2-5　〒168-0074
　　　　電話　03（3329）0031（営業）／03（3329）0033（編集）
　　　　FAX　03（5374）7186

Ⓒ2000　星和書店　　　　Printed in Japan　　　　ISBN4-7911-0412-9

てんかん治療の覚書	久郷敏明著	A5判 264p	3,600円
エピレプシー・ガイド てんかんの本	久郷敏明著	四六判 208p	2,400円
てんかん学の臨床	久郷敏明著	A5判 704p	4,660円
再考・てんかんとくすり 患者、家族、そして治療者のために	武井 満著	四六判 256p	2,200円
てんかん・行動・認知機能	トリンブル、レイノルズ編	A5判 288p	5,680円
てんかんと精神医学	細川 清著	A5判 360p	5,680円
脳波の旅への誘い 楽しく学べるわかりやすい脳波入門	市川忠彦著	四六判 232p	2,670円
〈てんかん〉論文集 精神科治療学選定論文集		B5判 232p	3,800円

発行：星和書店　　価格は本体(税別)です

薬物依存研究の最前線	加藤信、鈴木勉、高田孝二編著	Ａ５判 212p	3,700円
ハートをむしばむ性格と行動 タイプAから見た健康へのデザイン	福西勇夫 山崎勝之編	四六判 292p	2,330円
ストレスと心臓 怒りと敵意の科学	シーグマン他編 福西、保坂他訳	Ａ５判 384p	4,340円
タイプA行動パターン	桃生、早野、保坂、木村編	Ｂ５判 355p	18,000円
たばこ・ストレス・性格のどれが健康を害するか	アイゼンク著 清水義治他訳	四六判 232p	2,330円
ストレスとコーピング ラザルス理論への招待	R.ラザルス 林峻一郎編訳	Ｂ６判 120p	1,650円
コカイン	R.D.ワイス他著 和田清他訳	四六判 320p	1,942円
麻薬と覚せい剤 薬物乱用のいろいろ	田所作太郎著	A5判 232p	2,400円
こころとくすり	田所作太郎編	四六判 224p	1,600円

発行：星和書店　　　価格は本体(税別)です

書名	著者	判型	価格
お前はうちの子ではない 橋の下から拾って来た子だ	武内徹著	四六判 292p	2,000円
すばらしい更年期 性とテストステロンの事実	スーザン・ラコー著、 日本性科学会監修	四六判 208p	1,900円
「永遠の少年」の娘たち	菅佐和子著	四六判 320p	2,200円
往診はサファリの風にのって 若い女医の診たアフリカ	L.J.アール著 野田文隆訳	四六判 384p	2,600円
ドン・キホーテの夢 精神科医の笑いと怒りのスペイン体験	阿部裕著	四六判 272p	2,300円
汗をかきかきレジデント 精神科医の診たカナダ	野田文隆著	四六判 272p	2,330円
誰が風を見たか ある精神科医の生涯	臺弘著	四六判 352p	3,680円
気功の科学	王極盛、梁蕊全著	四六判 210p	1,650円
新しい性の知識 すばらしい愛を築くために	H.S.カプラン著 石川弘義著	四六判 280p	2,300円

発行：星和書店　　価格は本体(税別)です

書名	著者	判型	価格
うつを体験した仲間たち うつ病のセルフヘルプグループ実践記	近藤喬一編著	四六判 144p	1,600円
もう「うつ」にはなりたくない うつ病のファイルを開く	野村総一郎著	四六判 160p	1,800円
いやな気分よ、さようなら 自分で学ぶ「抑うつ」克服法	D.D.バーンズ著 野村総一郎他訳	B6判 500p	3,680円
「うつ」を生かす うつ病の認知療法	大野裕著	B6判 280p	2,330円
心のつぶやきが あなたを変える 認知療法自習マニュアル	井上和臣著	四六判 248p	1,900円
不安、ときどき認知療法 …のち心は晴れ 不安や対人恐怖を克服するための練習帳	J.バター著 勝田吉彰訳	四六判 154p	1,650円
闇から光へ ある心理学者の「うつ」からの回復記	N.S.エンドラー著 巽、小泉訳	四六判 160p	2,000円
パニック・ディスオーダー入門 不安を克服するために	B.フォクス著 上島国利 樋口輝彦 訳	四六判 208p	1,800円

発行：星和書店　　　　価格は本体(税別)です

書名	著者	判型/頁	価格
アリエティ分裂病入門	S.アリエティ著 近藤喬一訳	四六判 320p	1,845円
精神分裂病はどんな病気ですか？	D.ショア編 森、丹羽訳	四六判 120p	1,340円
みんなで学ぶ精神分裂病 正しい理解とオリエンテーション	D.ヘル他著 植木、曽根監訳	四六判 256p	2,330円
心の病気〈増補改訂版〉 やさしく理解しよう	竹内知夫著	四六判 320p	1,845円
心の地図 上・下 こころの障害を理解する	市橋秀夫著	四六判 296p 256p	各1,900円
家族の聞きたいこと 精神障害者をもつ家族のさまざまな質問に答える	GAP編 仙波恒雄監修	四六判 196p	1,650円
セルフヘルプグループ わかちあい・ひとりだち・ときはなち	岡知史著	B6判 168p	1,800円
心病む人への理解 家族のための分裂病講座	遠藤雅之 田辺等著	A5判 148p	1,845円

発行：星和書店　　　価格は本体（税別）です

自閉症の心の世界 認知心理学からのアプローチ	F.ハッペ著 石坂好樹他訳	四六判 272p	2,600円
自閉症の診療	安藤春彦著	Ａ５判 208p	3,680円
赤ちゃんはなぜなくの 子どもと家族とまわりの世界（上）	ウィニコット著 猪股丈二訳	四六判 224p	1,400円
子どもはなぜあそぶの 子どもと家族とまわりの世界（下）	ウィニコット著 猪股丈二訳	四六判 256p	1,600円
やさしい子どもの精神科	佐藤尚信 矢野徹著	四六判 354p	1,600円
強迫的な子どもたち	P.L.アダムス著 山田、山下訳	Ａ５判 376p	3,300円
虐待される子どもたち	ジョーゲンセン著 門眞一郎監訳	四六判 224p	2,330円
治療をみだす子どもたち	S.ギャベル他著 石坂好樹他訳	四六判 288p	2,330円

発行：星和書店　　　　　価格は本体（税別）です

拒食しか知らなかった 何もかも否定してきた	小林万佐子著	四六判 264p	1,845円
思春期やせ症の謎 ゴールデンケージ	H.ブルック著 岡部、溝口訳	四六判 228p	1,600円
食べたい！でもやせたい 過食症の認知行動療法	L.ワイス他著 末松弘行監訳	四六判 208p	2,330円
過食と女性の心理	ホワイト著 杵渕幸子他訳	四六判 328p	2,825円
やせ症との対話	H.ブルック著 岡部、溝口訳	四六判 352p	2,816円
ストップ・ザ・過食！ 実戦的治療のためのガイドブック	ヴァンダーリンデン他著 末松弘行監訳	四六判 274p	2,680円
心が身体を裏切る時 増え続ける摂食障害と統合的治療アプローチ	K.Jゼルベ著 藤本、井上、他監訳	四六判 336p	2,900円

発行：星和書店　　　　価格は本体(税別)です